KB124388

| 인간관계와 정신건강 |

| 천성문 · 박은아 · 안세지 · 문정희 · 선혜민 · 전은주 · 윤정훈 · 박선우 공저 |

| Human Relationships and Mental Health |

학지사

머리말

"대학에 오니 선배, 동기, 교수님들 다 낯설고 어려워서 관계 맺기가 조금 무서워요."

"학교 다니기 정말 싫어요. 내가 목표하던 대학도 아니고, 친구도 없고⋯⋯."

"졸업하기가 무서워요. 뭘 준비해야 할지도 모르겠고,
준비를 한다고 모두가 취업이 된다는 보장도 없고⋯⋯."

매년 신입생 친구들을 만나다 보면 흔히 듣는 고민거리가 사람들과의 관계를 어떻게 맺어야 하는지 모르겠다는 것이다. 그도 그럴 것이 중·고등학교 때에는 하루의 긴 시간을 같은 공간에서 같은 친구들과 함께 생활하므로 딱히 내가 큰 노력을 하지 않아도 자연스레 주변 친구들과 친해질 수 있었다. 그리고 내가 조금만 노력하면 많은 시간을 공유하며 마음속 이야기도 나눌 수 있는 평생 친구를 사귈 수 있었다. 하지만 대학생활은 어떠한가? 일면식도 없는 데다 나이와 성별도 다른 사람들이 입학 동기라는 이름으로 공동체를 형성한다. 하지만 우리는 상대가 어떤 친구인지 이야기를 나누어 볼 충분한 시간도 가지지 못한 채 자신이 수강한 수업을 듣기 위해 뿔뿔이 흩어진다. 수업에서도 이러한 어려움은 계속된다. 같은 수업을 듣고 있으나 서로에 대해 이야기를 나눌 시간은 거의 없으며 각자의 계획대로 이동하기 바쁘다. 상황이 이렇다 보니 중·고등학교 때처럼 친밀감을 나누는 '친구'를 만나기란 쉽지 않다.

관계에서의 어려움은 비단 신입생들만의 문제는 아니다. 학년이 올라가면서 동기들 간의 갈등이나 교수님과의 갈등으로 어려움을 호소하는 학생들이 늘어난다. 그리고 조별활동이 많아지고 발표과제가 늘어나면서 수업과 관련한 어려움을 호소하기도 한다. 때로는 이성과의 교제에서 어려움을 겪기도 한다. 이러한 어려움이 하나둘씩 늘어나면서 많은 대학생이 불안, 우울과 같은 심리적인 문제를 호소하고 있고, 이러한 문제는 신체적·정신적인 문제로까지 이어지기도 한다.

여기서 잠깐 멈추어 생각해 보자. 비슷한 상황이지만 이러한 어려움에 자연스럽게 적응하고 그것을 극복하며 즐겁게 대학생활을 하는 친구들도 있지 않은가? 비슷한 환경에서도 이렇게 상반된 양상을 보이는 것은 어떤 이유에서일까? 저자들은 이 물음에 대답하기 위해 이 책을 쓰기로 하였다.

이 책은 크게 3부로 나누어져 있다. 제1부 '건강한 인간관계'에서는 인간관계에 대한 전반적인 이해를 도울 수 있도록 하였다. 제2부 '인간관계 진단과 관계의 실제'에서는 다양한 검사와 활동을 제시하여 자신의 인간관계를 점검할 수 있도록 하였다. 마지막으로, 제3부 '건강한 인간관계 만들기'에서는 건강한 인간관계와 정신건강 유지를 도울 수 있는 구체적인 활동을 제공하여 실전능력을 기를 수 있도록 하였다. 각 부에서 다루는 내용을 좀 더 자세히 안내하자면 다음과 같다.

제1부 '건강한 인간관계'에서는 다음의 네 가지 주제를 기술하였다. 제1장 '건강한 인간관계에 대한 이해'에서는 건강한 인간관계란 무엇이고, 다양하게 분류되는 인간관계의 특성은 무엇인지에 대해 알아보며, 자신이 어떤 사람인지 이해하고 소개해 볼 수 있도록 하였다. 제2장 '인간관계의 형성과 발전'에서는 발달단계에 따라 맺게 되는 인간관계의 특성과 각 시기별 인간관계가 이후의 삶과 어떤 연관성이 있는지에 대한 이해를 돕고 자신의 현재 인간관계를 점검해 볼 수 있도록 하였다. 제3장 '인간관계와 정신건강'에서는 건강한 정신건강의 의미와 정신건강에 대한 이론적 측면을 살펴보았다. 그리고 건강한 정신건강에 영향을 미치는 요인과 건강한 정신건강을 형성하고 유지하기 위한 적응과 성장에 대해서도 살펴보았다. 제4장 '부적응적인 인간관계와 정신건강문제'에서는 부적응적 인간관계의 의미와 특성 그리고 이러한 부적응으로 인해 발생할 수 있는 심리장애에 대해 살펴보았다.

　제2부 '인간관계 진단과 관계의 실제'에서는 자신의 인간관계를 이해해 볼 수 있는 다양한 측면에서의 점검을 목표로 다섯 개의 장으로 나누어 기술하였다. 제5장 '심리검사를 통한 자기이해'에서는 자기이해란 무엇이며 이러한 자기이해의 필요성에 대해서 기술하였다. 그리고 자기이해를 도울 수 있는 심리검사를 소개하고 검사를 실시하여 자신의 선천적인 면과 환경적인 면에서의 자신의 성격을 점검하며 자신의 인간관계를 보다 다양한 측면에서 이해해 볼 수 있도록 하였다. 제6장 '가족관계 점검을 통한 자기이해'에서는 가족관계의 특성, 가족관계가 자신에게 미치는 영향에 대한 이해와 점검을 통하여 가족관계에서의 자신을 이해할 수 있도록 하였다. 그리고 가족관계에서의 영향이 이후의 인간관계에 어떠한 영향을 미치는지에 대해 살펴보며 현재 자신의 인간관계 이해를 도울 수 있도록 하였다. 제7장 '친구관계 점검을 통한 자기이해'에서는 친구관계의 특성과 친구관계 형성에 영향을 미치는 요인을 살펴보며 현재 자신의 친구관계가 어떠한지에 대해 객관적으로 점검해 볼 수 있도록 하였다. 그리고 좋은 친구관계 형성과 유지에 도움이 되는 요인도 함께 살펴보았다. 제8장 '이성관계 점검을 통한 자기이해'에서는 이성관계의 특성과 이성관계에 영향을 미치는 요인을 살펴보며 현재 자신의 이성관계는 어떠한지에 대해 객관적으로 점검해 볼 수 있도록 하였다. 그리고 건강한 이성관계 형성과 유지에 도움이 되는 요인도 함께 살펴보았다. 제9장 '소셜네트워크관계 점검을 통한 자기이해'에서는 소셜네트워크관계의 특성과 소셜네트워크관계에 영향을 미치는 요인을 살펴보며 현재 자신의 소셜네트워크관계는 어떠한지에 대해 객관적으로 점검해 볼 수 있도록 하였다. 그리고 건전한 소셜네트워크관계 형성과 유지에 도움이 되는 요인도 함께 살펴보았다.

　제3부 '건강한 인간관계 만들기'에서는 제2부에서 다룬 자신의 인간관계에 대한 이해를 기초로 하여, 보다 건강한 인간관계를 맺기 위해 필요한 능력들을 연습할 수 있도록 기술하였다. 제3부에서는 다양한 이론적 근거를 통해 인간관계에서의 행복과 건강한 정신건강 유지에 도움이 되는 활동들을 대학생들에게 맞게 구성하여 여섯 개의 장으로 나누어 기술하였다. 제10장에서는 '관계를 촉진하는 대화하기', 제11장에서는 '효과적인 스트레스 관리', 제12장에서는 '건강한 관계를 위한 갈등관

리', 제13장에서는 '자기표현을 통한 주장성 기르기', 제14장에서는 '감정 탐색을 통한 정서조절능력 기르기', 제15장에서는 '성격강점 찾기를 통한 회복탄력성 기르기'에 대하여 기술하였다. 그리고 대학생 이후의 삶을 간략하게 점검하며 인생 전반에서 건강한 인간관계를 유지하기 위한 측면을 살펴보기 위해 다음의 두 개 장을 기술하였다. 제16장 '건강한 부부와 부모 되기 훈련'에서는 대학생 이후의 인간관계에 초점을 맞추어 행복한 부부와 부모가 되는 데 도움이 되는 내용과 활동을 기술하였다. 그리고 마지막 제17장 '행복한 삶을 위한 훈련'에서는 우리가 인생 전반에서 추구하는 행복한 삶에 대하여 이야기 나누며 행복한 삶을 위해 마지막 순간까지 건강하게 유지해야 할 인간관계에 대한 중요성과 이를 위한 실천 내용들을 간략하게 다루었다.

이상의 내용들을 선정하기 위해 집필진은 수많은 토론과 협의의 시간을 가져야 했다. 기존의 서적에서도 인간관계에 대한 다양한 내용을 다루고 있으므로 어떠한 차별화가 필요한지, 그리고 요즘의 대학생들은 인간관계에서 어떤 고민을 이야기하며 그 문제를 돕기 위해 어떤 내용들이 필요한지에 대한 재검토의 시간이 필요하였다. 집필진은 모두 대학생을 대상으로 강의를 하고 있거나 대학생을 상담하는 학생상담센터에 근무하는 사람들로 대학생들의 고민을 직접적으로 접하다 보니 이러한 고민의 시간이 좀 더 길어졌던 것 같다. 내용을 선정한 이후에도 집필하는 중간중간 각 부에서 다루는 내용들이 서로 어떤 맥락적인 흐름을 유지할지에 대한 의논이 끊임없이 이루어졌다. 그렇다 보니 심혈을 기울여 집필한 내용을 전면 수정하거나 전체 삭제하는 아픔도 있었다. 하지만 집필진 모두는 한 권의 책이라도 교육현장에 도움이 되는 저서를 만들자는 진심 어린 마음이 있었기에 이러한 갈등의 순간에도 서로에 대한 격려를 잊지 않으며 오늘의 순간까지 함께할 수 있었다. 이 자리를 빌려 함께한 집필진은 서로에 대한 신뢰와 감사의 마음을 전하고자 한다.

끝으로 책이 나오기까지 한마음으로 도움을 준 심운경, 김선형, 박정미, 김현정, 전혜정, 김효정, 김아영 선생님, 부경대학교 석 · 박사 과정생인 양도연, 김준성, 장세진, 이경진, 유지혜에게도 고마운 마음을 전한다. 그리고 긴 시간 동안 좋은 책이

나올 수 있도록 작업해 주시고 기다려 주신 학지사 관계자분들의 수고에 감사드린다. 또한 이 시대 대학생들의 인간관계와 정신건강에 도움을 주고자 애쓰실 교육현장의 교수님들께도 감사의 마음을 전하며 글을 마무리하고자 한다.

2019년 7월
저자 일동

차례

제3부 건강한 인간관계 만들기

제 **1**부

건강한 인간관계

> 만약 사람이 살면서 새 친구를 사귀지 않는다면, 곧 홀로 남게 될 것이다.
> 사람은 우정을 계속 보수해야 한다.
>
> – Samuel Johnson

사람은 사회적 동물로서 태어나는 순간부터 가족과의 관계가 시작되며 죽을 때까지 새로운 관계들을 맺으며 그 속에서 존재한다. 태어날 때부터 이미 맺어진 부모–자녀의 관계를 비롯해 성장과 발달에 따라 다양한 관계를 맺으며 살아가게 된다. 때로는 죽음이나 이별을 통해 관계가 단절되기도 한다.

제1부에서는 우리가 만나게 되는 인간관계와 그에 관련된 정신건강에 대해 이야기해 보고자 한다. 우리는 살아가면서 어떤 관계를 맺어 가는지, 그 관계 속에서 건강한 인간관계를 맺는다는 것은 어떤 의미인지 살펴보며 인간관계의 형성과 발전과정에 대해 전반적으로 살펴볼 것이다. 그리고 인간관계를 경험하다 보면 관계에서 갈등을 경험하기도 한다. 갈등으로 인해 우리는 스트레스를 경험하게 되는데, 이때 어떤 사람은 스트레스를 자신의 문제로 여기며 우울해지기도 하고, 어떤 사람은 스트레스를 외부로 쏟아 내어 타인을 위협하기도 한다. 이와 같이 우리가 경험하는 인간관계는 정신건강에도 다양한 영향을 미친다. 그러므로 인간관계로 인해 어떤 정신건강의 어려움을 경험하게 되는지 그리고 부정적인 정신건강에서 벗어나기 위해서는 어떤 노력이 필요한지에 대해 살펴보고자 한다.

제1부에서 다루는 인간관계 및 정신건강에 대한 개론적인 내용들은 여러분이 경험하는 관계의 패턴에 대한 자기이해와 건강한 인간관계를 맺기 위한 노력의 필요성을 인식하는 데 도움을 줄 것이다.

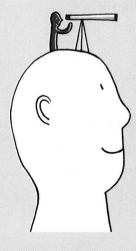

건강한 인간관계에 대한 이해

> ### 꽃
>
> 김춘수
>
> 내가 그의 이름을 불러 주기 전에는
> 그는 다만
> 하나의 몸짓에 지나지 않았다.
>
> 내가 그의 이름을 불러 주었을 때,
> 그는 나에게로 와서
> 꽃이 되었다.
>
> 내가 그의 이름을 불러 준 것처럼
> 나의 이 빛깔과 향기에 알맞은
> 누가 나의 이름을 불러다오.
> 그에게로 가서 나도 그의 꽃이 되고 싶다.
>
> 우리들은 모두
> 무엇이 되고 싶다.
> 너는 나에게 나는 너에게
> 잊혀지지 않는 하나의 눈짓이 되고 싶다.

1. 인간관계의 의미와 중요성

"인간은 사회적 동물이다."라는 아리스토텔레스의 말처럼 인간은 관계 속에서 살아가고 있다. 김춘수의 〈꽃〉의 내용처럼 인간은 누군가가 자신을 기억해 주길 바라고 상대방에게 의미 있고 중요한 대상이 되어 관계를 계속 유지하고 싶어 한다. 하지만 관계를 하는 중에는 희망하는 만족과 행복뿐 아니라 상처와 고통을 경험하게 될 것도 알고 있다. 인간관계가 무엇이기에, 삶에 어떤 의미를 가지기에 우리는 상처받기도 하고 실망할 것을 알면서도 계속 관계를 하려는 것일까? 또한 우리는 지금 누구와 관계를 하고 있으며 현재 맺고 있는 인간관계는 적절한 것일까? 적절한 인간관계란 무엇일까? 이처럼 우리는 관계를 하면서도 인간관계에 대한 의문들이 정리되지 않은 채 살아가고 있다.

우리는 관계 속에서 살아가고 있다.

이 장에서는 이러한 인간관계에서 의미와 중요성을 살펴보고, 인간관계의 분류 및 건강한 인간관계의 의미와 특징에 대한 기초적인 답을 찾아보고자 한다.

1) 인간관계의 정의

아리스토텔레스는 인간은 사회적 동물로, 공동체(무리, 관계)를 통해서 존엄해질 수 있으며 관계를 통하여 성장을 한다고 하였다. 이처럼 인간관계는 삶의 질을 좌우하는 핵심적 요소로 지금까지 많은 학자가 관심을 가지고 인간관계 정의를 내리고 있다. 그중 이형득(1982)은 인간관계를 두 사람 혹은 그 이상의 사람들 상호 간에 일어나는 역동적이고 상호 복합적인 과정으로 정의 내리고 있으며, 이영실, 임정문과 유영달(2011)은 인간과 인간 사이의 원만한 조화나 화합을 통해 보다 나은 상태를 유지하기 위한 과정과 내용을 인간관계로 정의하였다. 이처럼 인간관계는 사람과 사람 사이에서 일어나는 사건과 사건을 통해 느끼는 감정들의 전체라고 할 수 있을 것이다. 궁극적으로 인간은 관계를 통해서 풍요롭고 행복한 삶을 만들어 가고자 한다.

2) 인간관계의 특징

우리는 태어나서 죽을 때까지 다양한 관계를 경험하고, 그때마다 감정 또한 긍정적·부정적으로 다양하게 느끼게 된다. 그러한 경험 속에서 인간관계에 대해 적절히 이해하고 있다면 어떠한 상황에서도 다시 관계에 대하여 적극성을 가지고 관계를 맺을 수 있지만, 반대로 관계에 대한 이해가 부족하면 관계의 부정성에 빠져 관계의 회피까지도 이르게 된다. 이러한 인간관계를 건강하게 이해하기 위해서는 인간관계의 올바른 지식과 정보가 선행되어야 하는데, 여기서는 원호택과 박호순(1999)이 제시한 인간관계의 특징을 알아보고자 한다.

(1) 인간관계는 지속적으로 변화하는 과정이다

인간관계에서 우리는 상대방과 긍정적인 경험을 통하여 기존의 관계보다 더 가까워지기도 하고 부정적인 경험으로 인하여 더 멀어지기도 하며, 가까웠던 관계가 어느 순간에 끊어지기도 한다. 이처럼 관계는 지속적으로 변화하는 특징을 가지고 있다.

간단한 예를 들어 보면, 학교 동기인 지수와 상민이는 어느 날 영화를 보러 갔다. 영화를 선택할 때 지수와 상민이는 선호하는 영화의 취향이 같아 영화를 통하여 서로의 공통된 관심사와 공감대를 발견하게 되어 상대방과 좀 더 가까워질 수 있었다. 하지만 일정을 잡을 때마다 서로의 생활 패턴이 달라 영화를 함께 보는 기회가 줄고 자주 연락을 하지 못하게 되면서 관계가 다시 소원해졌다.

이처럼 관계는 어느 날 가까워졌다가 다시 멀어지기도 하고, 데면데면하다가 어느 순간 가까워지기도 하는 것처럼 지속적으로 변화하는 과정을 거친다.

(2) 인간관계는 당사자끼리 정의하고 합의하는 데 따라서 변화한다

내가 긍정적인 경험을 하였다고 해서 상대방도 긍정적인 경험을 하였다고 할 수 있을까? 앞의 지수와 상민이의 이야기를 다시 해 보자.

지수는 상민이와의 공통 관심사를 통하여 친밀감을 느껴, 상민이에게 쉬는 요일이 언제인지 확인하고 함께 영화를 보자고 말했다. 하지만 상민이는 아직 지수를 정확히 잘 모르겠고 둘만 영화를 보는 것이 부담이 되어, 사양을 할 수도 있고 다른 친구를 부를 수도 있다.

이렇게 인간관계는 본인 혹은 그 관계에서 한 사람만이 느끼는 것으로는 단정 짓기 어려운 면들이 있어, 서로 간에 그 관계를 어떻게 보고 합의하느냐에 따라 인간관계는 여러 갈래로 나누어질 수 있는 상호작용의 과정이라고 보아야 한다.

(3) 인간관계 당사자 간에는 다양한 역할을 하게 된다

이성친구로 사귀다가 애인관계로 발전하거나 동아리 후배가 군대 선임이 되기도 하는 상황처럼, 인간관계에서는 대상은 동일하지만 다양한 역할을 가질 수 있게 된다.

다시 지수와 상민이의 이야기로 가 보자. 지수는 카페에서 아르바이트를 하게 되었는데, 그 카페에는 이미 매니저로 상민이가 일하고 있었다. 지수는 동기인 상민이가 너무 반가워 이야기를 나누고 싶었으나, 상민이는 지수를 카페 매니저로서 관리하고 교육해야 하는 아르바이트생으로 보고 있다. 그래서 상민이를 친구로 생각하는 지수와 지수를 아르바이트생으로 대하는 상민이 사이에 서로 불편한 느낌을 받게 되었다.

이처럼 인간관계는 상황과 대상에 따라 다양한 역할이 요구되며, 때로는 서로 간의 역할 인식의 차이로 갈등이 발생하기도 한다.

3) 인간관계의 중요성

인간은 타인과의 지속적인 관계를 통해서 살아가고 있다. Maslow(1943)는 인간이 기본적으로 다섯 단계의 욕구를 가지고 있으며, 이 욕구를 한 단계씩 충족시키려는 열망을 가지고 있다고 하였다. 다섯 단계의 욕구를 살펴보면, 첫 번째 단계는 인간이 살아가는 데 생명을 유지하기 위한 기본적 욕구인 생리적 욕구이고, 두 번째 단계는 신체적 및 감정적인 위험으로부터 보호되고 안전해지기를 바라는 안전의 욕구이다. 세 번째 단계는 사회적인 상호작용을 통해 전반적으로 원활한 인간관계를 유지하고자 하는 애정과 소속의 욕구이다. 네 번째 단계인 존경의 욕구는 타인으로부터 수용되고자 하고 가치 있는 존재의 욕구이며, 마지막 다섯 번째 단계는 개인의 타고난 능력 혹은 성장 잠재력을 실행하려는 자아실현의 욕구이다. 다섯 단계의 욕구에서 생존에 대한 욕구인 1, 2단계를 제외하고, 나머지 3, 4, 5단계는 모두 관계 속에서 욕구가 나타나고 관계를 통해서 욕구가 충족될 수 있다. 관계를 형성하고, 그 관계 속에서 자신이 인정받고 존중받기를 원하며, 궁극적으로는 관계 속에서 자신의 능력을 발휘하여 만족과 행복을 이룰 수 있는 것으로 보았을 때, 인간관계는 사회적인 인간으로 성장하고 행복해지기 위한 중요한 발판이라고 할 수 있다.

그렇다면 우리는 어떠한 인간관계를 맺으며 성장하는 것일까? 우리가 처음 태어

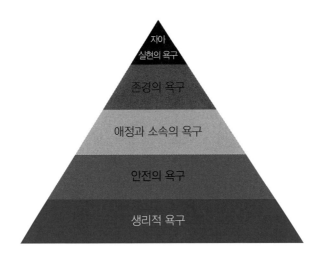

[그림 1-1] Maslow의 욕구 5단계

표 1-1　인간관계가 우리의 삶 속에서 갖는 중요성

- 인간관계는 인간을 인간답게 한다.
  - 인간은 사회적 상호작용(관심, 욕구 반응)을 통해서 인간다운 특성(친절, 자비, 배려, 관심, 연민 등)을 나타내고 경험하게 된다.
- 인간관계는 인간을 가치 있는 존재로 만든다.
  - 관계를 통해 서로 소중하고 가치 있는 존재로 수용하며, 자신뿐 아니라 타인에 대해서도 자신만큼 소중하고 가치 있는 존재로 인식하며 중요하고 소중한 존재로 만들게 된다.
- 인간관계 속에서 개인의 정체성이 발달한다.
  - 타인과의 관계에서 서로 다름을 이해하고 현재의 자신의 위치, 능력, 역할 및 책임과 같은 자신의 인식을 통하여 자신의 위치와 역할에 대한 답을 찾게 된다.
- 인간관계는 성공적인 직장생활의 중요한 요인이 된다.
  - 기술, 재능뿐만 아니라 생산성을 높이는 중요한 요인이 동료들과 함께 효과적으로 일을 할 수 있는 능력이다.
- 인간관계는 신체건강 및 정신건강에 지대한 영향을 미친다.
  - 타인과의 긍정적인 관계를 통하여 호르몬 증가를 통하여 신체 성장, 심리적 고민 감소, 스트레스에 대한 효과적 대처와 회복, 자기신뢰와 자율성 등에 도움을 주게 된다.
- 인간관계 형성의 능력은 자아실현과 인류의 삶의 질에 깊이 관련되어 있다.
  - 인간은 자신의 잠재능력을 실현하고자 하는 욕구가 있는데, 이를 찾고 실현하기 위해서는 다른 사람들과의 관계 속에서 경험하고 표현할 수 있어야 한다.

출처: 이성태(2006).

낳을 때를 생각해 보자. 우리는 부와 모의 관계에서 태어났고, 엄마 배 속에 있으면서 열 달 동안 엄마에게 의존하며 대상과 첫 관계를 맺게 된다. 그리고 이 세상에 태어나면서 엄마, 아빠와 직접적인 인간관계를 맺기 시작한다. 우리는 울음을 통하여 필요한 것을 요구하는데, 이때 부모는 우리의 요구를 알고 젖을 주거나 기저귀를 갈아 주게 된다. 이처럼 우리는 태어나면서부터 생존하기 위하여 관계를 시작하고 죽을 때까지 관계를 형성하며 살아가게 된다.

인간은 태어나서부터 각자 경험하고 배운 것을 통하여 자신만의 해답으로 인간관계를 하고 있지만, 인간관계는 너무 복잡하고 어렵고 힘이 든다. 인간관계의 특징을 보게 되면 더 복잡하고 난해하게 느껴진다. 특히나 인간관계는 삶을 행복하게 하기도 하고 불행하게 할 수도 있을 만큼 우리 삶의 중요한 부분으로 더욱 관심을 가지고 주의 깊게 살펴보아야 한다.

2. 인간관계의 분류

태어나서부터 시작한 인간관계는 현재 일상 속에서 다양한 대상과 관계를 하면서 지속되고 있다. 우리는 아침에 일어나서부터 밤에 잠들기까지, 월요일부터 일요일까지 다양한 사람을 만나고 관계를 한다. 그렇다면 우리는 우리가 만나는 다양한 사람과 어떠한 관계를 형성하고 있을까? 인간관계의 분류는 다양하게 이루어질 수 있다. Schmidt와 Sermat(1983)은 생활 속에서 이루어지는 인간관계의 영역을 네 가지 영역, 즉 가족관계, 친구관계, 이성관계, 사회적 소속관계로 나누었다. 오기봉(2013), Schmidt와 Sermat(1983)은 이러한 네 가지 영역 중 어느 한 영역이라도 결핍되거나 불만족스러우면 고독을 느끼게 된다고 하였다. 최근 이러한 관계 외에도 인터넷과 스마트폰의 활성화로 새로 나타난 인간관계인 소셜네트워크(social network) 관계가 있다. 이 장에서는 이러한 다섯 가지 인간관계를 살펴보고자 한다.

1) 가족관계

우리가 태어나서 처음으로 경험하는 인간관계는 가족관계이다. 가족은 부모, 형

관계의 첫 시작인 가족관계

제, 자매와 같은 가족애를 나눌 수 있는 혈연적 관계를 뜻하는데, 많은 것을 공유하며 화목한 분위기 속에서 서로를 신뢰하는 가족애를 느낄 수 있는 관계이다. 따라서 우리 삶에서 가족은 서로를 위로하고 지원해 줄 동반자라고 할 수 있다. 그러므로 가족이 없다면 다른 인간관계가 원만하다 해도 고독을 느낄 수 있다.

2) 친구관계

친구관계는 처음으로 가족을 벗어나 접하게 되는 인간관계로서, 친근감과 신뢰에 바탕을 두고 긍정적인 정서적 교류를 하는 관계이다. 친구는 서로에 대한 호감과 공통 관심사에서 시작하여 서로의 개인적 정보를 공개하게 되고, 서로를 잘 이해하게 되어 생활에서 느끼는 즐거움을 공유하고 괴로움을 함께 나누며 서로 돕는다. 흔히 같은 또래의 동성 간에 사교적 관계가 형성되는 경우가 많으며, 어린 시절 같은 지역에서 함께 성장하며 같은 학교를 다니는 등 지연 또는 학연에 근거한 일차적 교우관계와 성격, 취미, 종교, 관심사 등이 같아서 형성된 이차적 교우관계가 있다.

처음 접하게 되는 사회적 관계인 친구관계

3) 이성관계

　이성관계는 미혼 남녀가 서로 간의 사랑이라는 감정을 기반으로 정서적·심리적·성적 친밀감을 경험하게 되는 이성교제를 통해 형성된다. 인간은 누구나 낭만적 사랑에 대한 욕구와 성적 욕구를 가지고 태어난다. 이성관계란 이러한 욕구를 충족할 수 있는 대상과의 관계를 말한다. 이성관계의 발달과 경험은 이후의 이성관

사랑이라는 감정을 기반으로 시작되는 이성관계

계를 유지하는 것에도 영향을 미치며, 나아가서는 배우자 선택에 영향을 주는 중요한 기능을 한다. 이와 더불어 이성관계를 통해 자신을 새롭게 발견하게 되므로 자아개념을 형성 또는 강화시키고 자신의 정체성을 이해하거나 통찰하는 것에 도움이 된다.

4) 사회적 소속관계

사회적 소속관계는 주로 일을 함께하게 되는 관계로 사회와 대학 등에서 함께 소속되어 공동의 목표를 실현하는 관계를 말한다. 이러한 목표 지향적 활동을 협력적으로 행하게 되는 사회적 소속관계에는 직장 동료, 선후배, 동아리 회원 등이 속한다. 때때로 사회적 소속관계이면서 동시에 친구관계에 속할 수 있는데, 공통의 목표를 달성하기 위한 업무과제가 우선적이라면 사회적 소속관계라고 할 수 있고 정서적 교류가 주된 과제라면 친구관계라고 할 수 있다.

우리는 관계 속에서 태어나 관계 속에서 살아간다. 하지만 우리는 모든 관계에서 만족을 얻고 생산적인 관계만을 맺는 것이 아니다. 때로는 관계로 인해 좌절하게 되거나 고민하게 되는 경우도 발생한다. 그러므로 인간관계의 중요성을 인식하여 적절한 관계를 유지하기 위해 노력하는 것이 필요하다. 우리는 여러 사람과의

공동의 목표를 실현하는 사회적 소속관계

관계에서 되도록 갈등 없이 친밀하고 협동적인 인간관계를 형성하여 인생을 풍요롭고 행복하게 살아가고자 한다. 그러므로 건강한 인간관계를 맺기 위해서는 관계의 특성을 잘 이해하고 관계에 적절한 행동방식을 익혀 둘 필요가 있다.

5) 소셜네트워크관계

소셜네트워크관계는 social과 network의 조합으로 사람들이 연결되어 있는 관계망으로 공통 관심사를 가진 다양한 사람이 사이버 공간에서 친분관계를 유지하기 위해 다양한 활동을 수행하는 사회적 통합체로 정의되고 있다.

소셜네트워크관계

이러한 소셜네트워크관계는 무선통신의 기술적인 배경을 바탕으로 발생한 개념으로 타인과의 연결을 도모하며, 이러한 연결망을 아우르는 웹 기반의 서비스로 트위터, 페이스북, 인스타그램 등을 들 수 있다. 소셜네트워크서비스(Social Network Service: SNS)를 통해 새로운 친구를 만나고 사귀기도 하며, 직접 만나기 어려운 친구들과 대화를 나누고 사진, 그림이나 글을 통해 필요한 정보를 공유하기도 한다. SNS는 개인의 의견, 감정, 정보, 지식을 교환하고 공유하는 사회적 네트워크가 되고 있다. 이처럼 SNS를 이용하는 사람들이 급격히 증가하면서 일상생활에서도 크고 작은 변화가 일어나고 있다. SNS의 등장으로 사회 구성원들은 네트워크를 통해 서로 관계를 맺고 소통을 함으로써 사회적 지지를 더욱 증진시킬 수 있게 되었다.

3. 건강한 인간관계

1) 건강한 인간관계의 의미

우리는 인간관계를 따로 떼어 놓고 삶을 이야기할 수 없다. 우리가 편안하고 행복한 삶을 살아가기 위해서는 우리의 인간관계에서도 편안하고 행복함을 느껴야 한다. 지나치게 상대방에게 의존하거나 자신의 의견에 너무 치우치지 않고 균형을 맞추며 각자의 생각과 감정의 다름을 이해하고 서로를 존중하는 마음으로 관계를 맺는다면, 건강한 관계를 경험할 수 있을 것이다.

2) 건강한 인간관계의 특성

인간관계에서 편안함과 행복함을 느끼려 하는 건강한 인간관계의 특성(권석만, 2015)에 대하여 살펴보며 건강한 인간관계를 맺기 위한 준비를 해 보자.

(1) 인간관계에 대한 현실적인 욕구와 동기

현실적인 동기란 현실 상황에 맞추어 조절된 욕구를 의미하는데 이러한 현실적인 욕구와 동기를 가지기 위해서는 먼저 조절능력이 필요하다. 건강한 인간관계를 맺기 위해서는 자신의 관계 욕구를 지나치게 억압하거나 표현하지 않고 억압과 표현을 적절하게 조절할 수 있는 능력이 필요하다.

(2) 인간관계에 대한 현실적이고 유연한 신념

성숙한 사람은 인간관계에 대한 깊은 관심을 지닐 뿐만 아니라 인간의 본성에 대한 깊은 이해를 지닌다. 인간관계는 다양하고 언제든지 변화할 수 있다는 이해를 지니고 있다. 성숙한 사람은 상대방에게서 '내가 필요할 때 언제든지 나타날 거야.' '당연히 내가 50%를 주었으니 상대방도 나에게 50% 이상을 주겠지.' 등과 같은 비현실적이고 경직된 기대를 갖지 않는다. 상대방에 대해 막연히 기대하거나 자신의 필요한 방향으로 인식하고 받아들이지 않고 건강한 사고방식을 통하여 현실적인 신념을 가지고 있다.

(3) 효과적이고 원활한 대인관계 기술

성숙한 사람은 다른 사람의 마음을 잘 이해하고 자신의 마음을 잘 전할 수 있는 사람이다. 상대방의 말을 진지하게 경청할 줄 알고, 또 자신의 감정과 의사를 적절하게 표현할 수 있는 효과적인 대인기술을 가지고 있다. 그뿐만 아니라 이들은 상대방의 입장을 충분히 이해하는 동시에 자신의 목적과 소망을 실현하는 효율적인 타협 및 절충의 기술을 지니고 있다. 효과적이고 원활한 대인관계를 맺기 위해서는 서로의 가치와 의견이 충돌할 수 있는 인간관계의 현실에서 불필요한 대립과 반목을 피해야 한다. 그리고 서로의 이득을 최대화할 수 있는 공존의 인간관계를 맺는 지혜로운 대인기술을 지녀야 한다. 이때 적절한 대화법은 각자의 욕구를 자연스럽게 전달하고 조율할 수 있게 도와준다.

(4) 객관적이고 정확한 지각능력과 판단능력

성숙한 사람은 관계에서 왜곡이나 편견을 개입시키지 않고 타인을 신중하게 관찰하고 타인의 의도나 감정을 객관적으로 정확하게 파악한다. 타인에 대한 오해와 왜곡은 흔히 자신의 편향된 기대와 욕구에서 나오는데 앞에서 언급되었던 경직된 신념과 욕구를 지닌 사람은 그것을 타인에게 투사하기 때문에 현실을 객관적으로 볼 수 없다.

(5) 인간관계 속에서 안정된 감정 상태 유지

성숙한 사람은 타인과의 관계를 조화롭게 유지하기 때문에 불필요한 부정적 관계에서의 감정에 큰 동요를 하지 않는다. 인간관계에 대해서 현실적이고 유연한 대인 신념을 지니고 있는 사람은 타인의 부당한 행동에 대해서 불필요한 감정적 반응과 스트레스에 민감한 반응을 나타내지 않는다. 안정된 감정 상태를 유지하고 관계에서의 스트레스를 받지 않도록 하며, 적절한 관리를 통하여 건강한 관계를 유지한다.

> 이상에서 살펴본 내용처럼 인간은 행복한 삶을 위해서 사람과 사람 사이에서 관계를 맺고 경험하게 된다. 이러한 관계에서 건강한 관계를 맺는 것은 중요한 요소가 되는데, 자신과 타인 그리고 대상자와의 관계기술 요소가 중요하다. 관계에 대한 욕구와 동기 같은 현실적으로 자신이 관계를 통하여 얻고자 하는 것과 타인에 대한 이해와 사람과 사람 사이에서의 관계와 기술까지 자신과 타인 그리고 관계기술을 고려하고 잘 활용하는 것은 우리가 건강한 관계를 넘어 행복한 삶을 살아가는 데 많은 도움이 될 것이다.

활동 1-①

나를 소개합니다

인간관계는 서로에 대한 관심에서부터 출발합니다. 지금부터 자신을 소개하며 서로에 대해 관심을 가지는 시간을 가져 보겠습니다. 다음 빈칸에 자신을 소개하는 글을 적은 후 조원들과 차례대로 소개해 봅시다. 마지막 사람까지 소개를 마치면 추가적으로 서로에게 물어보고 싶은 것을 자유롭게 이야기 나누어 봅시다.

> 만나서 반갑습니다. 제 이름은 ＿＿＿＿＿＿＿ 입니다.
> • 저의 별명(별칭)은 ＿＿＿＿＿＿ 이며,
>   이 별명(별칭)을 지은 이유는 ＿＿＿＿＿＿＿＿＿ 때문입니다.
> • 저의 전공은 ＿＿＿＿＿ 이며,
>   전공을 선택한 이유는 ＿＿＿＿＿＿＿ 때문입니다.
> • 대학생활에서 저의 목표는 ＿＿＿＿＿＿＿＿ (이)고,
>   최종 저의 목표는 ＿＿＿＿＿＿＿ 입니다.
> • 제가 이 과목을 수강 신청한 이유는 ＿＿＿＿＿＿ 때문입니다.
> • 저의 관계능력 점수는 10점 만점에 ＿＿＿ 점입니다.
>   그 이유는 ＿＿＿＿＿＿＿ 이기 때문입니다.
> • 제가 이 수업을 통하여 키우고 싶은 것은 ＿＿＿＿＿ 입니다.
> • 현재 저의 기분은 ＿＿＿＿＿ 때문에 ＿＿＿＿＿ 합니다.

1. 자신의 오른쪽 조원이 한 이야기 중에 기억에 남는 세 가지를 적어 봅시다.

   • ＿＿＿＿＿＿＿＿＿＿＿＿＿＿＿＿＿＿＿＿＿＿＿＿＿＿＿
   • ＿＿＿＿＿＿＿＿＿＿＿＿＿＿＿＿＿＿＿＿＿＿＿＿＿＿＿
   • ＿＿＿＿＿＿＿＿＿＿＿＿＿＿＿＿＿＿＿＿＿＿＿＿＿＿＿

2. 서로의 이야기를 듣고 상대에게 관심을 주고받으며 느낀 생각이나 감정을 적어 봅시다.

   ＿＿＿＿＿＿＿＿＿＿＿＿＿＿＿＿＿＿＿＿＿＿＿＿＿＿＿＿＿
   ＿＿＿＿＿＿＿＿＿＿＿＿＿＿＿＿＿＿＿＿＿＿＿＿＿＿＿＿＿
   ＿＿＿＿＿＿＿＿＿＿＿＿＿＿＿＿＿＿＿＿＿＿＿＿＿＿＿＿＿

인간관계의 형성과 발전

노력이 없는 관계는 유지되지 않지만
노력만 남은 관계도 유지되지 않더라.

−하상욱 「시 읽는 밤: 시밤」 중에서

1. 삶의 단계에서의 인간관계

인간은 태어나서 죽을 때까지 다양한 대상과 관계를 맺으며 만남과 이별을 하기
도 하고, 자신에게 소중했던 대상에 대한 감정이 어느 순간에는 식어 버리기도 한
다. 인간관계의 대상은 삶의 단계에 따라 변화하게 되는데, 삶의 단계에 따라 만나
는 사람이 달라지고 인간관계 과정도 달라지기 때문이다. 이 장에서는 중요 인간관
계를 중심으로 주요 삶의 단계를 본격적 언어 사용의 시작단계인 유아기부터 사회
정서 발달을 바탕으로 살펴보고자 한다.

1) 유아기의 인간관계

인간관계의 첫 시작은 가족에서 이루어진다. 인간은 태아기 때부터 어머니와 신체적·심리적으로 연결되기 시작하여 세상에 나오게 되며, 부모의 보호를 받으면서 부모와 첫 인간관계를 시작한다. 자녀는 자신의 욕구를 달성하기 위해 울게 되고, 부모는 자녀의 욕구를 해결해 주는데, 이 과정에서 자녀는 관계의 안전감을 경험하게 된다. Erikson(1963, 1968)은 이러한 과정에서 주로 어머니와의 상호작용을 통해 사회적 관계를 형성하고 신뢰의 단계를 만든다고 하였다. 만약 이 시기에 어머니가 제대로 돌보아 주지 않는다면 유아는 불신감을 갖게 되며, 이러한 불신감은 성인이 되어서까지도 대인관계에 영향을 끼치기 쉽다고 주장하였다. 유아기는 어머니와의 상호작용에서 어머니의 반응을 이끌며 어머니의 의도에 반응하여 상호작용을 지속시켜 나가게 되는 시기이다. 이처럼 첫 인간관계는 부모-자녀 관계에서 시작되는데, 이러한 부모와의 관계는 개인의 성격 형성에 가장 큰 영향을 미치는 요인 중 하나이다.

또한 유아는 때때로 가족 안의 또 다른 가까운 관계인 형제관계를 경험하기도 한다. 형제관계는 부모-자녀 관계와는 또 다른 긴밀하고 중요한 관계로서 대인관계 가운데 가장 오래 지속되는 관계이다. 부모-자녀 관계에 비해 상호적이며 보다 평

태어나서 첫 인간관계인 어머니

가족 안에서의 또 다른 상호작용인 형제관계

등한 관계로, 형제간의 상호작용은 또래집단 간의 상호작용과 유사하여 빈번한 상호작용이 이루어진다. 이 상호작용을 통해 형제는 서로를 모방하는 경향이 나타나게 되는데, 특히 동생이 형을 모방하는 경우가 더 많다. 동생에게 있어 자신의 손위 형제와의 상호작용은 지적 · 사회적으로 자극적이고, 동생은 자신이 생각하거나 상상하는 것을 손위 형제에게 이야기하고 질문하게 된다. 동시에 이들은 부정적인 감정을 공유하는데, 보호자인 부모의 관심과 애정을 형제와 함께 나누어 가지게 되다 보니 정서적으로 아주 가까우면서도 그 관심과 애정을 받기 위하여 경쟁하는 복잡한 가족 패턴을 가지고 있다. 동생이 태어나면 첫아이의 입지는 도전을 받게 되며, 부모의 관심을 끌기 위해 경쟁을 해야 한다. 그 결과, 형제간의 상호작용에서 적대감이 나타나게 되며, 특히 먼저 태어난 형제가 동생에 대해 더욱 그러한 경향을 보인다. 이러한 경쟁은 형제의 수나 서열, 나이, 성별 그리고 부모의 태도에 따라 복잡한 양상을 나타낼 수 있으며 이러한 관계 속에서 성격 형성에 또 다른 중요한 영향을 미치게 된다.

2) 아동기의 인간관계

유아기에 첫 인간관계가 시작되었다면, 아동기는 사회적으로 인간관계가 시작되는 시기라 할 수 있다. 만 7세에 초등학교 입학을 하며 관계 영역이 넓어지는데, Erikson(1963, 1968)은 이 시기를 역동적이고 활동적인 시기라 할 만큼 친구관계가 확대되고 질적인 변화가 형성된다. 입학 후에 같은 초등학교, 같은 반이라는 공통점으로 이루어진 관계에서 또래 친구들과 어울리게 되고, 그 관계 안에서 외모, 운동능력, 학업성적, 사회경제적 지위에 따라 자신과 맞는 친구를 사귀고 함께 어울리는 경험을 하게 된다. 친구관계는 다양한 기능을 하고 그 속에서 아동은 다양한 경험을 하게 된다. 먼저, 부모와의 관계와는 달리 친구와의 관계에서는 집단의 규칙을 준수해야 하고 협동심이나 타협을 필요로 하고 이러한 경험을 통해 자기중심적인 사고나 행동은 줄어들고, 점차 사회 구성원으로서 사회적 상호작용을 위해 필요한 기술이나 규범을 배워 나가게 된다.

아동기의 친구관계에는 몇 가지 특성이 있다. 첫 번째로, 친구관계는 상호 간에 강화와 모방을 통해서 아동에게 영향을 미치고 있으며, 그 영향력은 부모나 다른 성인들의 영향력보다 크게 나타난다. 특히 또래집단은 공격성과 친사회적 행동에 중요한 영향을 미친다.

두 번째로, 친구관계에서는 다른 가치에 우선하는 집단만의 고유한 가치를 공유한다. 지금까지 아무 비판 없이 받아들인 부모의 가치관 대신, 아동은 자신들만의 태도나 가치관을 형성하게 된다. 이는 친구들로부터 인정을 받기 위해 집단의 기준

사회적 인간관계의 시작인 친구관계

이나 가치에 동조하려는 경향을 보인다. 친구들의 행동에 동조하고자 하는 욕구가 강하며 또래집단의 행동 기준은 아동에게 사회적 압력으로 작용한다. 이러한 동조 현상을 통해 그들 나름대로 태도나 가치관을 형성하게 되고, 이것이 가족이나 부모가 제시하는 태도나 가치관과 다르다면 부모의 권위에 도전하거나 부모와 갈등을 일으키기도 한다.

세 번째로, 아동기에는 친구들로부터의 평가가 부모의 평가보다 더 중요한 의미를 가지게 된다. 친구들로부터 수용되고 인정받음으로써 부모가 제공할 수 없는 정서적 안정감을 갖게 되며 긍정적인 자아개념을 형성하게 된다. 이러한 집단에 소속됨으로써 얻게 되는 정서적 안정감은 우정이라는 관계가 발달하는 기초가 된다.

3) 청소년기의 인간관계

아동기에 사회적 관계가 시작되어 친구관계에 변화가 있었다면, 청소년기의 인간관계는 좀 더 성숙해지고 활발해진다. 중·고등학생 시기인 청소년기는 다른 사람이 어떻게 자신을 생각할 것인지에 관심이 많으며, 친구관계가 주요한 인간관계로 자리 잡게 된다. 자신이 친구들에게 어떻게 보이는가 하는 것이 삶에서 매우 중요하게 느껴짐에 따라 어떤 청소년들은 따돌림으로 인한 스트레스와 좌절 그리고

청소년기의 친구관계

슬픔을 경험하지 않기 위하여 친구들의 집단에 속해 있어야 하며 무슨 일이든지 하기도 한다. 이 시기에는 친구를 선택할 때도 기준이 달라지게 되는데, 아동기에 외적으로 나타나는 특징을 보았다면, 청소년기에는 심리적 특징을 중요하게 생각하게 된다. 상대방의 성격, 인간성, 가치관, 종교, 취미, 관심사 등을 고려하여 친구를 선택하며, 관계의 범위도 학급 및 학교를 벗어나 취미, 관심사에 따른 동아리 활동과 모임을 통하여 다양한 친구관계가 형성된다. 그럼 청소년기에는 어떻게 친구를 선택할까? 선택 기준으로는 첫 번째로 유사성이 있다. 유사성은 흥미나 행동 그리고 태도에서의 유사성을 말하는 것으로, 친구관계를 형성하는 데 매우 중요하다. 즉, 청소년은 자신과 비슷한 사람을 친구로 선택하고 친구가 되면 서로 영향을 끼쳐 더욱 비슷하게 된다. 두 번째는 신뢰감으로, 서로 도와주거나 지지해 주며 서로의 의견이나 행동을 이해하고 받아들이는 자세를 말한다. 세 번째는 양립 가능성으로, 함께 있으면 마음이 편안하고 서로 좋아하는 정도가 비슷할 때 관계가 형성되는 특징이 있다.

이처럼 청소년의 우정은 정서적으로 강렬하고 관계중심적이다. 청소년은 신뢰할 수 있고 비밀을 털어놓을 수 있는 친구를 찾게 된다. 이때의 친구는 자기 자신을 상대방에게 노출시키고, 다른 사람의 소문을 이야기하며, 비밀을 서로 나눈다. 이때의 우정은 뜨거워졌다 차가워졌다 하는 갑작스러운 변화를 겪으며, 헤어짐과 배신당하는 것에 상당히 민감하다. 특히 친구가 뒤에서 자기 욕을 할까 봐 걱정하고, 자기 비밀을 남에게 얘기할까 봐 두려워하고, 우정에 금이 갔을 때 큰 상처를 입게 된다.

이 밖에도 대상 면에서 선후배, 교사와의 관계도 좀 더 깊이 있는 관계로 발전하게 되는데, 특히 이성친구에 대한 관심이 높아지게 되어 이성관계가 시작되기도 한다. 청소년기의 이성교제는 처음에는 여러 사람과 자유롭게 이루어지는 것이 특징이며 서로 기쁘고 즐거운 시간을 가지며 오락적 목적이 주가 되기도 한다. 또한 데이트 상대의 근사한 용모나 또래 사이에서의 인기를 통하여 성취감을 느끼기도 하며, 이성관계를 통해 이성과 의미 있는 관계를 가지는 것이 친밀감 형성에 대해 배우며 성적 탐구를 하는 장이 될 수도 있다. 이러한 과정을 통해 함께하고 상호작용을 함으로써 동반자 역할을 익히게 된다.

반면에, 청소년기에 부모와의 관계는 갈등이 지속적으로 발생하게 된다. 부모로부터 독립하고 정서적 의존에서 벗어나고자 하는 청소년이 부모와 갖는 관계는 아동기에 가졌던 부모와의 관계와 다르다. 급속한 신체적 성장은 부모의 체벌이나 통제를 어렵게 만들고 부모의 권위는 도전을 받게 된다. 그 결과, 부모가 지금까지의 부모-자녀 관계를 수정해야 하는 상황이 초래된다. 또한 청소년은 그동안 부모가 설정한 규칙이나 가치관에 대해 논리적 모순을 발견하고 의문을 제기한다. 그들은 더 이상 무조건 부모가 시키는 대로 따라 하지 않게 된다.

4) 대학생의 인간관계

우리나라의 경우 청소년기를 지나게 되면 진학 혹은 취업을 선택하는 과정에 오게 되는데 대부분이 진학을 선택하고 대학에 입학하게 된다. 특히 우리나라는 대학 입시 위주의 과정으로 청소년기에 가져야 할 관계 경험을 충분히 하지 못하고 대학생, 즉 청년기로 넘어오는 경우가 많다. 그러한 상황에서 대학에 진학하면 이전 시기의 인간관계와는 다른 양상들이 나타나게 된다. 중ㆍ고등학교에서는 같은 반, 같은 학원과 제한된 공간에서 서로 시간을 같이 보내며 관계가 자연스럽게 형성되어 왔다. 하지만 대학에서는 활동 영역이 확대되고 관계에서 개인의 선택과 자유가 확

대학생의 중요한 인간관계인 이성관계

대됨으로써 동아리, 스터디, 공모전, 아르바이트 등에서 만나게 되는 다양한 많은 사람과 활발한 관계가 이루어지는 반면에 중·고등학교 시절처럼 자연스럽게 형성되는 관계가 줄어들게 되고, 관계의 대상이 다양하여 인간관계의 형성과 와해도 빈번하게 일어난다.

대학생 시기는 전 생애 중에 친구가 가장 많은 시기이며 친구가 개인의 생활만족과 높은 상관이 있기 때문에 중요시된다. 친구와 강한 우정을 형성한 대학생들은 스트레스에 잘 대처할 수 있고 더 높은 자기존중감을 지니고 있다. 특히나 대학생은 친구와의 사귐에서 많은 경험을 쌓기 때문에 친구에게서 무엇을 기대해야 하는지에 대해 보다 아량이 넓어지고, 그들이 자신과는 다르다는 점을 인정한다.

또한 청소년기의 이성친구에 대한 관심과 관계가 대학생 시기로 오면서 좀 더 자유롭고 허용적이 되며, 청소년기와는 다른 진지하고 깊이 있는 이성관계를 형성하고 낭만적 사랑의 경험을 함으로써 새로운 인간관계와 감정을 경험한다.

대학생 시기에는 가족관계에서도 변화가 나타나는데, 부모-자녀 관계는 이 시기의 정체감 형성에 중요한 역할을 한다. 대학생들은 독립하기 원하면서도 아직도 부모나 가족과의 연결성을 필요로 하기 때문에 부모-자녀 관계의 특성은 대학생들의 정체감 상태를 변화시킨다. 대학생 이전의 아동이나 청소년들은 부모에게 의존하기 때문에 심리적으로 가까움을 느끼지만, 대학생 이후의 성인들은 부모와 유사하다는 느낌 때문에 가까움을 느끼기도 한다. 그러나 그들은 자율과 독립에 대한 욕구를 더 중요시하며 자신의 정체감 형성을 위해 노력한다. 그러므로 부모와 대학생 간의 물리적 거리는 멀수록 부모-자녀 간의 심리적 거리는 더 가까워지고 갈등은 감소하며, 자녀 스스로 의사결정을 할 수 있는 기회를 제공해 주기 때문에 정체감 획득에 유익하다. 따라서 집을 떠나 부모로부터 떨어져 보는 경험은 정체감 획득과정에서 중요한 기능을 하므로 대학생들이 시도해 볼 가치가 있는 중요한 경험이다.

5) 성인기의 인간관계

대학을 졸업하고 취업을 하면 직장인으로서 새로운 인간관계가 형성되기 시작한다. 이 시기에는 대학생 시기의 인간관계에 비하여 인간관계가 제한되기도 한다. 대학 시절에는 다양한 활동 영역에서 선택과 자유가 주어졌지만, 직장인으로서

의 성인기는 대부분의 시간을 직장에서 지내기에 직장에서의 인간관계가 중심이
되고 기존의 친구관계, 모임, 동아리 등에서의 관계는 상대적으로 줄어드는 경향이
있다.

　특히 직장은 업무 수행과 성과중심의 위계적 구조를 가지고 있는 조직사회로 얼
마나 자신의 능력을 효율적으로 발휘하느냐가 관계의 질에 영향을 미치게 되며, 직
장 동료나 상사와 협동적이고 효율적인 인간관계를 맺는 것이 중요하게 된다. 그러
다 보니 다양하게 교류하던 대학생 시기의 인간관계와는 다르게 자신의 직장의 특
성과 업무 수행과 관련된 인간관계로 축소가 되며, 취업으로 인하여 새로운 인간관
계의 교류시간 또한 줄어들게 된다. 성인기에는 직장인으로서 인간관계를 형성하
는 동시에 취업을 통하여 부모에게서 경제적 · 심리적 독립과 안정을 이루게 되며,
이성관계를 통하여 두 남녀가 사랑을 하고 결혼을 해서 새로운 가족관계를 이루어
안정적이고 싶은 마음을 가지게 되고, 결혼 후 자녀를 낳아 자신의 또 다른 새로운
가족을 형성하게 된다.

　이때 출생 후 부모 슬하에서 형제가 같이 자라면서 생활하는 원가족과 성장 후 결
혼과 더불어 새로이 가족을 형성하여 자녀를 낳아 기르는 생식가족으로 구분된다.
생식가족을 구성하기 위해서 자신의 배우자를 적극적으로 탐색하고 선택을 함으로
써 독립된 가정을 이루고 남편-아내의 부부관계를 형성하게 된다. 상대방의 매력

성인기에서 또 다른 사회관계인 결혼

을 느끼게 되고 연령, 종교, 인정, 교육, 가족에 따라 그 사람을 적절한 사람으로 인식하게 되고 상호작용이 가능한 사람들 가운데서 배우자를 선택하게 된다. 그 이후 자녀가 출생하게 되면 부모의 위치에서 부모-자녀 관계를 경험하게 된다. 아기의 탄생은 부모의 인생에 있어서 중요한 전환점이 된다. 부부 두 사람만의 친밀한 관계에서 의존적인 세 번째 인물을 포함하는 가족관계로 전환하는 것은 부부를 변화시키고 결혼생활을 변화시킨다. 영아의 요구에 반응적이고 영아가 필요로 할 때 영아 곁에 머무르는 양육자는 영아가 자기와 세계에 대해 긍정적 신념을 형성하고 안정된 애착을 지닐 수 있게 한다. 그것은 이후 아동의 관계 형성을 위한 긍정적 기초를 마련하기까지 영향을 미치게 된다.

6) 노년기의 인간관계

노년기는 인생과 인간관계를 되돌아보고 정리하는 시기로, 신체적 퇴화와 직장에서의 은퇴로 인간관계가 서서히 소원해지게 된다. 이 시기는 주변의 부고 등으로 인간관계 대상자가 급격하게 줄어들며 관계에서의 공허함을 경험하게 된다. 이러한 공허함이 가족인 배우자와 자녀에 대한 의존으로 이어지게 되며, 이 시기에는 가족에게 의존함으로써 공허함을 잘 해결하는 동시에 자신의 죽음과 이별의 준비하

노년기의 부부관계

는 것이 중요한 과제가 된다.

배우자의 관계를 보게 되면 자녀들이 집을 떠나는 빈 둥지 시기와 은퇴로 인한 생활양식의 변화를 경험하게 된다. 은퇴한 남편들은 가정 내에서 무엇을 해야 할지 알지 못하고 아내는 하루 종일 집 안에 머무르는 남편에게 불편함을 느낀다. 자녀와의 관계에서는 전형적인 부모 혹은 자녀의 역할에서 벗어나 친밀한 새로운 관계를 형성하게 되는데, 성인후기 부모와 중년의 자녀는 발달의 다른 시점에 있기 때문에 서로 간에 긴장과 갈등을 경험하기 쉽지만, 두 세대는 서로 돌보고 서로 돕는 관계를 지속한다. 손자녀와의 관계에서는 자녀양육에 대한 직접적인 책임이 없는 조부모는 자녀들을 양육할 때의 엄격성은 사라지고 손자녀에게는 온화하고 관대해지게 된다.

마지막으로 노년기의 친구관계를 살펴보면, 일반적으로 성인후기 노인들은 성인초기와 성인중기보다 더 적은 수의 사회적 관계를 가지고 있고 새로운 친구도 잘 사귀지 못한다. 그러나 오래된 친구의 존재는 노인들이 삶의 의욕을 유지할 수 있도록 하고 높은 생활만족을 경험하게 한다.

사교의 패턴은 성인초기와 동일하게 여성 노인들이 남성 노인들보다 더 많은 수의 더 친밀한 친구를 갖지만, 친한 친구가 없을 때는 여성 노인들이 더 많이 우울해하기도 한다. 이와 같이 친구는 성인후기에도 친밀감을 제공하고 함께 여가활동을 하거나 인지적 자극을 주는 역할을 하며 즐거움과 기쁨의 근원으로 작용한다. 더욱이 친구는 전통적으로 가족에 의해 제공되던 온정이나 보살핌을 제공한다. 특히 노부모와 성인 자녀들이 물리적으로 먼 거리에 거주할 때 친구는 노인들이 매일의 생활에서 느끼는 긴장이나 스트레스를 경감시키고 통제할 수 있도록 돕는 주요한 지원체계가 된다. 그러나 시간 경과와 함께 노인들은 가까운 친구들의 사망으로 점차 친구관계망을 상실하기 시작하는데, 이 시기에 자신의 죽음과 이별을 준비하는 것이 중요한 과제가 된다.

우리는 다양한 인간관계를 맺으며 살아간다. 하지만 모든 대상과 친밀하고 상호이익이 되는 관계를 맺기는 불가능하다. 왜냐하면 우리는 관계의 대상을 선택할 수도 있지만 반대로 선택의 대상이 될 수 있기 때문이다. 목적을 이루기 위해 만나는 관계에서 목적이 달성되면 관계가 끝나는 경우도 있고, 동일하게 목적을 달성하기 위한 만남이라도 서로의 생각이나 취미가 맞아 자주 연락하고 만나면서 친밀한 관계로 발전하는 경우도 있다.

이처럼 인간관계는 다양한 영역에서 대상에 대한 선택과 목적으로 시작되지만, 모든 관계가 친밀하게 발전되지는 않고 일방적으로 진전되지도, 계속 유지되지도 않는다. 친했던 관계에서도 서로의 생각이나 감정의 차이 또는 이해관계 때문에 한 순간에 갈등을 겪게 되고 이러한 갈등을 잘 극복하지 못할 경우에는 관계가 끝나기도 하고, 다시 관계가 유지되기도 한다. 인간관계는 평생 만남과 이별을 경험하게 된다. 따라서 인간관계에 대한 집착과 불안보다는 이별에 대한 받아들임과 새로운 경험에 대한 기대를 가질 필요가 있다.

2. 인간관계 발전

인간이 일생 동안 잘 적응해서 살아가기 위해서는 삶의 단계에 맞는 인간관계를 이루어야 하는데, 이러한 인간관계를 형성하지 못하게 되면 어떠한 영향을 미칠지 정방자(1998)의 대상관계를 통하여 살펴보자.

발달과정에서 인간관계는 중요한 핵심이 된다. 우리는 인간관계를 통하여 자신의 능력을 측정하고 현실을 확인할 기회를 접하게 되는데, 만약 각 시기에 형성해야 할 인간관계를 이루지 못하게 되면 그 시기는 물론 다음 시기의 행동발달과 적응에 있어서 지장을 초래하게 된다. 그 결과, 자신감이 없어지고 자신의 문제나 어려움을 외면하기 쉬운 성향을 가지게 되며, 이는 우리의 삶에 지속적인 영향을 미치게 된다.

이처럼 시기별 인간관계 형성은 지속적인 영향을 미치게 되는데, 정방자(1998)는 이러한 개인의 인간관계는 어린 시절 가족과의 관계가 어떠했는지에 따라서 크게 차이가 난다고 하였다. 또한 이때 욕구들을 해결해 주는 양육자, 그중에서도 특히 유아기의 어머니와의 관계는 그 후의 모든 인간관계의 원형이 되는데, 어머니가 자녀의 욕구를 효과적으로 해결해 주면 아이는 기쁨과 긴장해소, 만족을 느끼게 되고, 인간에 대한 접근 반응을 강화시키고, 어머니 이외의 타인에게 접근할 수 있는 발판을 마련하게 된다. 즉, 도움이 필요할 때 타인에게 접근하고 호의적인 사회 태도를 발달시킨다.

이러한 관계 유형은 시기별로 다양한 대상과의 무수한 반복을 통하여 습관이 되고 굳어져서 다른 모든 인간관계에 그대로 영향을 미치게 된다. 각 개인이 가지고 있는 독특한 대인관계의 형태는 이 과정에서 학습된 것이며, 그것이 관계에서 왜곡된 것이라도 평생을 유지하며 자신의 충족되지 못한 욕구들을 채워 주기를 요구한다. 따라서 적절한 관계를 하기 위해서는 성장 시기에 따라서 의존적이고 공생적이었던 관계를 점차 분리시켜야 한다. 그렇게 해야 인간은 독립적이고 자율적인 인간으로 성장한다. 이러한 분리가 제대로 이루어지지 못하면 계속 의존적으로 남게 되고, 그 결과 자신에 대한 열등감에 사로잡히게 된다. 이러한 관계에서의 경험이 성격 형성에 많은 영향을 미치게 된다.

이상에서 살펴본 바와 같이 성장 중 관계에서 욕구들을 적절하게 해결하지 못하면 인간은 충동적이 되기 쉽고, 그 결과 현실을 자기의 해결하지 못한 욕구에 비추어서 판단하여 요구에 맞으면 옳고 맞지 않으면 그르다고 생각하게 된다. 이들은 자신의 요구가 유아적이고 비현실적이어서 현실에서 이루기가 불가능하다는 것을 깨닫지 못하고 한 대상에게서 실망하면 또 다른 대상에게서 채우려고 전전하면서 끝없이 헤매고 집착한다. 이러한 요구는 성인이 되어서 그것이 더 이상 필요 없는 환경이 되어도 계속 인간관계에서 되풀이해서 충족하려 하기 때문에 지속적으로 관계에서의 어려움을 주게 되는 것이다.

따라서 각 시기별로 적절한 관계를 유지하고 시기별 관계를 충분히 경험하여, 자신을 이해하고 과거에 충족되지 못한 욕구에 대한 집착을 벗어나 독립적이고 자율적인 인간으로서 성장하는 것이 필요하다.

나는 사람들과 어떤 관계를 맺고 있나요?

여러분은 다양한 관계에서 어떤 관계를 맺고 있나요? 이번 시간에는 앞에서 구분해 본 인간관계 분류를 토대로 네 가지 방안으로 자신을 이해해 보는 시간을 가져 보겠습니다.

첫째는 서로 좋아하는 경우, 둘째는 서로 싫어하는 경우, 셋째는 나는 상대방을 좋아하는데 상대방은 나를 싫어하는 경우, 넷째는 나는 상대방을 싫어하는데 상대방은 나를 좋아하는 경우입니다. 각각의 관계에서 나는 어떤 관계를 맺고 있는지 해당되는 곳에 ○표 해 보세요. 여기서 좋아한다는 것은 필요로 한다는 의미로도 해석할 수 있습니다.

구분	가족	친구	이성	SNS	사회
① 나도 상대방을 좋아하고 상대방도 나를 좋아하는 사이					
② 나도 상대방을 싫어하고 상대방도 나를 싫어하는 사이					
③ 나는 상대방을 좋아하는데 상대방은 나를 싫어하는 사이					
④ 나는 상대방을 싫어하는데 상대방은 나를 좋아하는 사이					

1. 나도 상대방을 좋아하고 상대방도 나를 좋아하는 사이의 대상의 특징은 무엇인지 적어 봅시다.

_____

2. 나도 상대방을 싫어하고 상대방도 나를 싫어하는 사이의 대상의 특징은 무엇인지 적어 봅시다.

_____

3. 나는 상대방을 좋아하는데 상대방은 나를 싫어하는 사이의 대상의 특징은 무엇인지 적어 봅시다.

_____

4. 나는 상대방을 싫어하는데 상대방은 나를 좋아하는 사이의 대상의 특징은 무엇인지 적어 봅시다.

_____

제3장

인간관계와 정신건강

> 남 눈치 너무 보지 말고 나만의 빛깔을 찾으세요.
> 당신은 세상에서 가장 소중한 사람입니다.
>
> — 혜민스님

1. 정신건강이란

신체적으로 건강한 사람이라고 할지라도 항상 건강한 상태로 지내는 사람은 없다. 삶을 살다 보면 긴장감에 잠을 설쳐 몸 상태가 좋지 않거나 과도한 학업 또는 업무로 인해 컨디션 난조를 경험하기도 한다. 또는 가벼운 감기를 앓거나 독감에 걸려 고생하기도 하며 교통사고 등의 불의의 사고로 인해 병원에 입원하는 일이 생기기도 한다. 그러나 그런 일들을 경험한다고 해서 우리가 그 사람을 '건강하지 않은 사람이다.'라고 이야기하지는 않는다. 정신건강 또한 마찬가지이다. 일상생활에서 아침식사를 하다가 엄마와 싸워서 우울해지거나 화가 나기도 한다. 또는 엄마와 싸운 일로 인해 친구나 선생님 등 주변 사람들과 사소한 일로 싸우기도 한다. 시험 스트레스로 배가 아프거나 불안감에 안절부절못하기도 한다. 때로는 소중한 사람의 죽음을 경험하면서 한동안 우울을 경험하기도 한다. 그러나 그 사람이 다소 오랜 기간 소중한 사람을 그리워하고 우울감을 호소한다고 해서 그 사람에게 정신건강에 문제가 있다고 표현하지 않는다. 그렇다면 정신건강이란 어떠한 것을 의미하는지 알아보자.

1) 좁은 의미의 정신건강

과거에는 정신건강의 개념을 정의할 때 단순히 정신과적 질병이 없는 상태를 의미하는 등 상당히 좁은 의미로 사용했다. 보건복지부(2016)에 의하면 18세에서 29세의 청년들 중 한 번 이상 정신장애를 앓은 적이 있다고 보고한 사람의 비율은 31.2%로, 상당히 많은 사람이 정신건강상의 문제를 경험한 바 있다고 보고하고 있다. 2018년도 대학생을 대상으로 실시한 조사에서 불안 정도는 고위험 수준이 40%, 잠재적 위험 수준이 30%인 결과가 나왔고, 조사 대상자 2,600명 중 자살시도 경험이 있는 사람은 1.6%로 전체 국민 자살시도율인 0.8%보다 두 배 높은 수준을 보였다(김영태, 2018. 9. 6.). 이와 같이 우리는 뉴스나 통계청 자료를 통해 일반적으로 사람들이 정신건강의 어려움을 얼마나 경험하고 있는지를 확인할 수 있다. 좁은 의미의 입장에서는 정신건강문제를 경험하고 있는 사람의 경우 치료를 통해 정신적 문제를 사라

도움을 청하지 못하는 정신건강으로 인한 어려움

지게 하면 정신건강을 이룰 수 있다고 보았다. 따라서 대상이 경험하는 문제가 병리적인지 진단하여 직접적인 치료적 개입을 하고자 한다. 이런 입장을 취하는 이들은 대부분 정신건강의 원인을 뇌의 신경전달물질이나 유전적인 소인에 두고 있으며, 이에 약물치료를 일차적인 치료법으로 선택하고 다른 심리적인 방법들을 보조적으로 사용하기도 한다.

　정신건강문제의 유무를 확인하고 치료하기 위해서 주로 사용하는 기준은 미국정신의학회(American Psychiatric Association: APA)에서 발간한『정신질환의 진단 및 통계 편람(Diagnostic and Statistical Manual of Mental Disorders: DSM)』이며, 가장 최신판으로 DSM-5가 전 세계적으로 이용되고 있다. 좁은 의미에서의 정신건강의 정의를 사용하던 시기에는 정신질환이 있는 사람을 치료하는 것이 긍정적 정신건강을 이루는 길이라고 생각했다. 이에 정신질환의 치료 메커니즘을 파악하는 것에 집중하였다.

사례 1

　매일같이 싸우시는 부모님 밑에서 성장한 A 양은 대학생이 되면 독립해서 혼자 살겠다며 다짐했다. 사는 곳과 다른 곳에 있는 대학교에 합격하기 위해 또래관계나 취미생활에 관심을 주지 않고 공부에만 매진하였다. 그리하여 원하는 대학교에 합격하고 원하던 자취생활을 시작하였다. 처음에는 매일 싸우시는 부모님에게서 벗어나면 행복한 삶이 시작될 것이라 여겼다. 그러나 낯선 곳에서 혼자 생활하니 외로워지기 시작했다. 학교생활을 열심히 해야 한다고 생각했지만 동기들과의 생활을 어떻게 하면 좋을지, 선후배 관계를 어떻게 맺는 것이 좋은지 많은 것이 낯설기만 했고 조언을 구할 곳이 없었다. 과생활에서 점차 혼자 모든 것을 하기 시작했고 사소하게 실수하는 일이 잦아졌다. 자신이 적응하지 못하는 것 같다는 생각에 더 우울했고 재밌는 일이 하나도 없는 것 같았다. 밤에도 잠을 자려고 하지만 제대로 자지 못하는 듯했고 새벽 4시까지 잠을 자지 못해서 불면증이 있다고 걱정되기 시작했다. 스스로가 우울감과 고독감이 극심한 듯하여 정신건강에 문제가 있는지, 치료를 받아야 하는 것은 아닌지 걱정이 되기 시작했다.

〈사례 1〉에서 나타난 것처럼 A 양의 정신건강은 어떨까? 〈표 3-1〉에 제시된 DSM-5의 주요우울장애(major depressive disorder) 진단기준을 통해 A 양이 경험하는 증상이 주요우울장애로 진단되는지를 살펴보자.

〈사례 1〉에서 제시된 내용만으로는 DSM-5의 진단기준에 모두 부합하지 않는 것을 알 수 있다. 정신건강의학과에서는 DSM-5의 기준을 통하여 이 사람이 현재 주요우울장애를 경험하고 있는지 여부를 결정하여 진단하고 주요우울장애로 진단된 사람을 약물이나 심리치료를 통해 치료한다. 진단에 부합하지 않는 사람들에게

표 3-1 DSM-5의 주요우울장애 진단기준

A. 다음 증상 가운데 5개(또는 그 이상) 증상이 연속 2주 동안 지속되며, 이러한 상태가 이전 기능으로부터의 변화를 나타내는 경우 위의 증상 가운데 적어도 하나는 (1) 우울 기분이거나, (2) 흥미나 즐거움의 상실이어야 한다.
주의점: 명백한 다른 의학적 상태로 인한 증상은 포함되지 않아야 한다.

(1) 하루의 대부분 그리고 거의 매일 지속되는 우울한 기분이 주관적인 보고(슬프거나 공허하다고 느낀다)나 객관적인 관찰(울 것처럼 보인다)에서 드러난다.
　주의점: 소아와 청소년의 경우는 과민한 기분으로 나타나기도 한다.

(2) 모든 또는 거의 모든 일상활동에 대한 흥미나 즐거움이 하루의 대부분 또는 거의 매일같이 뚜렷하게 저하되어 있을 경우(주관적인 설명이나 타인에 의한 관찰에서 드러난다)

(3) 체중조절을 하고 있지 않은 상태(예: 1개월 동안 체중 5% 이상의 변화)에서 의미 있는 체중감소나 체중증가, 거의 매일 나타나는 식욕 감소나 증가가 있을 때
　주의점: 소아의 경우 체중증가가 기대치에 미달되는 경우 주의할 것

(4) 거의 매일 나타나는 불면이나 과다수면

(5) 거의 매일 나타나는 정신운동초조나 지연(주관적인 좌불안석 또는 처진 느낌이 타인에 의해서도 관찰 가능하다)

(6) 거의 매일 피로나 활력 상실

(7) 거의 매일 무가치감 또는 과도하거나 부적절한 죄책감(망상적일 수도 있는)을 느낌(단순히 병이 있다는 데 대한 자책이나 죄책감이 아님)

(8) 거의 매일 나타나는 사고력이나 집중력의 감소 또는 우유부단함(주관적인 호소나 관찰에서)

(9) 반복되는 죽음에 대한 생각(단지 죽음에 대한 두려움뿐만 아니라), 특정한 계획 없이 반복되는 자살생각 또는 자살기도나 자살수행에 대한 특정 계획

출처: American Psychiatric Association. (2013).

는 치료적 개입을 진행하지 않는다. 이와 같이 정신건강의 기준을 가지고 이 기준에 부합하는 사람은 정신건강에 문제가 있다고 인식하고 치료 대상으로 두는 것을 좁은 의미에서의 정신건강이라고 볼 수 있다. 과거에는 정신건강에 대해 논할 때 병리학적으로 정신건강에 문제가 있는 것에 중심을 두었으나, 최근에는 정신건강이 심리사회적인 치유 개념으로 전환되는 추세이다(이해경, 2018). 정신건강의 문제가 있다고 진단을 할 때에 심리학적 · 생물학적 혹은 발달과정에서의 기능이상을 반영하려고 노력하고 있으며 사회적 · 직업적 혹은 다른 중요한 활동에서 정신적 고통과 관련 여부를 확인한 이후 진단하고 있다(American Psychiatric Association, 2013). 이러한 변화는 좁은 의미의 정신건강에서 넓은 의미의 정신건강으로의 확장이라고 볼 수 있다.

활동 3-①

나는 우울한 사람인가요?

우울장애의 경우, 자신의 정신건강에 대해 인식이 있는 정신건강장애 중 하나입니다. 따라서 앞서 제시한 진단기준에서도 나타나듯이 자신이 우울감, 무기력감 등의 감정을 현저하게 느끼거나 주위에서 여러분의 상태를 걱정할 만큼 무기력해 보이거나 우울해 보인다는 말을 해 준다면 DSM-5의 주요우울장애 진단기준을 토대로 자신의 상태를 파악해 봅시다. 단, 제시된 진단기준은 모두 이러한 증상으로 인하여 사회적 · 직업적 활동에 무리가 올 만큼의 문제가 있을 때 체크하세요.

1. DSM-5 진단기준에서 체크되는 부분이 있다면 기록해 봅시다.

_____

2. 어떤 상황, 어떤 부분에서 이러한 우울감을 경험하는지 나누어 봅시다.

_____

3. 체크할 만큼 심각하지는 않더라도 자신이 느끼는 우울감이 있다면 어떨 때 그러한 감정을 느끼는지 이야기 나누어 봅시다.

_____

[Tip] 이 부분은 주의하세요.

정신이상문제와 관련된 내용은 대부분의 대학생이 학습하는 과정에서 '나는 우울장애인가 보다.' '나는 조현병인가 보다.'라고 생각할 만큼 자신의 정신건강에 대하여 과도하게 비관적으로 평가하는 경우가 자주 발생합니다. 예를 들어, 과제가 많거나 시험기간이라서 며칠 동안 밤에 제대로 잠을 이룰 수 없었던 것으로 인해 '최근 2주 동안 거의 매일 피로나 활력 상실'에 체크한다거나 '불면이나 과다수면' 등에 체크하여 자신이 주요우울장애 진단기준에 부합하는 사람이라고 섣부르게 진단하거나 타인을 평가하지 않도록 합시다.

2) 넓은 의미의 정신건강

앞에서 우리는 정신건강의 기준을 가지고 그 기준에 부합하는 사람은 정신건강
에 문제가 있다고 인식하고 치료 대상으로 두는 것으로 좁은 의미에서의 정신건강
을 살펴보았다. 그렇다면 넓은 의미에서 정신건강은 어떤 것일까? 세계보건기구
(World Health Organization: WHO)에서는 건강의 필수적인 부분인 정신건강을 질병
이 없는 상태가 아니라 신체적·정신적·사회적 기능을 최대한 발휘할 수 있는 상
태로 정의하고 있다. 이러한 긍정적 정신건강은 특별한 장소나 때에 따른 것이 아니
라 일상생활 속에서 자신에 의해 직접 만들어지고 존재하는 것이라고 한다. 긍정적
정신건강이란 정신적 질병에 걸리지 않는 상태만이 아니라 만족스러운 인간관계와
그것을 유지해 나갈 수 있는 능력으로 개인적·사회적 적응을 통해 통합된 성격의
발달을 의미한다(World Health Organization, 2005). 즉, 넓은 의미의 정신건강은 단순
히 정신질환의 유무가 아닌 자신의 다양한 기능을 최대한 발달시키는 이상적인 상
태를 정신건강이라고 보고 이러한 상태를 유지하는 것을 강조하는 입장이다. 따라
서 이런 입장을 취하는 이들은 정신건강문제의 원인을 찾아 치료하는 것에 집중하
기보다 한 개인이 가진 장점을 찾고 이를 더욱 발달시키도록 노력한다. 더불어 정신
건강문제를 예방하고 일상생활에서 즐거운 삶을 영위하는 것을 추구하는 데 초점
을 맞추고 있다.

2. 정신건강의 이론적 견해

좁은 의미에서의 정신건강과 넓은 의미에서의 정신건강의 의미에 대해 살펴보았
다. 그렇다면 정신적으로 건강한 상태이려면 우리는 무엇을 해야 하며 그 상태를 유
지하려면 어떤 방법을 써야 할까? 심리학적 이론에 따라 그 개념과 방법이 다양하
게 나타날 수 있다. 대표적인 이론적 견해에서 긍정적 정신건강을 어떻게 바라보고
있는지, 긍정적 정신건강을 유지하기 위해서는 어떠한 부분을 중점적으로 보아야
하는지에 대해 살펴보도록 하자.

1) Freud의 정신분석 입장에서 본 정신건강

정신분석의 창시자인 Freud는 인간의 정신에서 행동이 나온다고 생각하였다. 사람의 정신은 원초아, 자아, 초자아의 구조로 이루어져 있으며 이들 구조의 각 특징이 서로 상호작용하면서 행동으로 표현된다고 하였다. 원초아는 본능적이고 쾌락을 추구하는 상태에서 자신의 욕망에 따라 행동하려는 경향성이며 삶의 원동력을 제공한다. 자아는 2~3세에 형성되며 인간으로서 배우고 쌓아 온 경험을 반영하여 현실 세계와 자신의 욕망 사이의 대립을 해소하고 갈등을 줄이고자 한다. 초자아는 가장 마지막에 형성되며 자신이 존경하거나 자신과 동일시하고 싶은 대상을 내면화하는 과정에서 탄생하며 도덕적인 행동이나 가치, 규범 등을 제시한다. 원초아의 욕망이 강렬할 때 초자아가 이를 행동화하지 않도록 도와주는데, 이러한 상호작용 관계에서 충동이나 욕구가 과도하게 표출되지 않도록 방어기제를 이용하게 된다. 적절한 방어기제의 사용은 건강한 삶을 영위하는 데 도움을 주지만 경직되거나 과도한 방어기제의 사용은 정신건강문제를 야기하기도 한다.

2) Jung의 분석심리 입장에서 본 정신건강

Jung은 정신적으로 건강한 상태를 '자신답게 되는 것, 자기를 인식하는 것'으로 보았다(강세현, 강정희, 고선영, 전영록, 2015). Jung은 자신이 인식하지 못한 부분을 무의식적인 것이라고 칭하였다. 무의식적인 부분에 자신의 결점이나 불안, 죄책감을 느끼는 요소들이 있는데 무의식에 저장된 부정적인 심리 상태는 쉽게 인식되지 않지만 사람과의 관계에서나 상황에서 갈등 상황을 만드는 주요한 요인으로 작용한다. 사람들은 주로 자신의 약점이 언급될 때 공격적인 태도를 보이며 자신을 방어하게 된다. 그러므로 정신건강을 유지하기 위해서는 자신의 무의식에 내재되어 있는 부정적인 심리 상태를 이해할 필요가 있다.

3) Rogers의 인본주의 입장에서 본 정신건강

Rogers는 개인이 세상을 어떻게 지각하고 이해하는지에 관심을 가지고 있었으며 세상에 대한 개인의 주관적 경험에 따라 같은 상황도 사람마다 다르게 인식할 수 있다고 주장하였다. 개인이 스스로라고 인식하는 부분을 '자아'라고 보았는데 자아는 상황과 경험의 변화 속에서 역동적으로 변화하며 재조직되면서 자아개념을 유지하고자 한다. 다양한 환경 속에서 상호작용을 경험하는데 기존에 자신이 형성하고 있었던 자기 구조 안에 새로운 상황들이 동화되지 못할 때 갈등이나 부적응의 문제가 발생하며 정신건강문제가 야기될 수 있다고 보았다.

4) 최근의 다양한 이론적 접근

최근에는 한 심리학적 이론을 벗어나서 다양한 이론적 접근에서도 정신건강과 관련된 주장이 나타나고 있다. 그중 소질–스트레스 모형의 입장에 대해 알아보고자 한다. 소질–스트레스 모형은 유전적 · 기질적 문제뿐만 아니라 심리적인 요인이 병합되어 우리의 정신건강에 영향을 준다는 기존의 이론적 배경에 부합하여 주장하는 이론이라고 볼 수 있다. 이 이론은 어떠한 정신질환이 나타나려면 기질적으로 타고난 취약점이 있어야 하지만 상황적인 스트레스를 받을 때 유전적인 취약점으로 인해 적절하게 대처하지 못하고 다른 사람들에 비해 더 쉽게 정신질환이 발현된다는 입장이다. 즉, 유전적으로 취약한 소인이 있다 하더라도 상황적인 스트레스를 잘 관리한다면 정신질환이 일어나지 않을 수 있다고 보고한다. 그렇기에 스트레스 관리방법을 다양하게 습득하는 것이 긍정적 정신건강에 좋은 영향을 미친다고 볼 수 있다.

3. 정신건강에 영향을 미치는 요인

정신적으로 긍정적 상태에 대한 심리학 이론적 견해에 대해 살펴보았다. 심리학 이론적 입장에서는 정신적으로 긍정적 상태를 유지하는 데 다양한 요인이 영향을 미친다고 보고 있다. 긍정적 정신건강 상태를 유지하기 위해서는 정신건강에 영향을 미치는 요인들을 파악하고 그 영역에서 건강하고 긍정적인 상태를 유지하려고 노력하는 것이 필요하다. 이론적 견해에 차이가 있을 수 있지만, 정신건강에 영향을 미치는 요인은 공통적으로 신체적 · 심리적 · 사회문화적 요인들로 나눌 수 있다. 따라서 정신건강에 영향을 미치는 요인을 신체적 · 심리적 · 사회문화적 요인으로 나누어서 살펴보고자 한다.

1) 신체적 · 생물학적 요인

정신건강에서 신체적 · 생물학적 요인에 의한 영향은 오랜 기간 중요하게 다뤄진 부분이다. 정신건강이 '마음'의 문제로 여겨지지만, 신체적 · 생물학적 요인의 입장에서는 원인이 유전적이거나 뇌의 생화학적 기능과 관련되어 있다고 본다. 비만이나 만성 신체질환과 같은 신체적 요인은 단순히 당뇨나 고혈압과 같은 신체질병의 위험요인이 되기도 하지만 신체에 대한 자아정체성이 부정적으로 형성되거나 우울증, 의욕상실, 무기력증 등의 정신건강문제를 유발하는 원인이 되기도 한다. 또한 마음의 병이라고 이야기하는 우울증이나 환시, 환청 등을 보이는 조현병의 치료를 위해 뇌의 신경전달물질의 균형을 맞추기 위한 약물치료를 시행하고 있다. 이러한 약물치료를 할 수 있는 이유는 우울증이나 조현병이 신경전달물질의 불균형에 의해 발생한 것이라고 보는 신체적 · 생물학적 입장에 따라 치료를 진행하기 때문이다.

조현병이나 우울증의 경우 그 원인을 생물학적인 것으로 보는 학자들이 많이 있다. 우울증의 경우에도 심리적 · 사회문화적 요인에 의해 야기되었다고 설명할 수도 있지만 결국 뇌에서 행복감을 경험하는 신경전달물질인 세로토닌이나 노르에피네프린 등이 부족하여 발생한다는 것이라는 입장을 보이는 사람들도 있으며 이를 위해 약물치료가 효과가 있다고 볼 수 있다. 조현병의 경우 진단받은 개인 대부분이 정신병의 가족력을 보이는 것은 아니지만 위험성 결정에 유전적 요소가 강하게 작용하는 병 중에 하나로 꼽히고 있으며, 특히 신경전달물질의 이상에 의해 발생한 것이라는 주장이 강력히 받아들여지고 있다. 약물치료를 통해 도파민이나 GABA 등과 같은 신경전달물질을 조절하려

스트레스와 신경전달물질의 관련성

는 시도 등을 하는 것이 조현병의 원인이 생물학적 요인에 있음을 설명하는 예에 속한다. 이와 같이 정신건강의학과에서 시행되고 있는 약물치료는 소소하게 행복이나 우울 등의 가벼운 정서에서부터 정신건강의 이상에 이르기까지 신체적 · 생물학적 요인에 영향을 받고 있다는 입장을 받아들인 치료적 개입이라고 볼 수 있다.

신경전달물질을 조절하기 위한 약물치료 이외에도 정신건강의 유전에 대해 확인하기 위하여 일란성 · 이란성 쌍둥이 연구가 진행되고 있으며 이러한 연구들을 통해 정신건강의 신체적 · 생물학적 요인의 영향력을 검증하려는 노력이 이루어지고 있다.

2) 심리적 요인

개인의 성격이나 스트레스에 대한 대처와 같은 심리적인 요인이 정신건강문제에 영향을 미친다고 보는 입장이다. 특히 심리적 요인이 정신건강문제에 미치는 영향은 다양한 심리학자의 이론에 따라 다르게 표현되고 있어, 이론에서 중점을 두는 부분에 따라 다른 심리적 요인이 정신건강에 영향을 미친다고 설명된다. 정신분석이론의 입장에서는 원초아, 자아, 초자아 간의 갈등을 대처하고 사회적 상황에 따른 스트레스에 대처하기 위해 자기방어기제를 사용한다고 본다. 분석심리이론의 입장에서는 자신의 무의식에 존재하는 자신의 약점, 결함 등에 의해 공격적이거나 부적응적인 태도를 보인다고 본다. 이러한 여러 심리적 이론의 입장에서 언급하는 다양한 양상이 오랜 시간 반복적으로 경험되면 그 사람의 특징적인 성격을 이루게 된다. 따라서 성격이 정신건강문제를 직접 유발한다기보다는 성격으로 인한 특정한 습관이나 행동, 반응의 반복이 정신건강문제를 유발하고 그 결과 성격 또한 변화시킨다고 본다. 정신건강의 문제가 발생하고 그 결과로 성격 또한 변한다(손재석, 황미영, 장경옥, 윤경원, 2015; 이인혜, 1999). 즉, 정신건강의 문제를 유발하는 나쁜 성격유형이 존재한다기보다 개인의 성격유형이 어떠한 환경과 만나 상호작용하는가에 따라 스트레스 정도에 차이가 있어 정신건강의 문제를 야기하거나 야기하지 않는 차이를 만든다는 것이다. 그러므로 자신이 어떠한 성격유형을 가지고 있는지를 스스로 인식하는 것이 중요하며 자신이 주로 접하는 상대방이나 상황이 어떠한 성격을 가졌기 때문에 갈등이 유발되는지를 파악하는 것이 중요하다.

3) 사회문화적 요인

사회문화적 요인들이 정신건강문제를 유발하는 데 많은 영향을 미치고 있다고 보는 입장이다. 사회문화적 요인에서는 가족관계, 친구관계 및 사회관계, 지역사회 문화 등이 개인의 정신건강에 영향을 미치는 요인이다. 특히 사회문화적 요인의 입장에서는 대인관계에서의 갈등이 정신건강에 상당한 영향을 미치고 있다고 보므로 각각의 관계가 정신건강에 미치는 영향을 살펴보고자 한다.

(1) 가족관계

Minuchin은 가족이 하나의 개방된 사회문화적 체계라고 보았다. 가족은 서로 간의 관계를 통해 사회 · 심리적 성장과정을 유지하고 발전시키는 방법으로 환경에 적응하고자 한다. 가족이 건강한 체계를 유지하고 있다면 사회적인 스트레스나 문제 상황에 직면했을 때 그것을 극복하기 위해 함께 노력하거나 지지해 주는 과정에서 어려움을 해결해 갈 수도 있으며, 가족이 건강하지 않은 체계를 형성하고 있을 시에는 가족 내에서 발생하는 정서적 · 정신적 문제가 외부세계에서도 동일한 방식으로 갈등을 양성하게 되며 이러한 스트레스는 개인과 지역사회의 정신건강에 부정적인 영향을 미치게 된다. 가족관계는 부부관계에서 시작하여 그들이 자녀를 낳음으로써 부모-자녀 관계, 형제관계 등으로 확장되어 간다. 각각의 사회적 관계들이 정신건강에 어떠한 영향을 미칠 수 있는지 조금 더 자세히 살펴보고자 한다.

① 부부관계

배우자를 만나 새로운 가정을 이루는 과정은 현재까지 살아온 사회를 떠나 새로운 사회와 만나고 그 둘의 사회를 조화롭게 융합해 나가는 것으로 결코 순탄하지만은 않은 과정을 거치기도 한다. 자신의 가정에서 당연시하던 것이 배우자의 가정에서는 생각지도 못한 일이 될 수도 있기 때문에 이러한 다른 가정문화에서 성장한 두 사람이 한 가정을 이루는 데는 상당한 노력이 필요하다. 부부가 되는 순간, 이들은 아주 작고 소소한 일에서부터 크고 중대한 일에 이르기까지 다양한 것을 논의해야 한다. 예를 들면, 부부는 아침식사를 할 것인지 하지 않을 것인지, 식사를 한다면 간단한 시리얼이나 빵으로 할 것인지 또는 밥을 먹을 것인지, 그 아침밥은 누가 할 것인지와 같은 사소하면서도 결정이 필요한 것들을 의논해야 한다. 또한 서로 다른 가정행사에 어떻게 참여하며 대처할 것인지에 대해서도 합의가 필요하다. 이러한 과정에서 서로의 의사소통 방식에 문제가 있다면 갈등이 유발될 가능성이 높고, 지속된 부부갈등으로 인해 정신적으로 우울하거나 분노하는 일이 잦아지는 등 정신건강에 부정적인 영향을 미칠 수도 있다. 그렇기에 배우자와의 관계는 정신건강을 유지하는 데 영향을 미치는 매우 중요한 요인이다.

② 부모-자녀 관계

자녀에게 있어 부모는 상당히 중요한 존재로 유전적이거나 기질적인 부분 이외에도 매일 접하는 환경으로서의 의미가 있다. 이런 아동기 시절에 부모가 부적절한 통제를 가하거나, 과도하게 간섭을 하거나, 무관심한 태도를 보이는 등의 행동을 하는 것은 아동의 성격과 행동에 상당히 부정적인 영향을 미친다. 자녀가 처음 출생한 직후부터 한동안 부부는 자녀에게 상당히 밀착되어 모호한 경계선을 둔 채 자녀를 돌보는 데 집중하게 된다. 그러나 자녀가 성장함에 따라 부모와 자녀 간의 경계선 유형은 변화해야 한다. 청소년기 자녀에게 과도하게 밀착되어서 무엇을 하는지, 어디에 있는지 등을 시시콜콜 알려고 한다면 청소년기 자녀는 독립적이기 어려워지며 과도한 간섭에 의해 상당한 스트레스를 경험할 가능성이 높아진다. 이와 같이 부모와 자녀의 관계에서 하나의 정해진 관계를 유지하기보다 부모와 자녀의 성장에 따라 유기적으로 관계가 변화되어야 서로 긍정적 관계를 유지할 수 있게 되며 스트레스 상황에서도 적응적으로 대응할 수 있는 힘을 기르게 된다.

③ 형제관계

최근 핵가족화가 심각해지면서 자녀를 갖지 않는 가정도 있으며 자녀 한 명만을 잘 키우려는 경향성이 있어서 형제간 관계의 기능이 현저히 축소되거나 사라지고 있는 실정이다. 형제는 정서적 지지자가 될 수도 있으며 반대로 서로 경쟁자가 되기도 한다. 또한 서로의 존재는 또래관계에서 익혀야 하는 대인관계능력을 안전한 관계 내에서 먼저 연습할 수 있는 기회를 준다. 이와 반대로 형제관계에서부터 갈등이 발생하고 이를 해결하기 위한 개입이 적절하게 이루어지지 않은 상태가 이어진다면 형제 사이에서 발생한 갈등은 또래관계에서 유사한 양상으로 나타나게 되며, 이러한 문제는 적응의 문제를 초래하여 정신건강에 부정적인 영향을 줄 수 있다. 더불어 핵가족의 경우 한 가족원과의 갈등문제가 곧 가족의 적응문제로까지 이어지는 경우가 자주 발생하고 가족 내 위기를 적절히 해결하지 못하면서 더욱 큰 문제로 이어질 수 있다.

④ 학대 및 방임

가족관계에서 경험하는 학대나 방임의 문제는 정신건강에 큰 영향을 미치기도 한다. 학대는 신체적·정서적·성적 학대 및 방임 등의 네 가지 유형으로 구별할 수 있다. 학대라고 하면 가장 흔히 떠올리는 것으로 신체적 학대를 들 수 있다. 신체적 학대는 '아동의 정상적 발달을 저해할 수 있는 신체적 폭력 또는 가혹행위'를 지칭하는데, 예를 들면 주먹질 또는 구타를 하거나 물어뜯거나 목을 조르거나 화상을 입히는 등 아동에게 의도적으로 신체적 상해를 입히는 것을 칭한다. 이러한 신체적 학대로는 가볍게 생채기가 나거나 멍이 드는 수준을 보일 수도 있으나 심각할 경우 골절이나 죽음에 이르기도 한다.

정서적 학대는 '아동에게 행하는 언어적 폭력·정서적 위협·감금 등'을 지칭하는데, 예를 들면 자녀에게 '너 따위는 살 가치도 없다.' '왜 태어나서 이 지경을 만드냐?' '구제불능아'와 같은 경멸적·거부적·적대적·위협적·원망적 언어표현을 반복적으로 하는 것을 말한다. 대부분 이러한 언어적 발언으로 인해 아동은 수치심이나 굴욕감을 경험하게 되고 자신의 존재 이유에 대해 부정적으로 인식하게 되며 자신은 아무것도 할 수 없다는 생각을 하게 된다. 이처럼 정서적 학대는 피해자를 상당히 무기력하게 하거나 우울감을 경험하게 하는 등 정서적·정신적으로 상당한 피해를 입힌다.

성적 학대는 '아동 대상의 모든 성적 행위'를 지칭하며 연장자가 자신의 성적 만족을 위해 하는 모든 접촉을 뜻한다. 부모에 의한 성적 학대는 38.8%로(이정념, 2018), 다른 학대에 비해 부모에 의한 피해가 낮은 편이나 한 번의 경험만으로도 상당한 정신적 외상을 경험하게 하는 학대 행위이며, 가해자에게서 벗어나는 것이 어렵다는 이유로 인해 더 큰 피해를 경험하게 한다.

방임은 '아동의 보호자가 아동을 유기하거나 방임하는 행위'를 지칭한다. 갓 태어난 아기가 길거리에 방치되어 버림을 받거나 집에 함께 거주함에도 불구하고 제대로 된 식사나 청결을 책임지지 않아 정상적인 발달에 어려움이 발생하는 경우 등 아동에 대해 적절한 돌봄을 제공하지 않는 것을 예로 들 수 있다. 방임에 대해서는 한동안 학대라고 생각하지 않는 경우가 있었다. 그러나 아동기 때 경험한 아버지의 방임이 대학생의 사회불안과 유의한 상관을 보였다는 연구(장미경, 2018)가 있는 것과 같이 어린 시절 경험하는 방임이 성인기에까지 정신건강문제로 이어지고 있으

정서적 학대의 부정적 영향

며 상당한 어려움을 경험하게 한다는 점에서 최근 아동 학대의 유형으로 인정되고 있다.

전반적으로 아동·청소년기에 경험하는 학대는 아동·청소년기의 정서적·정신적 문제를 일으킬 뿐만 아니라 이러한 문제가 성인기로까지 이어지게 된다. 성인 학대의 경우, 배우자나 연인 관계에서 발생하는 경우가 많으며 최근 뉴스에서 익숙하게 다뤄지고 있는 이슈로 '데이트 폭력'이 성인 학대의 대표적인 예라고 볼 수 있다. 상당히 지속적이고 반복적으로 경험하는 외상으로 인하여 다른 문제에 비해 상당히 심각한 정서적·정신적 문제를 야기하고 일상생활에서도 적응문제를 야기할 수 있기 때문에 학대 경험으로 인한 부적응적인 문제에 대한 자세한 설명은 제4장에서 이어 가도록 하겠다.

(2) 친구관계 및 사회관계

'친구'란 좋은 인간관계의 틀 안에 있는 사람을 나이에 관계없이 부르는 명칭으로 '친하게 어울리는 사람'을 뜻한다. 친구관계는 심리적 안정감을 제공할 수 있는 가족 이외의 존재를 만나게 되는 것으로 개인의 사회적 지지자원이 될 수 있는 관계를 의미한다. 친구관계의 경우, 동성 간 친구의 관계와 이성 간 친구의 관계로 나뉠 수 있다. 청소년기의 경우 가족관계보다도 친구관계를 중요하게 여기는 시기로 청소년기에 또래관계에 몰두하면서 부모로부터 심리적으로 독립을 하기 시작한다. 그러나 최근 진로나 학업, 취업 등의 문제와 경쟁에서 이기는 것을 강조하는 사회적 분위기로 인해 인간관계를 형성하고 유지하는 방법을 배우기 위한 장이 협소해지

고 있다. 그리하여 친구관계와 연인관계를 형성하고 유지하는 것에 어려움을 느끼는 사람들이 늘어나고 있다. 가족 이외의 사람과 깊은 관계를 맺고 싶은 욕구가 있으나 이러한 관계를 맺기 어려워지면 고립감이나 외로움 등의 심리적 어려움이 발생할 수 있다.

청소년기를 지나 성인초기인 대학생 시기가 되면 인간관계의 폭과 깊이가 확장되면서 연령이 비슷한 친구와의 관계에서 확장되어 사회적 관계를 맺기 시작한다. 사회적 관계는 직장생활과 관련된 관계와 더불어 아르바이트를 하면서 만나게 되는 손님과의 관계나 사장님과의 관계, 대학교 선후배와의 관계 등 다양한 관계를 포함한다. 이러한 사회적인 관계에서 우리는 친구와 같은 친밀하고 긴밀한 관계보다는 서로에게 상처를 입지 않는 좋은 관계를 형성하고 유지하는 것이 중요하다. 직장이나 대학 내에서의 관계는 퇴사를 하거나 전과 및 퇴학을 하는 경우 불편한 인간관계를 피할 수는 있으나 일반적으로 쉽게 피하기는 어려운 인간관계이다. 앞의 친구관계에서 언급한 바와 같이 사람은 사회적 동물로 함께 속한 그룹에서 사람들과 함께 어울려 지내는 것을 선호하는데 이러한 관계에서 갈등문제가 생길 시 긍정적 정신건강을 유지하는 데 어려움이 발생한다.

(3) 지역사회의 문화

지역사회의 문화 또한 정신건강을 유지하는 데 영향을 준다. 우리나라의 문화를 살펴보면 대학입시나 취업문제에 몰두하고 경쟁을 강요하는 사회적 분위기에 놓여 있으며 이는 인간관계 형성과 그 과정에 많은 영향을 미치게 된다. 경쟁이 강요되다 보니 또래관계나 사회적 관계에서도 학업이나 취업 성공 등의 결과가 관계에 영향을 미치기도 하며, 심할 경우 갈등의 원인이 되기도 한다. 이로 인해 건강하고 긍정적인 인간관계를 형성하기 위해 자기노출을 하는 데 어려움이 발생하게 되며, 그리하여 교우관계가 협소해지고 고립감을 느끼는 것과 같은 심리적 불안정감 등의 어려움을 경험하게 되는 경우 또한 발생한다. 사회적으로 서로의 어려움을 배려하고 격려하는 분위기는 사람이 어려움을 경험할 때 지지체계가 되어 주면서 견딜 수 있는 힘을 제공하여 긍정적 정신건강을 형성하는 데 도움이 될 수 있다. 이와 반대로 경쟁을 강조하고 서로 비난하거나 남 탓하는 분위기가 만연한 사회적 분위기 속에 있는 것은 작은 실수에도 예민하게 반응하게 되는 등 불안과 우울 등을 조장하면서 정신건강에 부정적인 영향을 미치게 된다.

4. 적응과 성장을 통한 정신건강

앞에서 정신건강을 유지하는 데 영향을 주는 다양한 요인에 대해 살펴보았다. 다양한 요인 중 단 하나의 요인 또는 단 하나의 원인만이 긍정적 정신건강을 유지하도록 돕는 것은 아니다. 신체적으로나 유전적으로 타고난 요인들도 있지만 살아가면서 성장하고 발달하는 요인들도 존재한다. 기질적으로 까다롭고 예민하게 태어난 아이라 할지라도 부모의 양육태도로 인해 낯선 환경에 잘 적응하며 쉽게 불안을 호소하지 않는 경우도 있다. 반대로 건강하고 적극적으로 태어났으나 산만하다며 지적을 많이 받고 천편일률적이길 바라는 문화적 환경에서 성장하면서 과도한 스트레스로 인해 부적응의 문제를 일으키는 아이들도 있다. 그렇다면 우리는 어떻게 하면 긍정적 정신건강을 유지하며 생활할 수 있을까?

사람은 익숙한 환경에서만 생활할 수는 없으며 낯선 환경을 만나고 그곳에서 적응해야 한다. 예를 들어, 정들었던 고등학교를 졸업하고 새롭게 대학교에 입학하던 순간을 떠올려 보자. 새롭게 사귈 동기들, 선배들 그리고 교수님들과의 관계는 어떨지 설레면서도 걱정되는 마음을 모두 한 번씩은 느껴 보았을 것이다. 낯선 환경에서 어떻게 또는 얼마나 잘 적응하느냐에 따라 사람은 성장하기도 하며 부적응을 경험하기도 한다. 이렇듯 적응은 긍정적 정신건강을 유지하는 데 도움이 되며 나아가 한 사람이 성장할 수 있도록 돕는다. 제대로 적응하지 못할 때, 우리는 부적응을 경험하게 되며 정신건강의 어려움을 경험하게 된다. 앞서 살펴본 긍정적 정신건강을 위한 요인들은 우리가 갈등을 경험하는 다양한 사회적 상황에 직면할 때 긍정적 정신건강을 유지하는 데 도움이 될 것이다. 갈등 상황을 잘 극복하고 적응하여 긍정적 정신건강을 유지하는 것이 우리를 어떻게 성장시키는지에 대해 살펴보도록 하자.

1) 긍정적 정신건강과 적응

(1) 적응이란

'적응'이란 주변 환경에 좀 더 잘 순응하기 위해 자신을 변화시키는 것을 말한다. 이는 다양하게 변하는 환경에 반응해서 자신의 모습을 지속적으로 꾸준히 변화시켜 가는 것을 의미한다(천성문, 전은주, 남정현, 김정남, 김상희, 2013). 자신의 욕구가 사회적 환경에 적합하여 잘 발현되는 경우도 있지만 많은 경우에 대립되는 경우가 발생한다. 이러한 상황에서 적절하게 자신의 욕구를 사회적 환경과의 관계 속에서 조율하고 순응하여 적응 상태에 들어갈 때, 사람은 심리적으로 만족감을 경험하고 자신에 대한 효능감이나 존중감을 형성해 갈 수 있다. 따라서 적응은 긍정적 정신건강을 유지하고 더 나은 사람으로 성장하기 위해 필요하다.

(2) 긍정적 정신건강을 유지하기 위한 적응방법

우리는 태어나서 처음 다른 세상과 타인을 만나고 교류하면서 자신이 원하는 바를 표현하게 되는데, 주로 그 대상인 어머니는 이를 수용해 주거나 무시하거나 또는 부정적인 반응을 보이게 된다. 이러한 과정에서 우리는 상대방이 부정적이거나 무시하는 자신의 감정이나 욕구 표현이 무엇인지를 파악하고 그러한 감정이나 욕구를 억누르거나 퇴행의 행동을 보이는 등의 방어기제를 사용하여 그 상황에 적응하려고 한다. 이렇게 상황에 적응하기 위해 자주 사용하게 되는 방어기제들은 사람의 성격적 특성이 되어 그 사람이 성장하면서 만나게 되는 다른 상황에서도 동일하게 사용된다. 그러나 과거 자신이 자주 사용하던 방어기제는 현재 상황에 적절하지 않은 경우가 많아서 갈등 상황을 경험하게 된다. 다양한 대처방법을 사용하여 해결할 수도 있지만 실패하게 되면 부적응을 경험하기도 하며 이러한 실패가 반복적으로 경험되면 정신이상문제로 발전하기도 한다.

사람은 어린 시절부터 다양한 방어기제를 사용하게 되는데 주로 자신이 사용하는 방어기제가 무엇인지, 어떤 상황에서 어떻게 사용하는지 등을 아는 것은 다른 상황에서 자신이 어떻게 행동할지를 예측하는 데 도움이 된다. 이렇게 자신이 주로 사용하는 방어기제나 대처방법에 대해 알아 가는 과정은 자기이해의 한 부분이라고 볼 수 있다. 자신을 이해하고 타인을 이해하는 것은 긍정적 인간관계를 형성하는 데 도움이 되며 자신의 욕구와 사회적 상황의 갈등 사이에서 적절히 조율하여 적응할 수 있도록 돕는다.

　자신이 주로 사용하는 방어기제가 받아들여지지 않아 갈등 상황에 놓이게 되더라도 모든 사람이 좌절할 필요는 없다. 다양한 대처 기술 및 방법을 사용하여 갈등 상황을 해결하고 오히려 그 갈등 상황을 통해 성장하는 것이 가능하다. 갈등 상황에서 사람들은 자신의 스트레스를 적절히 관리함으로써 갈등을 적극적으로 해결하기 위해 노력하면서 자기주장을 적절히 하는 등의 다양한 방법을 사용하여 문제에서 벗어나기도 한다.

　갈등 상황에 적절히 대처하며 적응하고 성장하는 것은 결국 우리가 행복하고 긍정적인 삶을 영위하여 긍정적 정신건강을 유지하며 사는 것을 의미한다. 긍정적인 삶을 추구하기 위해서는 앞서 언급한 바와 같이 부정적인 상황에서 잘 벗어나는 것도 중요하지만 자신이 경험하는 긍정적인 삶을 강조하는 것 또한 중요하다. 이를 위해서 필요한 요소는 첫 번째가 주관적 안녕감(즐거운 삶), 두 번째는 매일 자신의 삶을 적극적으로 사는 것(적극적인 삶) 그리고 마지막은 개인의 즐거움이나 이익뿐만 아니라 자신이 속한 공동체나 사회에 기여하는 것(의미 있는 삶)이다. 주관적 안녕감을 경험하며 즐거운 삶을 영위하기 위해서 우리는 자신이 어떠한 것에 즐거워하는지 아는 것이 선행되어야 한다. 즉, 자기이해가 이루어져야 한다. 스스로 하고 싶은 일, 즐거운 일을 알게 되었다면 그런 일을 즐기고 원하는 바를 성취하는 것이 적극적인 삶을 살아가는 것이다. 사회적으로 기여하는 바를 고려할 때 부적응적인 문제가 발생하는 것을 최소화하며 의미 있는 삶을 통해 자신의 삶에 대해 보람을 느낄 수 있게 된다. 이러한 삶을 살아가는 것은 결국 넓은 의미의 정신건강을 실현하는 삶이 된다.

2) 긍정적 정신건강과 성장

　많은 사람은 사회적 상황에 적응하며 성장한다. 이렇듯 적응과 성장은 모두 사회적 상황에 대처하면서 발생하는 것으로, 적응은 사회적 상황과 자신의 욕구를 조율하는 등 관계를 강조하는 반면 성장은 개인 자신을 강조하여 스스로에게 긍정적이고 의미 깊은 변화를 강조하는 차이가 있다. 그렇다면 사회적 상황에서 좋은 관계를 유지하고 적응하면서 스스로를 긍정적으로 변화시키는 성장을 하려면 어떻게 하는 것이 좋을까?

심리학자인 Jourard(1964)는 성장을 세 가지 단계로 나누었다.

첫 번째 단계는 변화의 인정이다. 사회적 상황과 자신의 욕구 사이에서 적응하기 위해 노력하다 보면 조금씩 변화하게 된다. 그런 변화는 쉽사리 눈치채지 못하다가 많은 시간이 지나거나 어느 순간 갑작스럽게 깨닫고는 한다. 성장하기 위해서 자신이 상황에 적응하며 변화하고 있다는 사실을 인정하는 것이 필요하다. 자기이해를 위해 노력하는 과정은 이러한 변화를 인식하는 데 상당히 큰 도움이 될 수 있다. 즉, 갈등 상황에서 잘 적응하고 성장하기 위해서는 자기이해가 중요하다.

두 번째 단계는 괴리감 또는 불만족이다. 실패나 좌절의 경험을 하게 되면 많은 사람이 그 상황에 대해 불만족스러워하고 불평불만을 쏟아 내며 상황을 부인하거나 회피하려는 경향을 보이기도 한다. 그러나 이러한 상황에는 사람이 성장하는 데 도움이 되는 계기들이 숨어 있다. 불만족을 경험하게 되더라도 그 상황에서 얻을 수 있는 긍정적인 면을 바라보고자 노력할 때 사람은 성장하게 된다.

세 번째 단계는 경험의 재조직이다. 결국 문제 상황이나 좌절 상황이 도래하였을 때 자신이 그 상황에 적응하기 위해 변화했던 것을 인정하고 긍정적인 면을 찾는다 하더라도 그에 따라 행동하지 않는다면 사람은 성장할 수 없다. 가장 중요한 경험의 재조직, 즉 변화된 자신의 태도나 가치 등에 맞게 행동 또한 변화시키는 과정이 일어나야 사람은 진정한 성장을 할 수 있다는 것이다. 마지막 단계인 경험의 재조직을 경험할 때 사람들은 자신의 성장에 대해 인정하고 만족감을 갖게 되며 불만족스러운 상황이 닥칠지라도 긍정적으로 생각해 보려는 노력을 지속하게 된다.

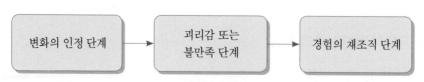

[그림 3-1] Jourard가 분류한 성장의 세 가지 단계

　　이 장에서는 긍정적 정신건강의 의미, 심리학 이론적 견해와 긍정적 정신건강에 영향을 미치는 요인들 그리고 긍정적 정신건강을 형성하고 유지하기 위한 적응과 성장에 대해 살펴보았다. 사람은 타고난 기질적인 요인과 어린 시절 경험하는 사회적 상황의 다양성으로 인해 긍정적 정신건강을 형성하고 유지하기 위한 방법이 다양할 수밖에 없다. 그러나 행복한 삶을 영위하기 위하여 정신건강을 유지하고자 노력한다는 것은 동일할 것이다. 다양한 방법을 통해 인간관계에서 받는 어려움에 적응하고 성장하여 긍정적인 정신건강을 유지할 수 있기를 바란다.

부적응적 인간관계와 정신건강문제

무지개를 보고 싶다면, 비를 견뎌야 한다.

– Dolly Parton

1. 부적응적 인간관계란

　사람들은 누구나 부적응적인 인간관계를 멀리하고 건강한 인간관계를 형성하고 유지하고자 한다. 그러기 위해서 먼저 건강한 인간관계란 무엇이며 부적응적인 인간관계란 무엇인지 명확하게 되짚는 것이 필요하다. 과거 우리나라에서는 옆집에 사는 사람이 무엇을 하는지 상세하게 아는 것이 중요했고 어려운 일이든 축하할 일이든 이웃 간에 서로 공유하고 나누는 것이 건강한 인간관계를 맺는 것이었다. 그러한 과거의 문화를 바탕으로 혼자 밥을 먹거나 영화를 보는 사람에 대해서 '왜 혼자 밥을 먹지?' '외롭겠다.' '친구가 없나 보다.'라는 등 혼자 무엇인가 행하는 사람에 대해 이상하게 여기는 분위기가 존재했다. 현대에는 이웃에 사는 사람에 대해 아는 것이 없다고 하여 특별히 이상한 것이 아니다. 특히 요즘 대학생들은 스스로 혼자이기

를 선택하고 혼자인 것을 즐기는 추
세여서 그들에 대해서 '이상하거나
부적응적이다.'라고 보기 어렵다. 이
와 같이 정상과 이상, 건강한 것과 부
적응적인 것의 구분은 시대와 문화,
환경에 따라 달라진다. 일반적으로
심리학에서 부적응적인 인간관계를
구분하는 기준은 다음과 같다.

타인과의 관계가 단절된 삶

1) 통계적 기준

통계적 기준은 특히 부적응적 인간관계를 통계적인 관점에서 정의하고자 하는
것이라고 볼 수 있다. 부적응적인 인간관계 양상이 정상적인지, 건강한 것인지 또는
이상 수준인지 확인하기 위해서 전체 집단의 평균으로부터 얼마나 차이가 나는지
를 살펴보는 것을 통계적 기준이라고 한다. 따라서 이러한 기준을 적용하기 위해서
는 전체 집단의 평균범위를 아는 것이 중요하다. 전체 집단의 평균범위는 사회문화
적 기준이나 상황에 따라 달라질 수 있다. 예를 들면, 일상생활을 할 때 수영복을 입
고 길거리를 배회하는 것은 이상행동이나 부적응적인 행동에 속할 수 있다. 그러나
이러한 행동이 한여름의 바닷가에서 보인다면 이상하지 않은 것과 같다.

2) 사회문화적 기준

사회문화적 기준은 사회의 규범이나 문화적 관습에 따라 정하는 기준을 의미한
다. 이는 어떠한 행동이 그 사람이 속한 특정 사회의 규범이나 문화적 관습에서는
허용되거나 적합하다고 보는 것이지만 다른 문화권에서는 부적응적인 행동으로 분
류될 수 있다. 예를 들면, 윗사람에 대한 예의를 중요시하는 우리나라에서는 청소년
이 할머니, 할아버지에게 존댓말을 사용하지 않고 반말을 한다면 부적응적인 행동
이라고 여긴다. 그러나 높임말과 반말의 개념이 없는 서양에서는 청소년이 할머니,
할아버지에게 반말을 사용하더라도 크게 문제가 되지 않는다.

3) 행동의 적응성 기준

행동의 적응성 기준은 개인의 행동이 자신이나 그가 속한 사회집단의 복지와 안녕에 기여할 수 있느냐에 따라 달라진다. 한 사람의 행동이 사회에 기여하지 못하고 오히려 해를 끼치거나 부정적인 영향을 미친다면 그러한 행동은 부적응적인 행동으로 평가된다. 예를 들면, 청소년 시기에 많은 학생이 사회에 대한 반항심이 많아지고 짜증이 많아지면서 부모나 선생님들과의 관계에서 갈등을 경험하기도 한다. 그러나 이러한 갈등이 해소되지 않고 선생님이나 부모에게 폭행을 저지르거나 범죄 등에 연루되어 지속적으로 비행문제가 발생하는 등 문제가 심각해진다면 자신이 속한 집단이나 사회에 제대로 적응하지 못한 부적응적인 인간관계를 하고 있다고 볼 수 있다.

4) 주관적 고통의 기준

주관적 고통의 기준은 개인의 주관적인 경험과 평가에 초점을 두고 있다. 스스로 판단했을 때 자신의 행동이나 감정이 과도하거나 이상하다는 느낌이 들 때 부적응의 문제가 있다고 보는 입장이다. 예를 들면, 어떤 사람은 일반적인 대인관계나 사회활동에서 다른 사람들에게 별다른 문제가 없고 잘 지내고 있다고 평가받을 수 있다. 그런데 이런 상황에서 당사자는 자신의 대인관계에 대해 다르게 평가하고 있을 수도 있다. 자신은 일반적으로 대인관계를 잘하는 것이 아니라 피상적인 관계를 맺고 있고, 자신을 부정적으로 평가할까 걱정되어 다른 사람의 부탁을 거절하는 것이 불편하며, 과도하게 친절을 베푸느라 정서적·정신적으로 힘든 상태라고 보고할 수도 있다. 이와 같이 겉으로 타인에게 보이는 행동은 적응적인 행동으로 보일 수 있지만 개인의 주관적인 경험이 외롭거나 고독하며 우울한 정도가 심각하다고 보고한다면 그런 경우에는 부적응적인 인간관계를 맺고 있다고 볼 수 있다.

2. 부적응적 인간관계 유형

앞에서 부적응적 인간관계에 대한 개념을 살펴보았다. 한 개인의 행동을 다양한 기준에 따라 적응적인지 또는 부적응적인지 파악할 수는 있지만, 부적응적인 인간관계를 맺는 원인이나 양상은 매우 다양하게 나타난다. 예를 들어, 두 사람이 똑같이 짜증을 많이 내고 불평불만이 많아서 주위 사람들을 불편하게 하는 행동을 하고 있다고 할지라도 두 사람이 그러한 부적응적 인간관계를 맺는 원인이나 내용, 심리적 결과 등은 다를 수 있다. 이처럼 사람들이 경험하는 부적응적 인간관계는 원인과 양상이 매우 다양하기 때문에 여러 유형으로 분류(권석만, 2015)하여 설명해 보고자 한다.

1) 인간관계 회피형

회피형은 인간관계에서 부적응을 경험하는 사람들이 가장 많이 보이는 유형이다. 인간관계 회피형은 인간관계 자체를 회피하고 고립된 생활을 하는 사람들이다. 이 유형의 사람들은 인간관계를 형성하고 유지하는 과정에서 발생하는 갈등이나 문제 상황에 주로 회피와 고립으로 대처하기 때문에, 인간관계에 대해 매우 소극적인 편이며 관계를 맺고 있는 친구의 폭 또한 매우 좁거나 상당히 제한적인 경우가 많다. 이 유형의 사람들은 인간관계를 회피하는 심리적 이유에 따라 인간관계 경시형과 인간관계 불안형의 두 가지 유형으로 구분된다.

(1) 인간관계 경시형

인간관계 경시형은 인간관계가 삶에 있어서 중요하지 않다고 생각하며 심지어 무의미하다고 생각하는 유형의 사람들이다. 이러한 유형의 사람들은 간혹 '인간관계를 잘하기 위해서 시간을 들이거나 노력을 기울이는 행위는 헛된 노력이다.'라는 식의 주장을 하는 경우가 있다. 혼자 있는 것을 선호하는 타입이며 혼자 있을 때 자신의 능력을 개발하는 학문이나 공부, 예술적 작업, 종교활동 등에 집중하는 경향을 보인다. 외로움을 경험하지 않는 편으로 오히려 고독을 즐긴다고 보고하는 경우도 많다. 그러나 혼자만의 삶에 재미가 없고 활기를 잃는 경우도 있어서 사회나 삶에 대해서 비관적이거나 허무주의에 빠져 있는 경우가 많다.

인간관계 경시형은 인간관계에 대해 부정적으로 보는 독특한 신념이나 인생관을 가지고 있는 경우가 많은데 이러한 신념을 형성하게 된 원인은 다양하다. 첫 번째로 부모가 인간관계 경시형인 경우, 어린 시절부터 양육과정에서 부모로부터 거부당하거나 '인간관계를 위한 노력은 쓸데없는 짓이다.'와 같은 교육을 받았을 수 있다. 즉, 성장하면서 부모로부터 자신의 마음을 공감받을 때의 따뜻함, 즐거움 등과 같은 긍정적·정서적 경험이 현저히 부족했을 가능성이 있다. 두 번째로는 인간관계에서 부적응적 인간관계를 많이 경험한 경우이다. 부모나 또래와의 관계에서 상당히 지속적으로 부적응적 인간관계에 노출될 때 신뢰하는 대상에 대해 실망하거나 배신감을 경험하면서 대인관계에 대해 부정적인 신념을 형성하게 되는 경우가 있다. 이러한 유형의 사람들은 어린 시절부터 타인으로부터 자신의 감정이나 어려움을 공감받은 기억이 현저히 부족하면서 타인을 공감하는 것이 어려워진다. 타인에 대한 공격적인 행동이나 타인이 받는 피해에 무감하여 타인에게 분노하는 일이 발생할 때 자신은 분노해도 된다는 식의 반응을 보일 가능성이 높다. 성격을 형성하는 과정에서 청소년 시기에 일을 반복적으로 경험하면 성인이 되어서 반사회적 성격장애의 특징을 보일 수도 있다.

(2) 인간관계 불안형

인간관계 불안형은 사람을 만나는 것이 불안하고 두려워서 인간관계를 피하는 유형의 사람들이다. 이들은 사람들을 만날 때 대표적으로 느끼는 감정으로 불안이나 두려움 등을 경험하기 때문에 인간관계를 불편하게 여기며 회피한다는 점에서는 경시형의 사람들과 유사한 면을 보인다. 그러나 경시형의 사람들과 달리 사람들을 만나고 사귀고자 하는 욕구가 존재하며 인간관계의 중요성에 대해 무시하지 않는다. 따라서 안심할 수 있다고 여기는 소수의 인원과 관계를 유지하는 편이며 새로운 인간관계를 형성하려고 할 때 어려움을 호소한다. 새로운 관계를 형성하는 과정에서 어려움을 과도하게 경험하게 되는데 부적응적 문제가 심각해질 경우 대인공포증과 같은 정신건강문제로 발전하기도 한다.

인간관계 불안형의 사람들은 대인관계에 대한 부정적인 신념보다 자기 자신이나 타인에 대한 부정적 신념을 가지고 있는 경우가 많다. 주로 '나는 무가치하고 무능하여 사람들이 나를 좋아할 리 없다.' '사람들은 비판적이고 공격적이다.' '내가 실수한다면 나를 무시하거나 좋지 않게 평가할 것이다.'와 같은 부적응적인 신념을 가지고 있다. 이들은 자신의 불안감으로 인하여 타인의 언행이나 비언어적 행동에 대해 상당히 관심이 많고 작은 자극에도 예민하게 반응하며 주로 부정적이고 비관적으로 생각하는 경향성이 있다. 이러한 경향성이 과도해지면 다소 피해망상적인 사고로 진전되기도 한다. 피해망상적 사고나 신념으로 인해 대인관계에서 쉽게 상처를 입고 괴로움을 경험하면서 상처받지 않기 위한 방법으로 대인관계에서 철수하려는 경향을 보이고 고립되게 된다. 부적응적 신념과 행동 패턴을 형성하게 된 것은 주로 평가하거나 비난하는 부모의 양육태도에 의해 자존감이 낮아지고, 이로 인해 타인의 평가에 예민해지며 타인에 의해 상처받을지도 모른다는 불안이나 두려움을 지속적으로 경험한 것에 따른 것으로 추측된다.

2) 인간관계 피상형

인간관계 피상형은 깊이 있고 의미 있는 인간관계를 맺지 못하고 피상적인 인간관계를 맺는 유형의 사람들이다. 이 유형의 사람들은 의미 있는 인간관계를 잘 맺지 못하는 편이기 때문에 깊은 이야기를 나누지 않는 피상적인 인간관계를 넓고 다양하게 형성하고 있는 경우가 많다. 따라서 다양한 사람과 여러 활동을 많이 하고 있기 때문에 다른 사람들이 보기에는 원만하게 인간관계를 잘하고 있는 것으로 보이는 경우가 많다. 그러나 이러한 사람들의 대부분은 의미 있는 깊은 관계가 부족하다 보니 자신의 고민이나 어려움을 공유하고 서로의 아픔을 공감하는 경험이 현저히 부족하며 이로 인해 '풍요 속의 빈곤'을 경험하여 오히려 더욱 큰 외로움과 고독감을 경험하기도 한다. 또한 인간관계 피상형의 사람들은 타인과의 관계에서 친밀하고 깊은 관계를 맺는 것에 대한 두려움을 가지고 있는 경우가 많다. 자신이 친밀한 관계의 대상에게 종속되어 자율성을 잃고 자기정체감을 나타내기 어렵다고 생각하는 경우도 있으며 또는 자신의 속마음을 드러내거나 상대방의 은밀한 비밀을 듣는 것에 대해 부담스러워하는 경우도 있다. 이 유형의 사람들은 피상적 인간관계를 맺는 심리적 이유에 따라 인간관계 실리형과 유희형으로 구분된다.

(1) 인간관계 실리형

인간관계 실리형은 인간관계의 주된 의미를 실리적인 목적에 두는 사람들이다. 이 유형의 사람들은 인간관계를 통해 현실적인 이득을 취하고자 하는 편이므로 자신의 업무나 목적에 도움이 될 수 있는지를 판단하고 의도적으로 접근하여 실리를 취하려는 경향성이 있다. 이들은 타인을 통해 더 이상 얻을 것이 없다고 판단되면 그 관계를 유지하려는 의지를 가지지 않으며 관계에서 손해를 보려 하지 않는다. 따라서 타인의 사적이고 내면적인 삶에는 관심을 두지 않으며 자신의 속마음을 내비치지도 않는 편이다.

인간관계 실리형의 사람들은 '넓은 인간관계는 성공하기 위해 필요하지만 인간은 믿기 어려운 존재다.' '나의 내면이 알려지면 타인이 나의 약점을 알게 되는 것이기 때문에 나를 무시하거나 나를 이용하려고 할 것이다.'와 같은 인간관계에서의 신념을 지니고 있는 경우가 많다. 과거에 비해 실리형의 사람들이 늘어나고 있다. 이는 많은 것을 물리적 가치로 환산하는 자본주의 사회에서 인간관계 자체를 이해관계로 파악하려는 경향이 많아지면서 이러한 유형의 사람들이 많아지고 있다고 볼 수 있다. 또한 과거에 비해 소셜네트워크 등의 확산으로 한 개인이 만나고 관계를 맺는 사람들의 범위가 확장되고 복잡해지고 있는 것 또한 인간관계 실리형의 사람들이 증가하게 되는 원인 중 하나이다. 인간관계 실리형의 사람들은 한편으로 현대사회에 빠르게 적응해 가고 있는 사람일 수는 있으나 심리적으로 외로움과 고독감을 경험하게 되는 경우가 많다. 이 유형의 사람들은 자신의 일이 좋은 성과를 내고 있을 때는 별다른 문제를 보이지 않지만 심리적인 어려움을 토로해야 하는 상황에 놓일 때는 고민을 터놓을 사람이 없고 고민을 이야기하는 것에 대해서도 불편감을 겪으면서 우울장애, 불안장애와 같은 정신건강상의 어려움을 경험하기도 한다.

(2) 인간관계 유희형

인간관계 유희형은 인간관계에서 얻는 쾌락과 즐거움을 최고의 가치로 생각하는 사람들이다. 이들은 사람들을 만나면 재미있고 신나야 한다고 생각하는 사람들로 유흥을 즐긴다. 항상 분위기를 명랑하게 만드는 분위기 메이커의 역할을 하며 진지하거나 과도하게 무거워지는 이야기 또는 서로 싸움을 유발할 수 있는 이야기를 꺼내는 것을 꺼린다. 따라서 즐겁게 놀 친구는 많지만 자신의 이야기를 진지하게 나눌 수 있는 친구가 부족하다. 인간관계 유희형의 사람들은 친밀한 관계에 대해 불편감을 가지고 있는 사람들이 많아 가까이 다가오는 사람들을 오히려 멀리하는 경향을 보이기도 한다. 한 사람과의 관계를 지속적으로 이어 가기보다 주로 어울리는 대상을 자주 바꾸면서 유희를 즐기는 편으로 인간관계 양상이 다소 불안정한 편이다.

인간관계 유희형은 '인생을 즐겨라.' '굳이 인간관계에서 불편함과 고통을 느낄 필요가 없다.'와 같은 인간관계 신념을 가지고 있다. 이들은 자기조절능력과 자기통제능력이 부족한 사람들이 많으며 자신이 해야 할 것들에 집중하기보다 즐거움이나 유희에 집중하면서 무책임한 행동을 보이는 경우가 많다. 자신의 내적인 어려움에 대해 이야기할 대상이 없으며 타인이 깊은 대화를 나누려고 하면 불편해하면서 그들과 지속적으로 관계를 이어 가지 않기 때문에 유희형의 사람들도 심리적으로 고독함과 외로움을 경험하고 있는 경우가 많으며 이러한 고통을 잊기 위해 오히려 사람들을 만나 일시적인 쾌락을 즐기는 경우가 많다. 사람들과 함께하면 과도하게 즐겁고 혼자가 되면 우울감을 경험하는 등 상반된 감정의 기복이 심해지면 정서적인 혼란을 경험하며 다양한 정신건강문제를 경험하기도 한다.

3) 인간관계 미숙형

인간관계 미숙형은 대인관계 기술 또는 사교적 기술이 부족하여 인간관계가 원활하지 못한 사람들이다. 이들은 다른 유형의 사람들에 비해 적극적으로 다른 사람들과 친밀하고 깊이 있는 관계를 맺고자 하는 욕구를 지니고 있으며 그러한 관계를 맺기 위해 다양하게 시도하는 편이다. 친밀한 관계는 관계 욕구가 높다고 해서 이룰 수 있는 것이 아니며 타인의 마음과 반응을 잘 이해하고 그에 알맞은 대처나 대인관계 기술을 사용할 수 있어야 한다. 그러나 이 유형의 사람들은 새로운 관계에서 친밀한 관계로 나아가기 위해 상당히 노력하지만 미숙한 대인관계 기술로 인해 부적응문제 양상을 보인다. 이 유형의 사람들은 인간관계를 미숙하게 하는 심리적 이유에 따라 인간관계 소외형과 반목형으로 구분된다.

(1) 인간관계 소외형
인간관계 소외형은 미숙한 대인관계 기술로 인해 다른 사람들로부터 따돌림을

당하고 소외당하는 사람들이다. 이들은 대부분 인간관계에서 적극적이고 능동적인 태도를 보이지만 이러한 행동이 과도하게 느껴져 호감을 얻지 못하고 불편하거나 귀찮은 존재로 느껴지기 때문에 소외당하는 경우가 많다.

소외형의 사람이 호감을 얻지 못하는 이유는, 첫 번째로 외모나 옷차림 등 자기관리가 적절하지 못하면서 불쾌감을 주는 경우이다. 두 번째로는 사회에서 지켜야 하는 기본적인 예의나 규범을 무시하는 행동을 자주 하여 무례한 사람으로 느껴지는 경우이다. 세 번째는 상대방을 배려하는 마음이 부족한 경우이다. 이들은 대화를 할 때에도 자신만의 이야기를 들어 주길 바라며 타인의 이야기는 경청하지 않거나 일방적으로 행동하는 경우가 있다. 네 번째는 상황에 맞지 않는 부적절한 행동을 하는 경우이다. 진지해야 하는 상황에서 농담을 한다거나 장난을 치는 상황에서 진지하게 정색하는 등의 행동을 보임으로써 분위기를 어색하고 불편하게 만드는 경우이다. 마지막으로, 앞서 언급한 부적절한 행동들이 악의적인 의도를 가진 것은 아니라는 점을 상대방도 알고 있는 경우이다. 소외형의 사람들은 자신의 행동이 타인에게 어떤 불쾌감을 주는지에 대해 이해하지 못하는 경우가 많다. 상대방도 소외형 사람들의 부적절한 행동으로 인해 불편감을 경험하나 그들이 의도적으로 이러한 행동을 하는 것이 아님을 알게 되면서 싸우려고 하기보다 배척하는 일이 빈번하게 발생한다.

(2) 인간관계 반목형

인간관계 반목형은 여러 인간관계에서 다툼과 대립을 반복적으로 경험하는 사람들이다. 이들은 타인에게 호감을 주고 친밀한 관계를 형성하기도 하지만 상대방의 언행에 쉽게 감정이 상하고 상대방으로 하여금 감정이 상하는 일을 자주 경험하게 함으로써 인간관계에서 반목을 많이 경험하게 된다.

반목형의 사람들은 일반적인 대인관계에서 경험할 수 있는 갈등 상황에서도 적절히 대처하지 못하고 갈등을 해결하는 기술이 미숙하여 오히려 상대방이 적이나 경쟁자로 변하는 일이 자주 발생하게 된다. 이 유형의 사람들은 갈등 상황에서 자신의 부정적인 감정을 표현하는 데 상당한 어려움을 경험하고 있을 가능성이 높고 자신만의 신념과 주장이 강하여 의견을 굽히지 않는다. 자신의 신념에 따라 타인을 평가하고 타인에게 자신의 신념에 맞춰 주기를 강요하는 경우가 발생하기도 한다. 또

한 적절하게 수용되지 못하거나 행동의 변화를 보여 주지 않을 때에는 자신의 의견
을 관철하고 싶거나 부당한 것을 바로잡고 싶다는 생각에서 강한 표현이 직설적으
로 나타나는 경우가 있기도 하다.

4) 인간관계 탐닉형

인간관계 탐닉형은 다른 사람과의 친밀한 관계를 강박적으로 추구하는 사람들이
다. 이들은 혼자 있으면 마치 버려지고 소외된 것 같아 괴롭고 불안하며 허전해서
참을 수 없어 한다. 이러한 심리적인 고통을 잊기 위해 또 다른 대인관계를 찾아 헤
매며 새롭게 맺는 관계들이 서로 깊이 신뢰할 수 있는 관계가 되기를 소원한다. 이
들이 원하는 친밀한 관계는 자신의 깊은 내면의 이야기를 하는 관계를 넘어서서 서
로의 요구는 무엇이든 들어주어야 하거나 자신의 생명까지 나눌 수 있는 강렬하고
깊은 인간관계이다. 이러한 유형의 사람들은 자신이 타인에게 구속당하는 것을 좋
아하며 친밀해진 타인 또한 구속하려는 경향이 있다. 질투심이 강하여 자신의 친구
가 다른 친구와 친해지려고 할 때 과도하게 질투하는 경향이 있다. 이로 인해 짧은
시간에 깊은 관계를 맺지만 그 관계를 오래 유지하지 못하는 편이다.

탐닉형의 사람들도 주로 '친구는 모든 것을 나눌 수 있는 존재여야 한다.' '혼자 있
는 것은 정말 괴로운 일이며 참을 수 없다.'와 같은 인간관계 신념을 가지고 있다. 특
히 다른 인간관계 유형들의 사람들이 가진 신념들과 달리 '해야 한다.'와 같은 강한
표현이 포함되어 있는 경우가 많다. 이러한 인간관계 탐닉형은 인간관계에서 충족
시키고자 하는 심리적 목적에 따라 인간관계 의존형과 지배형으로 구분된다.

(1) 인간관계 의존형

인간관계 의존형은 자신이 매우 외롭고 나약한 존재라는 생각이 내면에 깔려 있
는 사람들이다. 이들은 애정에 굶주린 사람이 많으며 세상은 혼자 살아가기에 힘들
고 괴로운 곳이어서 과도하게 의지하려는 경향을 보인다. 이 유형의 사람들은 애정
의 허기를 느끼는 편으로 혼자 있는 것을 참지 못하고 자신의 모든 것을 바쳐 의존
적인 관계를 맺으려고 한다. 그 대상으로는 주로 유능하고 강한 사람을 택하는 편인
데, 타인을 과대평가하거나 우상화하는 과정을 통해 상대방에게 매료된다.

의존형의 사람들은 작은 일에도 스스로 결정과 판단을 내리지 못하고 조언을 받는 편이며 자신에게 하는 조언이 자신을 사랑하는 증거라고 생각한다. 이들은 상대방이 자신을 버리고 떠나가지 않을까 두려워하거나 의심하는 생각을 많이 하는 편이다. 상대방이 자신을 떠나지 않을 것이라는 확신을 얻고자 자신이 의존하는 대상에게 자주 애정을 확인하려고 하고 이러한 행동으로 인해 오히려 관계가 불안정해진다. 이 유형의 사람들이 의존하는 정도가 심각하고 부적응적인 행동으로 이어질 경우 의존형 성격장애와 같은 정신건강문제로 이어질 수 있다.

(2) 인간관계 지배형

인간관계 지배형의 사람은 혼자서 허전함과 불안감을 느끼는 사람들이지만 자신의 주변에 자신을 추종하는 세력이 존재하거나 자신이 주도적인 역할을 하지 않으면 만족하지 못하는 유형의 사람들이다. 이들은 실제로 사람을 끄는 매력과 지도력을 가진 사람도 있는 편으로, 이러한 경우에는 자신만의 세력과 집단을 만들어서 행동하게 된다. 이 유형의 사람들은 협업을 해야 할 때 갈등을 자주 경험하게 되는데 자신이 지도적인 위치에 있지 못할 때에는 공격적인 행동을 보이기 때문이다. 집단원들의 반발을 용납하기 힘들어하면서 인간관계에서 갈등을 자주 경험하게 된다. 따라서 이 유형의 사람들은 의존형의 사람들과 서로 보완적인 관계를 가지면서 서로의 관계를 만족하는 경우가 많다.

3. 부적응적 인간관계로 인한 심리장애

앞에서 우리는 부적응적 인간관계 유형을 크게 네 가지로 살펴보았다. 한 사람이 단 하나의 유형만을 가지고 살아간다고 보기보다는 다양한 면을 조금씩 가지고 있다고 볼 수 있다. 삶이 평탄하거나 불안을 자극하는 사건, 사고가 없을 때에는 잘 적응하는 삶을 지내다가 갈등 상황에 직면했을 때 어느 한 유형이 크게 작용하면서 문제 상황을 악화시키기도 한다. 다양한 대인관계의 갈등 양상들이 극심해질 때 어떤 인간관계 특징을 보이는지 사례를 통해 살펴보고 어떤 심리장애로 이어질 수 있는지에 대해 살펴보도록 하자.

1) 미성숙한 인간관계의 특성과 심리장애 양상

실제로 부적응적 인간관계를 보이는 사람들은 어떤 이유로 그러한 행동을 보일까? 요즘 청소년이나 대학생들 사이에서 사용되는 말로 '관종'이라는 단어가 있다. 이는 타인의 사랑과 관심을 받고 싶은 마음이 과도하거나 부적응적일 때 특정 행동을 한 사람에 대해 칭하는 것으로 그 의미는 다소 부정적이다. 사랑과 관심을 받고자 하는 욕구는 인간의 가장 기본적인 욕구일 수 있다. 이러한 인간의 기본적인 욕구가 미성숙한 양상으로 발현될 때 우리는 이를 불편하게 여긴다. 우리는 성숙한 인간관의 특성(권석만, 2015)을 갖길 원하지만 과도해지거나 부적절해질 때 미성숙한 인간관의 특성을 보이기도 한다. 미성숙한 인간관의 특성을 보이는 사람들의 부적응적인 행동 양상은 어떠한지 살펴보고자 한다.

(1) 인간관계에 대한 비현실적인 욕구와 동기

부모에게 사랑받고 싶지 않은 자녀가 있을까? 대부분의 자녀는 어린 시절 부모의 사랑을 받고 싶어 하고 그 사랑을 쟁취하기 위해 다양한 행동을 하게 된다. 이렇듯 대부분의 사람은 부모에게 사랑을 받는 것이 자연스럽지만 이러한 욕구나 동기가 현실적이지 않을 때에는 부적응적인 인간관계문제가 생기게 된다.

> **사례 1**
>
> 엄마에게 사랑을 받고 싶은 A 양이 있다. A 양은 엄마에게 칭찬을 듣기 위해 집에서 청소를 하고, 동생을 돌봐 주기도 하며, 좋은 성적을 얻기 위해 힘쓰는 아이였다. 그러던 A 양은 자신이 이제껏 해 온 행동만으로 엄마가 칭찬하는 빈도가 줄어들었고, 더욱 열심히 하지 않으면 엄마가 자신을 사랑하지 않을지도 모른다는 비현실적인 사고가 생겼다. 하지만 착한 아이로 보이기 위해 그러한 말은 아무에게도 하지 않았다. 처음에 80점을 맞아도 칭찬하던 엄마가 90점을 받아도 시큰둥한 모습을 보였고, A 양은 점차 불안해지기 시작했다. A 양은 열심히 공부했지만 1등을 하기 어려웠고 이에 이번 시험에서 1등을 하기 위해 커닝을 하려고 마음을 먹었지만 불안한 마음에 할 수가 없었다. 시험을 쳤으나 1등을 하지 못하였고 우울해진 A 양은 성적표를 조작하여 어머니에게 보여 주어야겠다는 결심을 했다.

엄마의 칭찬을 받고자 과도하게 노력하는 아이

〈사례 1〉에서 A 양의 행동이 과도해 보이고 어리석어 보일 수도 있다. 그러나 엄마의 사랑을 잃고 싶지 않았던 A 양에게는 절실함과 불안함으로 인해 결과를 생각하지 못하고 문제를 일으키는 일들이 발생한 것이다. A 양이 처음 가졌던 부모로부터 사랑받고 싶다는 욕구는 부적응적이거나 나쁜 것이 아니었다. 그러나 이러한 욕구가 비현실적이 될 때 이후 문제행동으로 나타날 수 있고, 이러한 생각이나 욕구를 지닌 상태에서 부모와 A 양의 관계는 겉으로는 건강한 인간관계로 보일 수 있겠으나 문제행동을 하도록 만드는 부적응적인 관계였다는 것을 알 수 있다.

A양의 행동이 반복되는 경우 발생할 수 있는 심리장애는 우울증과 불안장애이다. 우울증은 주로 심한 좌절감이나 상실감을 경험할 때 발생한다. 부모님이나 자신이 원하는 타인의 사랑을 얻는 데 실패했다는 좌절감이나 그들의 사랑을 잃을 수 있다는 불안감과 상실감 등의 감정으로 인해 자신이 무가치하다고 느껴지고 즐거움을 얻기 위한 노력을 기울이기 어려워지는 등 무력감을 경험하기도 하며 자살이나 자해 등을 생각하거나 시도하는 등의 문제를 심화시키기도 한다.

(2) 인간관계에 대해 비현실적이거나 경직된 신념

사람은 다양한 인간관계를 접하면서 인간관계에 대한 자신만의 가치관이 형성되기 시작하며 자신이 경험한 바에 따라 사람마다 가치관이 다르기 마련이다. 앞서 살펴보았던 부적응적인 대인관계 유형의 사람들은 각 유형에 따라 인간관계에 대한 신념이 다르다는 것을 알 수 있었다. 인간관계에 대한 가치관이나 신념의 양상에 따라 부적응적인 인간관계 양상은 다르게 나타날 수 있다. 인간관계 실리형의 경우를 예로 들어 살펴보자면, 이 유형의 사람들에게는 '내가 상대방에게 노력을 들였다면 상대방도 그만큼의 보상은 주어야 한다.'와 같은 'give and take'의 신념이 존재할 수 있다. 그러나 이러한 신념이 항상 이루어질 수 있을까? 내가 남에게 준 정성이나 사랑만큼 그것이 나에게 돌아오는 일은 거의 일어나지 않는다. 이러한 신념이 있다 하더라도 상대방에 따라 또는 상황에 따라 정확하게 50 대 50이 되지 않을 수도 있다는 유연한 신념을 갖고 있다면 심리장애로 이어지지 않고 건강한 인간관계를 유지할 수 있다. 반면, '내가 너에게 이만큼 했으니 너도 나만큼의 노력과 보상을 해야 한다.'라는 생각을 고집한다면 인간관계에서 갈등이 발생하게 된다.

내가 노력한 만큼의 보상이 돌아오기 바라는 마음이 비현실적인 신념이라고 할 수 있을까? 모든 상황에서 내가 노력한 만큼의 보상이 돌아오지 않을 수도 있다는 것을 인정하는 신념의 유연함이 필요하다. 즉, 꼭 비현실적인 신념만이 부적응적인 행동으로 이어지는 것은 아니며 인간관계에 대한 신념이 경직되어 무조건적으로 이루어져야 하는 것이 될 때 부적응적인 문제를 보일 수 있다는 것이다. 경직된 신념을 고수하는 것만으로도 인간관계에서 갈등이 자주 나타날 수 있다. 자신의 신념을 강하게 주장하거나 신념을 지키기 위해 다른 사람을 통제하려는 성향이 강한 사람은 언어적으로 분노를 표현하거나 심하게는 폭행 등의 문제로 이어지기도 한다. 이러한 일이 한 사람의 일생에 반복적으로 나타나면서 성격적인 문제로 이어진다면 품행장애나 반사회적 성격장애를 보일 수 있다.

현대에는 많은 사람이 외모지상주의의 신념에 빠져 있다는 이슈가 많이 들린다. 다른 사람의 외모나 체중, 몸매, 패션, 화장 등에 대해 평가하고 칭찬하기도 하며 미모의 사람들은 많은 사람의 부러움을 얻기도 한다. 이러한 현대를 사는 사람들은 과거에 비해 타인의 시선에 대해 예민할 수 있다. 얼굴을 예쁘게 하거나 좋은 몸매를 유지함으로써 다른 사람들의 호감을 살 수 있을 것이다. 이러한 외향과 인간관계 사이에서의 신념에서 '자신의 몸무게가 많이 나가면 다른 사람들이 자신을 혐오할 것이다.'와 같은 비현실적인 신념을 가진다면 어떤 일이 일어날까? 이러한 비합리적 신념으로 인해 거식증, 폭식증, 성형중독과 같은 심리장애 증상을 보이기도 한다. 비현실적인 신념에 따라 발생할 수 있는 정신건강문제는 다양하다. 개인이 가진 인간관계에 대한 신념이 '다른 사람이 나를 감시한다.'와 같은 비현실적인 것일수록

망상장애, 조현병, 분열형 성격장애, 편집성 성격장애 등이 나타날 수 있다. 이러한 신념은 타인의 행동이나 의도를 의심하고 불신하며 불안하거나 우울해지는 정서적인 문제를 동반하기도 한다.

(3) 효과적이고 원활한 인간관계 기술의 부재

적절한 인간관계 기술이 부족하면 자신의 부정적인 감정을 표현할 때에 부적절하거나 과도하게 표현하거나 제대로 표현하지 못하는 경우가 발생하기도 한다. 앞에서 제시했던 인간관계 미숙형에서 이러한 문제가 가장 자주 나타난다. 인간관계 미숙형의 경우와 같이 효과적이고 원활한 인간관계의 기술이 부족할 때에도 정서적·정신적 문제로 이어지기도 한다. 특히 인간관계 기술이 미숙하면 인간관계에서 갈등이 잦고, 이로 인해 자신이 속한 사회에서 외면당하거나 분노를 조절하지 못해 폭행과 같은 문제가 발생하는 경우가 많다. 인간관계 기술이 미숙할수록 자신이 주장하는 바가 수용되지 못할 때 의견 조율을 못하고 갈등이 발생할수록 싸움이 잦아지며 충동성이 높을 때 특히 폭행으로 이어지는 경우가 많다. 잦은 폭행의 문제는 품행장애나 반사회적 성격장애와 같은 정신이상문제로 발전하여, 작은 일에도 과격한 싸움이 일어나 사회적 문제가 생길 수 있다.

인간관계 의존형의 사람의 경우에도 자신이 원하는 바를 적절하게 표현하지 못하고 타인의 통제를 따르는 것을 선호한다. 그러나 자신이 원하는 바가 사라지는 것은 아니기 때문에 자신의 욕구 좌절에 대해 적절하게 표현하지 못하면서 우울과 같은 어려움을 호소하기도 한다. 오랜 시간 이러한 문제를 경험할 때에는 인간관계나 사회활동을 기피하고 세상이 자신을 받아 주지 않는다고 느끼며 위축되는 등 인간관계의 부재로 인해 인간관계 기술이 현저히 부족한 것과 같은 분열성 성격장애의 문제가 발생할 수 있다.

(4) 객관적이고 정확한 지각능력과 판단능력의 부재

인간관계에서 갖게 되는 생각이나 감정은 자신의 경험에 의해 왜곡되거나 편견에 의해 주관적으로 인식되고 해석되는 경우가 많다. 이러한 편향된 생각이나 감정에 의해 자신의 분노가 타인에게 투사되어 상대방의 행동으로 인해 자신이 분노하는 것은 당연하다고 여기고 서로 싸우게 되는 등의 부적응적인 인간관계를 형성하게 된다.

사례 2

　　남편과 자주 싸우는 부인 B 씨는 남편과 싸움을 할 때마다 딸을 혼내는 일이 잦았다. 딸이 장난감을 어질러 놓은 채 정리하지 않는 모습을 볼 때마다 양말을 아무렇게나 던지고 무심한 남편의 모습을 보는 것만 같았다. 그러나 아이를 혼낼 때는 '여자아이가 이렇게 지저분하게 지내면 안 되니 규칙을 가르치는 것'이라고 생각했고 이런 훈육이 정당하다고 생각했다.

　　대학생이 된 C 양은 엄마가 아빠와 싸우고 나면 아직도 자신에게 화를 내거나 혼내는 일이 잦다고 인식하고 있다. 더불어 자신이 잘못해서 혼을 내는 것 같지만 자신에게 화풀이를 하고 있다는 느낌을 받을 때가 많았다. 어릴 때는 어려서 이것에 대해 제대로 이야기하지 못했지만 뭔가 억울했다는 기억과 엄마의 화풀이가 대상이었다는 기억이 남아 있다.

부부싸움에 그대로 노출된 자녀

　　〈사례 2〉의 B 씨의 행동은 시어머니와의 갈등 또는 남편과의 갈등 등에서 받은 스트레스를 가장 약한 딸(자녀)에게 푸는 행동으로 한국의 드라마나 소설 속에서 흔히 보이는 예이다. 그러나 이런 상황에서의 훈육은 아이의 잘못을 교정하기 위한 객관적이고 정당한 훈육으로만 끝날 수 있을까? 자신의 감정을 객관적으로 유지하지 못하고 자신을 화가 나게 한 대상을 자녀에게 투사하고 있는 경우가 많다. 이런 객관적이고 정확한 지각능력과 판단능력의 부재는 자녀의 양육에 어려움을 일으키고 어머니와 자녀 또는 아버지와 자녀의 관계에서 부적응적인 인간관계를 경험하게 한다. 이와 같이 다른 사람으로 인해 발생한 감정이라는 것을 깨닫지 못하고 다른 사람에게 화풀이하듯 행동함으로써 부적응적인 인간관계를 경험하는 일은 흔하게 일어난다.

(5) 인간관계 속에서 불안정한 감정 상태

인간관계를 하다 보면 사소한 또는 큰 갈등 상황을 만나게 된다. 이러한 갈등 상황에서도 자신의 감정 상태를 안정적으로 유지하는 것은 원활한 관계를 유지하는 데 상당한 도움이 된다. 그러나 자신의 감정을 안정적으로 유지하지 못하고 불안정한 감정으로 인해 오히려 큰 문제가 없던 인간관계에서 갈등을 유발하는 경우까지 생기게 된다. 이러한 경향은 주로 성격장애에서 많이 발견되는 편이다. 불안정한 감정 상태로 인해 인간관계에서 가장 큰 어려움을 경험하는 심리장애는 경계성 성격장애라고 볼 수 있다. 경계성 성격장애의 경우 자신과 타인의 관계에서 경험하는 모든 것이 불안정한 편이다. 자기상도, 대인관계도 정서적인 면에서 불안정하다 보니 타인과의 관계 속에서 중심을 잡지 못하고 충동적으로 감정이 표출되기도 하면서 부적응적인 인간관계를 이어 가게 된다.

2) 대학생이 경험하는 부적응적 인간관계

대학교에 입학하면 고등학생 때까지에 비해 더 넓고 다양한 인간관계에 노출된다. 선후배의 관계나 이성 간의 관계 그리고 아르바이트 등을 통해 갖게 되는 직장 상사 또는 교수님과의 관계와 같은 좀 더 상하수직적인 관계까지도 경험한다. 이러

사례 3

2018년 이슈를 끈 뉴스 중 하나로 아르바이트생 살인사건을 들 수 있을 것이다. 손님으로 온 가해자 A 씨가 아르바이트생이 자신에게 불친절했다는 이유로 과도하게 분노하며 살인까지 저지른 일이었다. 한 명의 부적응적인 신념과 행동으로 인해 전 국민이 충격을 받기도 하고 불안함을 경험하기도 한다. 이 외에도 카페에서 지불할 돈을 아르바이트생 얼굴에 집어 던지는 손님이나 자신이 잘못 말했음에도 불구하고 아르바이트생에게 잘못을 돌리고 오히려 화를 내는 사람과 같이 일명 '갑질'이라는 부적응적 행동을 보이는 사람들에 대한 이야기를 흔히 듣는다. 이에 대항하기 위해 아르바이트생도 존중해 달라는 사장님의 말이 가게에 붙어 있는 사진들이 화제가 되거나 아르바이트 구인구직 어플리케이션 광고로도 나올 만큼 사람을 함부로 대하는 사람으로 인해 상처받는 학생들의 이야기가 자주 나타나고 있다.

한 경험 속에서 우리는 이해하기 어려운 행동을 보여 부적응적인 인간관계를 만드는 사람을 만나거나 또는 자신이 그러한 행동을 하게 되는 경우를 한 번 이상은 경험해 보았을 것이다.

〈사례 1〉〈사례 2〉〈사례 3〉에서 제시된 것과 같이 자신이 경험했던 부적응적 인간관계를 나누되, 앞서 설명한 바와 같이 어떠한 특성의 부재나 문제로 인하여 이러한 부적응적 인간관계 양상을 보이게 된 것일지 추론하고 경험을 공유해 보도록 하자.

이 장에서는 부적응적 인간관계란 무엇인지에 대한 정의에서부터 부적응적 인간관계의 유형, 그로 인해 나타날 수 있는 심리장애 양상에 대해 살펴보았다. 부적응적 인간관계를 구분하는 기준으로는 통계적 기준에서부터 사회문화적인 기준, 개인적 기준 등 다양한 기준이 있었다. 정상적이라고 생각했던 부모의 사랑을 받기 위한 행동이 과도했을 때 어떠한 부적응적 인간관계를 낳는지 살펴본 바 있다. 이렇듯이 과도하거나 왜곡된 신념이 우리의 정신건강에 미치는 영향 또한 알 수 있었다. 삶을 살아가면서 매일 맑고 화창한 날을 만날 수 없는 것처럼 우리는 부적응적인 인간관계를 하는 사람에 의해 피해를 받기도 하고 우리 자신이 피해를 주기도 한다. 이 장을 통해 어떠한 문제로 인해 부적응적 인간관계를 나타나게 되는지를 잘 이해하고 이런 문제를 해결하기 위해 어떻게 하는 것이 좋을지 알고 싶다는 호기심을 갖게 되기를 바란다.

활동 4-①

내가 경험한 부적응적 인간관계 나누기

여러분은 어떤 부적응적인 관계를 경험해 보았나요? 이번 시간에는 앞에서 살펴본 미성숙한 인간관의 특징을 바탕으로 자신이 경험한 부적응적인 인간관계와 그들이 이러한 미성숙한 인간관을 가진 원인은 무엇이었는지 추측해 보는 시간을 가져 봅시다.

1. 어떤 문제 상황이었나요?

　예: 커피숍에서 아르바이트를 하는데 손님이 제게 돈을 집어 던졌습니다. 저를 무시한다는 생각

　　에 인상을 썼고 "지금 뭐 하시는 거예요?"라며 소리쳤습니다.

　――

　――

2. 상대방은 문제 상황에서 어떻게 행동했나요?

　예: 손님이 왕이라며 아르바이트생에게 함부로 대하고 돈을 집어 던졌습니다.

　――

　――

3. 나는 문제 상황에서 어떻게 행동했나요?

　예: 저를 무시한다는 생각에 화가 나서 저도 모르게 큰 소리로 소리쳤습니다.

　――

　――

4. 문제 상황에서 상대방과 내가 보인 행동은 미성숙한 인간관계의 특징 다섯 가지 중 어떠한 특징의 부재로 인한 것이었는지 생각해 보고 의견을 나누어 봅시다.

　예: 상대방이 인간관계에 대한 비합리적인 신념을 가진 것은 아닌가 싶습니다. 자신은 가게의

　　손님이며 왕이기 때문에 아무렇게나 행동해도 된다는 신념입니다. 저는 효과적이고 원활한

　　인간관계 기술이 부족했던 것 같습니다. 갑작스럽게 큰 소리를 내기보다 부조리함과 나의

　　기분에 대해 표현할 다른 방법이 있었을 것 같습니다.

　――

　――

5. 집단원들과 자신의 경험을 나누며 미성숙한 인간관계 특징을 성숙한 인간관계 특징으로 바꾸려면 어떤 방법이 있을지 논의해 봅시다.

제**2**부

인간관계 진단과 관계의 실제

　　제1부는 건강한 인간관계의 의미와 인간관계와 관련된 정신건강의 문제들을 살펴봄으로써 인간관계가 정신건강에 영향을 미치는 중요한 요인임을 확인하였다. 따라서 건강한 인간관계를 맺고 정신건강을 유지하기 위해서는 현재 자신의 인간관계에 대한 이해가 먼저 이루어져야 할 것이다.

　　이를 위해 제2부에서는 객관적인 심리검사 도구를 활용하여 자신의 인간관계에 대한 이해를 돕고자 한다. 먼저 심리검사를 통한 자기이해란 어떤 것인지 그 의미를 살펴보고, 여러 가지 검사 도구 중 성격유형검사와 방어기제검사를 통해 타고난 기질과 환경 적응을 위해 형성된 자신의 성격에 대한 이해를 도울 것이다. 성격은 유전적 요인과 환경적 요인의 상호작용을 통해 형성되며 인간관계에 자연스럽게 영향을 미친다. 그중에서도 생애 초기 부모 · 형제와의 관계는 성격 형성에 중요한 영향을 미친다. 따라서 가족관계에 대한 점검을 통해 자신의 인간관계를 이해해 보는 시간을 가질 것이다. 이어 성장 · 발달과정에서 성격 형성에 영향을 미치는 친구관계, 이성관계에 대한 점검의 시간을 가질 것이다. 마지막으로, 직접적인 대면관계는 아니나 현대를 살고 있는 우리의 인간관계에서 한 부분을 차지하는 소셜네트워크에서의 인간관계를 진단하여 현재 자신의 인간관계에 미친 영향과 인간관계 속에서 드러나는 양상을 점검해 볼 것이다.

　　이와 같은 인간관계 진단과 관계의 실제에 대한 이해는 현재 자신의 인간관계를 객관적으로 점검하고 이해할 수 있도록 도울 것이다. 아울러 건강한 인간관계를 형성하고 유지하기 위해 자신에게 필요한 변화에 대해 고민해 볼 수 있는 계기를 제공할 것이다.

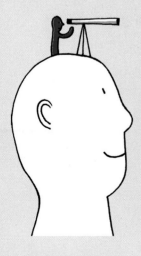

제5장

심리검사를 통한 자기이해

우리 모두의 내면에는 우리가 모르는 또 하나의 자신이 있다.

– Carl Jung

1. 심리검사와 자기이해

1) 자기이해란

우리는 인간관계 속에서 '나도 나를 잘 모르겠다.'라고 생각하는 경우가 종종 있다. 자신을 안다는 것은 다른 말로 스스로를 이해하는 것을 의미한다. 자기이해란 인간관계 속에서 드러나는 자신의 모습을 깨닫고 이해하는 것을 말한다. 자신을 이해하지 못하고 있을 경우, 인간관계 속에서 상대방을 이해하는 것이 어려워지며 이로 인해 상대방과 피상적인 관계를 맺거나 관계에서 어려움을 경험하게 된다. 예를 들면, 매사에 자기 의견만 내세우며 다른 사람의 의견을 귀담아듣지 않거나 다른 사람이 궁금해하지 않는 자신의 모든 것을 털어놓기도 하며, 반대로 자기표현을 하지 않아 상대방에게 솔직하지 못하다거나 답답한 사람이라는 평가를 받기도 한다. 또한 인간관계가 전혀 필요하지 않다며 고립되어 살아가는 경우도 있다. 이처럼 자기이해와 상대에 대한 이해 정도에 따라 인간관계에서 다양한 문제를 경험하게 된다.

자기이해 정도에 따른 인간관계에서의 문제들을 좀 더 자세히 살펴보면, 첫째, 다른 사람이 자신에 대해 아는 것보다 자기 자신에 대한 이해가 부족한 경우이다. 이러한 사람들은 평소 자신이 어떠한 사람인지를 말하기를 좋아하며 다른 사람들에게 뻔히 보이는 자랑을 늘어놓거나 잘하지 못하는 일에도 나서서 일을 그르치는 경우가 많다. 심지어 친구들과의 관계에서도 주장적이며 지시적이고 권위적이다. 주로 자기 말만 하고 다른 사람의 말을 듣지 않는 사람들이 많으며 매사에 자기 자신의 의견만을 내세우게 된다. 이로 인해 다른 사람의 오해를 사는 경우가 많으며 다른 사람의 말을 듣지 않는 고집쟁이로 비춰지게 된다.

둘째, 자신에 대해 알고는 있지만 다른 사람에게는 알리지 않는 경우이다. 이런 사람들은 다른 사람으로부터 이야기를 듣고 정보를 수집하기만 하고 자신에 대해서는 이야기하지 않는다. 이들은 다른 사람이 자신의 약점을 알게 되고 이용할 것을 두려워하여 자신을 의도적으로 드러내지 않거나 혹은 다른 사람에게 영향력을 행사하기 위해 상대방에 대한 정보만을 수집한다. 이런 사람들은 다른 사람에게 관심이 많고 잘 들어 주는 사람(good listener)으로 비춰질 수 있어 인간관계의 시작 시점에서는 관계가 원만하게 이루어지는 편이지만 관계가 지속되면 상대방이 일방적인 관계에 있다는 것을 깨닫게 되며 점점 멀어져 결국 관계를 철회하게 되는 경우가 많다.

셋째, 인간관계에서 자기 자신에 대한 이해가 전혀 없으며 다른 사람에 대해서도 이해하지 못하는 경우이다. 이런 사람들은 자신에 대해 노출하지 않기 때문에 다른 사람이 자신에 대해 알지 못하게 되거나 반대로 다른 사람이 자신을 어떻게 보는지도 알지 못하게 되어 고립되게 된다. 이들은 혼자 있기를 좋아하고 사교적인 활동을 거의 하지 않으며 다른 사람들과 관계를 맺어야 하는 상황에서도 냉담하고 무관심한 사람으로 보여 상대방으로 하여금 다가서기를 주저하게 만든다.

이처럼 자기이해는 인간관계를 형성하고 유지하는 데 있어 매우 중요하다. 우리는 일상에서 다양한 방법으로 자신을 이해하고자 시도하고 있다. 타인의 방식에 비추어 사람들과의 관계에 대해 생각하거나, 자신의 경험을 떠올려 보고 혹은 전문가와의 만남을 통해서 자신을 좀 더 깊이 있게 이해하고자 한다. 여기서는 자신을 이해하기 위한 방법 중의 하나로 객관적인 도구인 심리검사를 활용하여 자신을 이해하는 데 도움을 주고자 한다.

2) 심리검사를 통한 자기이해

사람들은 다른 사람뿐만 아니라 자신을 이해하기 위해 일상생활에서도 다양한 시도를 하고 있다. 사람들은 스스로 '나는 잘할 수 있어.'라고 말하거나 '나는 왜 이렇게 소심할까?'라는 생각을 하면서 자신에 대한 평가를 통해 자신을 이해하려고 시도한다.

자신을 이해하는 데 있어 다양한 방법이 있지만 심리검사를 통한 자기이해는 신뢰도와 타당도를 갖춘 검사도구를 통해 자신을 평가하여 객관적이고 체계적으로 자신을 이해하려는 방법이다. 심리검사는 사람들이 자신의 개인적인 특질에 관한 구체적인 정보를 얻을 수 있도록 도와주며 자신의 능력, 적성 및 성격 특성들을 측정하는 도구로 활용된다. 또한 심리적 문제나 현상의 개인차를 비교하여 자신의 전체적 · 인격적 · 행동적 · 정서적인 측면을 이해할 수 있도록 도움을 준다. 심리검사를 통한 자기이해는 자신에 대한 객관적인 정보를 갖게 해 주며, 이를 바탕으로 인간관계에서 드러나는 자신의 모습을 객관적으로 이해하고 전체적으로 통합할 수 있도록 도와준다.

2. 성격검사와 자기이해

"당신은 어떤 사람입니까?"라는 질문을 받으면 대부분의 사람은 자신을 설명하기 위해 자신의 특징을 찾아 대답하게 된다. 이러한 특징은 대부분 여러 상황에 걸쳐 일관성 있게 나타나는 사고, 행동이라 할 수 있다. 일관성이라는 성질은 성격을 구성하는 중심개념이라 할 수 있으며 사람들은 성격을 이해함으로써 다른 사람과 구분되는 자신의 특징을 이해할 수 있고 자신이 어떤 사람인지를 알 수 있게 된다. 이런 점에서 부모, 형제 등 가족관계뿐 아니라 친구, 교사 등 사회관계 속에서 자신을

이해하고 또한 자신과 유사하거나 혹은 완전히 반대라 생각되는 사람들의 성격을
이해하고 받아들이는 것은 매우 중요하다.

1) 성격이란

사람들은 자신과 타인의 성격에 대해 알고 싶어 한다. 자신의 성격을 알고 있으면
자신에 대해 더 깊이 이해할 수 있으며 자신의 행동을 예측하여 문제 상황에서 더욱
효과적으로 대처할 수 있다. 또한 인간관계에서의 문제해결뿐 아니라 직업이나 배
우자를 선택할 때나, 현재 생활에서의 적응 및 사회생활에 도움이 된다. 자신의 성
격을 이해하게 되면 이를 위해 사용했던 방법을 토대로 타인의 성격을 파악하고 이
해할 수 있다. 타인의 성격을 이해하고 있으면 상대방과의 관계에서 갈등 상황이 발
생했을 때 상대방이 어떻게 행동할지를 예측할 수 있기 때문에 문제를 일으키지 않
고 원만하게 해결하는 데 도움이 된다.

성격에 대해서는 수많은 학자가 다양한 이론을 제시하고 있다. 성격이란 시간이
지나고 상황이 달라지더라도 개인의 특징적인 행동 패턴에 영향을 주는 심리적 특
성으로 정의된다(Gerrig, 2013). 즉, 성격은 사람들이 시간과 장소에 관계없이 일관
성 있게 보여 주는 개인의 독특성이라 볼 수 있다. 이러한 성격을 결정하는 요인은
유전적인 요인과 환경적인 요인으로 나누어진다. 유전적인 요인은 기질을 바탕으
로 하는 선천적인 심리적 경향성을 들 수 있으며, 환경적인 요인은 부모의 양육태
도, 형제관계, 친구관계 등이 있으며 이러한 환경에 적응하여 현실을 지각하고 받아
들이는 방식에 영향을 미치는 심리적 기제인 방어기제를 들 수 있다. 이 장에서는
타고난 기질적 성격유형과 환경에 대한 대처인 방어기제에 대한 검사를 통해 인간
관계에서의 자신을 객관적으로 이해하고 수용하는 데 도움을 주고자 한다.

2) 성격유형과 자기이해

성격을 알아보는 방법으로는 일상생활이나 상황을 관찰하여 성격을 파악하거나
질문지를 통해 자신이 느끼는 감정이나 행동을 자기보고식 검사로 파악하는 방법
등이 있다. 그중에서도 독특하고 다양한 사람을 타고난 성격적 선호 경향의 유사성

으로 몇 가지 범주로 나누는 'MBTI®(Myers-Briggs Type Indicator)'[1]는 객관적인 측정을 통해 사람들에게 자신의 타고난 기질과 성격적 선호 경향을 알 수 있게 해 준다.

　Jung에 의하면 인간에게는 타고난 선천적인 마음의 경향이 있으며 타고난 인식과 판단의 경향이 있다. 이것을 아는 것은 자신의 성격을 이해하고 수용하여 자신을 발달하고 성숙시키는 데 도움이 된다. 사람들은 자신을 이해하고 수용하는 것만큼 다른 사람들을 이해하고 수용할 수 있다. 인간관계에서 남이 나와 다른 관점 혹은 상대방이 나와 다른 선호를 가졌을 때 불편감을 느끼는 경우가 있다. 상대방도 나와 같은 관점을 갖거나 적어도 비슷한 관점을 갖기를 기대하고 그 기대가 채워지지 않을 때 갈등이 발생하여 불편해지는 경우가 생긴다. 결국 각자가 타고난 인식과 판단의 선호 경향이 근본적으로 다르다는 것을 객관적으로 알게 되면 인간관계에서 겪는 갈등과 오해가 쉽게 해결되는 경우가 많다. 때로는 이런 인간관계에서의 갈등이 관계를 깊게 하는 계기가 되기도 한다. 즉, 나를 포함한 우리가 아는 사람들이 어떤 면에서 비슷하고 다른지를 알게 되면 서로의 차이를 존중하면서도 활용할 수 있게 된다는 것이다. 이처럼 자신이 어떠한 선천적인 선호 경향을 타고났는지를 이해하는 것은 결국 자신을 이해하는 것이며 이는 다른 사람을 이해하고 수용할 수 있는 바탕이 되며 더욱 성숙한 인간관계를 형성하고 유지하는 데 도움이 된다.

---

1) (주)한국MBTI연구소(www.mbti.co.kr)를 참고하길 바란다.

성격유형 알아보기

다음의 질문들은 자신의 타고난 선호 경향을 알아보기 위한 것입니다. 문항을 읽고 평소에 자신이 습관처럼 편안하게 자주 사용하는 쪽에 ○표를 하세요. ○표의 개수를 점수 합계란에 적으세요. 둘 중 숫자가 높은 곳의 선호지표(E 또는 I, S 또는 N, T 또는 F, J 또는 P)를 나의 유형란에 적으세요.

	E		I		나의 유형
어디에서 에너지를 얻는가?	주인공이 되고 싶어 한다.		무대 뒤에 있는 것이 편하다.		
	처음 보는 친구들에게 내가 먼저 말을 건네는 편이다.		친한 친구나 아는 사람이 없는 곳에 가면 혼자 조용히 있는 편이다.		
	활발하고 적극적인 편이다.		조용하고 침착한 편이다.		
	많은 친구와 어울리는 것을 좋아한다.		친한 친구 몇 명과 얘기하는 것을 좋아한다.		
	내가 보고 듣고 생각하는 것을 바로 표현하는 편이다.		다른 사람이 말을 걸기 전에 먼저 나서서 얘기하지 않는 편이다.		
	말보다는 행동이 앞선다.		생각한 후에 말하거나 행동한다.		
	여럿이 함께 어울려 다니는 것을 좋아한다.		혼자서 책을 보거나 컴퓨터 하는 것을 좋아한다.		
	합계		합계		

	S		N		나의 유형
정보수집, 인식은 어떻게 하는가?	분명하고 직설적으로 말하는 편이다.		비유적으로 길게 말하는 편이다.		
	시험 공부할 때 한 과목씩 또는 교과서 순서대로 차근차근 한다.		시험 공부할 때 여러 과목을 번갈아 하는 것이 더 재미있다.		
	역사 소설을 좋아한다.		판타지 소설을 좋아한다.		
	꼼꼼하다는 평을 듣는다.		상상력이 풍부하다는 평을 듣는다.		
	게임이나 놀이를 할 때 전에 했던 대로 하는 것이 편하다.		게임이나 놀이를 할 때 새로운 방법을 생각해 내서 하는 것이 재미있다.		
	가족, 친구들의 생일을 잘 기억한다.		가족, 친구들의 생일을 잘 기억하지 못한다.		

	직접 보고 들은 것에 대해 얘기하기를 좋아한다.		상상으로 생각한 것을 얘기하기를 좋아한다.		
	합계		합계		

	T		F		나의 유형
결정이나 선택을 어떻게 하는가?	비난을 받아도 쉽게 울지 않는 편이다.		비난을 받으면 쉽게 우는 편이다.		
	친한 친구들과 게임을 할 때도 이겨야 기분이 좋다.		친한 친구들과 게임을 할 때 이기면 미안하다.		
	갖고 싶은 물건을 살 때 그 물건이 왜 필요한지를 설명할 수 있다.		갖고 싶은 것을 사 달라고 할 때 애교를 부린다.		
	학교에서든 게임을 할 때든 규칙은 중요한 것이라고 생각한다.		상황에 따라 규칙은 바뀔 수 있다고 생각한다.		
	차분하고 침착하며 논리적이다.		인정 많고 상냥하며 기분파이다.		
	내가 불공평하게 대우받는 것을 참기 힘들다.		내가 다른 사람의 기분을 상하게 하면 마음이 불편하다.		
	좋은 교재가 있으면 공부가 더 잘된다.		누군가 칭찬을 해 주면 공부가 더 잘된다.		
	합계		합계		

	J		P		나의 유형
어떠한 생활 양식을 선택 하는가?	해야 할 일을 끝내고 나서 논다.		조금 놀고 나서 해도 괜찮다.		
	내 방이나 책상을 깨끗하게 잘 정리하는 편이다.		방이나 책상 정리는 정말 어렵다.		
	책임감이 강하다.		호기심이 많다.		
	공부 계획을 짜 놓고 그 계획을 잘 지키는 편이다.		공부 계획을 짜지 않거나 짜더라도 잘 지키지 않는 편이다.		
	빨리 결정하고 준비하는 것이 편하다.		한 가지로 결정하기가 힘들 때가 많다.		
	과제는 미리미리 한다.		과제는 미뤄 뒀다가 한꺼번에 한다.		
	특별한 날에는 미리 계획을 세워서 논다.		뭘 하든 그날 하루를 즐겁게 보내면 된다.		
	합계		합계		

자신의 성격유형을 적어 봅시다.

(/   /   /   )

[Tip] 이 부분은 주의하세요.

자가진단은 추측을 통해 자신의 성격유형을 짐작해 보는 것으로 정확하지 않을 수 있습니다. 보다 정확하게 자신의 성격유형을 파악하기 원하시면 온라인(www.career4u.net) 또는 교내 학생상담센터를 통해 MBTI 성격유형검사를 실시하시기 바랍니다.

⟨해석⟩[2]

ISTJ	ISFJ	INFJ	INTJ
신중하고 조용하며 집중력이 강하고 매사에 철저하며 사리분별력이 뛰어나다.	조용하고 차분하며 친근하고 책임감이 있으며 헌신적이다.	인내심이 많고 통찰력과 직관력이 뛰어나며 양심이 바르고 화합을 추구한다.	사고가 독창적이며 창의력과 비판분석이 뛰어나며 내적 신념이 강하다.
ISTP	ISFP	INFP	INTP
조용하고 과묵하고 절제된 호기심으로 인생을 관찰하며 상황을 파악하는 민감성과 도구를 다루는 뛰어난 능력이 있다.	말없이 다정하고 온화하며 친절하고 연기력이 뛰어나며 겸손하다.	정열적이고 충실하며 목가적이고 낭만적이며 내적 신념이 강하다.	조용하고 과목하며 논리와 분석으로 문제를 해결하기 좋아한다.
ESTP	ESFP	ENFP	ENTP
현실적인 문제해결에 능하며 적응력이 강하고 관용적이다.	사교적이고 활동적이며 수용적이고 친절하며 낙천적이다.	따뜻하고 정열적이고 활기에 넘치며 재능이 많고 상상력이 풍부하다.	민첩하고 독창적이며 안목이 넓으며 다방면에 재능이 많다.
ESTJ	ESFP	ENFJ	ENTJ
구체적이고 현실적이고 사실적이며 활동을 조직화하고 주도해 나가는 지도력이 있다	마음이 따뜻하고 이야기하기 좋아하고, 양심이 바르고 인화를 잘 이룬다.	따뜻하고 적극적이며 책임감이 강하고 사교성이 풍부하고 동정심이 많다.	열성이 많고 솔직하고 단호하고 지도력과 통솔력이 있다.

<hr>

2) MBTI Form G 16가지 유형해석을 참고하였다.

활동 5-②

나의 성격유형과 인간관계[3]

활동 5-①의 결과로 나의 성격유형에 대해 이해했다면, 다음 질문들을 통해 자신의 성격유형과 인간관계에 대해 좀 더 깊이 이해해 봅시다.

1. 나의 성격유형을 통해 나에 대해 좀 더 알게 된 것은 무엇인가요?

    예: 평소 사람을 만나기 싫어하는 이유가 타고난 성격유형 때문임을 알게 되었다.

    _____

    _____

2. 내가 인간관계에서 잘하는 것과 어려워하는 것은 무엇인가요?

    예: 잘하는 것은 기념일 챙기기, 연락 자주하기, 어려워하는 것은 거절하기, 약속 지키기

    _____

3. 내가 평소 대하기 어려운 사람은 나와 어떤 점이 다른가요?

    예: 나는 주장하기를 좋아하지 않는데 자기주장을 하라고 강요한다.

    　　나는 시간 약속을 철저히 지키는 편인데 시간 개념이 없다.

    _____

    _____

4. 인간관계에서 나와 잘 통하는 사람은 어떤 성격을 가진 사람들인가요?

    예: 마음이 따뜻하여 공감을 잘해 주는 사람, 객관적이고 솔직한 사람

    _____

5. 주변 사람들에게 '나를 이렇게 대해 주세요.'라고 말한다면 어떤 말을 하고 싶나요?

    예: 대답을 하지 않더라도 기다려 주세요. 말이 없더라도 싫어서가 아니니 이해해 주세요.

    _____

6. 인간관계를 잘하기 위해 주의하고 개발할 점이 있다면 무엇인가요?

    예: 힘들더라도 자기의사를 표현해야 한다.

    _____

---

3) 각 활동은 개인별·집단별로 실시 가능하며, 필요한 문항만 선택해서 작성 가능하다.

3. 방어기제와 자기이해

〈예시 1〉

　　이솝 우화에 나오는 〈여우와 신 포도〉 이야기를 들어 본 적 있을 것이다. 길을 지나다 탐스럽게 열린 포도를 발견한 여우가 포도를 따 먹지 못하게 되자 "저 포도는 어차피 시어서 따더라도 먹지도 못했을 거야."라고 말하며 돌아선다. 이때 여우는 어떤 마음이었을까? 내가 만약 여우라면 어떻게 행동했을까?

　　여우는 포도를 먹고 싶었던 자신의 욕구가 현실적으로 이루어지지 못하자 이러한 욕구를 억누르며 자신의 행동을 그럴듯하지만 정확하지 않은 평계를 사용하여 받아들일 수 있게끔 행동을 재해석하는 모습을 보인다. 여우가 곤란한 상황에서 무의식적으로 자신을 보호하기 위해 스스로를 합리화하는 이러한 심리적인 역동을 '방어기제'라 하며 여우가 사용한 방어기제는 합리화라 부른다.

1) 방어기제란

방어는 자신이 외부로부터 공격을 받았다고 인식할 때 사용하는 심리적 기능 중

하나로 인간이라면 누구나 경험하는 것이며 현실을 지각하는 방식에도 영향을 준다. 방어기제란 심리적 평형감각을 유지하고 자존감을 보호하기 위해 우리 모두 사용하는 정신 책략(mental maneuvers)이다. 충동이나 욕구가 표현되는 것을 막는 힘으로 내면적인 충동이나 욕구뿐 아니라 외적인 자극에 대한 반응도 포함한다. Freud는 사람들은 기본적으로 불안을 원치 않으며 불안으로부터 벗어나 자신을 보호하기 위한 다양한 방법으로 방어기제를 사용한다고 하였다.

방어기제의 사용과 발달은 인간관계와 밀접한 관련이 있다. 어린아이들은 성장하면서 어떤 감정이나 욕구를 표현하면 부모의 부정적인 반응을 일으킨다는 것을 학습하고 이러한 반응을 유발하는 것은 바람직하지 않다고 여기며 억누르게 된다. 그 감정과 욕구를 억눌러서 인식하지 못하게 되고 그것이 표현되지 않아야 부모와 좋은 관계를 유지할 수 있기 때문이다. 이와 같이 바람직하지 못하다고 여긴 감정이나 욕구, 생각을 무의식적으로 누르는 것을 억압이라고 한다. 억압은 부모와의 관계에서 형성되어 인간관계에서 자신을 보호하기 위해 사용되는 대표적인 방어기제이다. 방어기제는 지나친 불안을 경험하는 것을 막아 주고 자기의 통합능력을 보호해 주는 기능을 한다. 어떤 연구자는 방어기제의 성숙 정도가 한 개인의 정신적 성숙을 평가하는 척도라고 말하기도 한다. 이처럼 방어기제는 정상발달 과정에서 일어나며 심리적 발달에 있어서 매우 중요한 부분이다. 다양한 상황에서 동일한 방어기제만 과도하게 사용하는 것은 병리적이라고 볼 수 있지만 상황에 맞도록 방어기제를 적절하게 사용하는 것은 건강하게 일상에 적응할 수 있도록 도와주는 역할을 한다. 따라서 비정상적인 방어기제가 따로 존재한다기보다 방어기제를 어떻게 사용하는지에 따라 그것이 우리에게 도움이 되기도 하고 부적응적으로 만들기도 한다. 또한 방어기제가 인간관계에서 불안을 낮춰 관계를 원만하게 이어 가게 도움을 주기도 하지만 피상적인 관계를 맺거나 관계를 어렵게 하는 중요한 원인이 되기도 한다. 이처럼 인간관계에서 자신이 주로 사용하는 방어기제가 무엇인지를 점검해 보는 것은 매우 중요한 일이다.

사람들은 한 가지 방어기제에 의존하지 않고 여러 가지 방어기제를 사용하게 된다. 사람들이 주로 사용하는 방어기제에는 억압, 투사, 치환, 동일시, 반동 형성, 합리화 등이 있다. 다음의 예시를 통해 자신이 사용하는 방어기제를 점검해 보도록 하자.

〈예시 2〉

Q) "마음에 드는 이성을 만났을 때 당신은 어떤 생각과 행동을 보이나요?"

A) 거절이 두려워 그냥 못 본 척하며 지나친다.

억압 수치스럽다고 느껴지는 생각, 죄의식이 드는 기억, 괴로운 경험, 싫증이 나는 일들을 의
식으로부터 무의식으로 밀어내는 것

A) 나는 관심이 없는데 상대가 나에게 있다고 생각한다.

투사 자신의 행동과 생각을 마치 다른 사람의 것인 양 생각하고 남들을 탓하는 것

A) 꿩 대신 닭이란 마음으로 가까이 있는 이성친구에게 고백한다.

치환 원래의 목표보다 안전한 대상을 고르느라 엉뚱한 대상을 찾음으로써 긴장을 해소하는 것

A) 좋아하는 연예인이 연인에게 고백한 방법을 그대로 한다.

동일시 자기가 마치 좋아하거나 존경하는 대상인 것처럼 생각함으로써 만족을 얻는 것

A) 오히려 관심 없는 듯 과장된 행동을 하거나 상대가 싫어하는 행동을 한다.

반동 형성 수용할 수 없는 충동을 정반대로 강하게 표현함으로써 동기를 감추려는 것

A) '어차피 사귀는 사람이 있을 거야.'라며 고백하지 않는다.

합리화 정당하지 못한 자기 행동이 너무 괴롭기 때문에 스스로 자기 행동에 그럴듯한 이유
를 붙여 행동을 정당화하는 것

2) 방어기제와 자기이해

모든 방어기제에는 두 가지 공통점이 있다. 현실을 부정하거나 왜곡한다는 점과 무의식 수준에서 작용한다는 점이다. 방어기제는 크게 기능적 방어기제와 역기능적 방어기제로 구분할 수 있다. 기능적 방어기제의 경우 사랑, 일, 즐거움을 경험하기 위해 개인의 능력을 최대한 발휘하는 유형으로, 이타주의, 금욕주의, 유머, 승화, 억제 등이 있다. 역기능적 방어기제는 자아의 기능이 약하거나 퇴행이 심할 때 작용하는 방어기제로 부정, 투사, 행동화, 퇴행 등이 있다.

방어기제는 누구나 가지고 있으며 우리는 매일 다양한 방어기제를 사용하며 살아가고 있다. 적응이 곤란한 상황에서는 무의식적으로 자기를 보호하기 위해 사회적으로 용인될 수 있는 수준의 비교적 효과적이고 필요한 방어기제를 사용하지만, 이러한 방어 반응이 지나쳐 습관화되면 욕구 좌절의 요소가 그대로 잠재되어서 다시 욕구 좌절이 파생되고 누적되어 이상행동을 일으키기도 한다.

방어기제는 불안을 극복하고 불안에 압도되지 않도록 자아를 보호하는 기능을 함으로써 실패에 대처하고 긍정적인 자아상을 유지하는 데 도움이 된다는 점에서 적응적 가치가 있다. 그러나 방어기제를 지속적으로 과도하게 사용하여 현실을 회피하는 생활양식이나 성격 특성으로 굳어질 경우 자기성장을 방해하게 된다. 스스로 사용하고 있는 방어기제에 대해 잘 알고 자신과 타인이 어떠한 방어기제를 사용하는지를 안다면 더욱 성숙한 인간관계를 맺을 수 있을 것이다.

활동 5-③

방어기제 알아보기

　　다음의 질문들은 자신이 주로 사용하는 방어기제를 알아보기 위한 것입니다. 다음 문항을 읽고 '그렇다'고 생각되면 ○, '그렇지 않다'고 생각되면 ×로 표시하세요. 만약 경험하지 않은 것이 있다면, 경험했을 때를 가정하여 답하세요. 여기서 '그렇다'는 자신의 체험과 같거나 남의 경험이라도 수긍이 가고 공감할 수 있는 느낌을 말하는 것입니다.

1. 과제를 하지 않았을 때 함께한 사람들에게 비난을 받을까 봐 여러 가지 핑계를 잘 댄다. (　　)

2. 인기 있는 배우나 가수를 보면 나도 저렇게 되었으면 하고 진로를 바꿀 생각이 난다. (　　)

3. 탁구공이 네트에 걸려 빗나갔다면 탁구채를 쳐다보면서 머리를 갸우뚱하는 버릇이 있다. (　　)

4. 늦장을 부리다 지각을 했을 때에는 거짓말을 해서라도 상황을 빨리 모면하고자 한다. (　　)

5. 우리 친척 중 고위층에 있는 사람이 있을 때 나는 다른 사람에게 자랑한다. (　　)

6. 경기에서 졌을 때 심판이 상대편이라고 미리 짐작하여 미워하거나 불평한다. (　　)

7. 좋은 성적을 받지 못하는 것은 교수님의 책임이 크다고 생각한다. (　　)

8. 다른 사람들처럼 유행에 따르지 못할 경우에는 몹시 부끄러움을 탄다. (　　)

9. 얼마 전에 싸웠던 친구가 나를 보지 않고 지나가 버리면 '저 녀석이 아직도 나에게 감정이 있다.'라고 짐작한 나머지 그를 때려 주고 싶다. (　　)

10. 자기 잘못에 대해서는 '누구 때문'이라고 다른 사람에게 책임을 전가한다. (　　)

11. 부모님의 직업이 좋지 않을 때에 남에게 말하지 않는다. (　　)

12. 교수님은 내가 부족해서 항상 나를 미워할 것이라고 생각해 존경심이 점점 사라진다. (　　)

13. 자기의 잘못을 남에게 지적당할 때에는 사과하지 않고 오히려 열을 올려 이유를 설명한다. (　　)

14. 읽지도 않은 책을 책장에 장식하기를 좋아한다. (　　)

15. 친구가 다른 친구와 정답게 이야기하는 것을 보고 의심한 나머지 정이 떨어진다. (　　)

16. 시험에 실패했을 경우 출제가 잘못되었다고 생각한다. (　　)

17. 집안이 가난하더라도 있는 척하는 것이 친구를 사귀는 데 도움이 된다. (　　)

18. 선배가 내 친구만 두둔하고 나를 미워하는 눈치가 보일 때 편애하는 선배라고 생각한다. (　　)

19. 어떤 경우라도 내가 잘못한 것에 대해서는 사과를 한다. (　　)

20. 나는 늙으신 부모님을 모시고 사는 것이 자랑스럽고 대견한 일이라고 생각한다. (　　)

21. 계모가 용돈을 안 준다면 '친자식이 아니니까.'라고 원망하게 된다. (　　)

22. 자기가 소속했던 모임에서 친구들로부터 배척당하면 나는 아무 불평 없이 물러난다. (   )

23. 비록 부모의 직업이 좋지 않더라도 나는 조금도 부끄럽지 않다. (   )

24. 어느 친구가 나의 비밀을 교수님께 일러도 나는 아무렇지 않다. (   )

25. 밖에서 누구하고 다툰 이야기는 집에 와서 가족에게 말하기 싫다. (   )

26. 비록 내 용모가 못생겼다고 해도, 나는 남보다 다른 재주가 있어 좋다. (   )

27. 친한 친구가 다른 친구와 놀아도 아무렇지도 않다. (   )

28. 맡은 일을 해내지 못했을 때는 부모님께 꾸중을 듣더라도 솔직하게 고백한다. (   )

29. 나는 공부는 못해도 다른 것으로 이름을 날리고 싶다. (   )

30. 경쟁에서 졌을 때 나는 누구도 원망하지 않고 체념한다. (   )

O표: +1점, ×표: −1점						O표: −1점, ×표: +1점			합계	방어기제
1	4	7	10	13	16	19	22	25	28	A	합리화
2	5	8	11	14	17	20	23	26	29	B	동일시
3	6	9	12	15	18	21	24	17	30	C	투사

⟨해석⟩

주로 사용하는 방어기제	특징
A 합리화	실망을 주는 현실에서 도피하기 위해 그럴듯한 구실을 붙여 상처를 입지 않으려고 설명하여 빠져나갈 합리적인 이유를 만들어 내는 경우가 많다.
B 동일시	자신이 생각하는 중요한 인물을 닮는 것으로 자존감을 높이는 경우가 많다.
C 투사	자신에게 내재되어 있지만 받아들일 수 없는 것들을 다른 사람의 특성으로 돌려 버리는 수단으로 보고, 자신의 심리적 속성이 상대방에게 있는 것처럼 생각하고 행동하는 경우가 많다.

활동 5-④

나의 방어기제와 인간관계

활동 5-③의 결과로 자신이 주로 사용하는 방어기제를 확인한 후, 다음 질문에 답하면서 자신의 방어기제와 인간관계에 대해 좀 더 깊이 이해해 봅시다.

1. 활동 5-③의 결과, 내가 자주 쓰는 방어기제는 무엇인가요?

_____

_____

2. 나는 주로 어떨 때 불안하여 방어기제를 사용하나요?

예: 부탁을 거절해야 할 때, 어려운 부탁을 해야 할 때, 도전이 실패할까 봐 걱정될 때

_____

_____

3. 불안할 때 내가 주로 하는 생각, 말, 행동 등은 어떤 것인가요?

생각
예: 나는 어차피 해도 안 됐을 거야.

말
예: 나는 아닌데 네가 그렇지?

행동
예: 모른 척 피한다.

4. 내가 사용하는 방어기제가 나에게 어떤 도움을 주나요?

예: 수치심을 없애 준다. 불안감을 낮춰 준다. 관계를 좋게 한다.

_____

_____

5. 만약 방어기제를 계속 사용하면 어떤 일들이 생길까요?

_____

_____

심리검사를 통한 자기이해

자신의 성격유형, 방어기제 검사 결과를 통해 자신에 대해 이해한 것을 바탕으로 '나만의 자기소개서'를 작성해 봅시다.

성격유형	주로 사용하는 방어기제

〈예시〉

○○의 자기소개서

나의 성격유형은 (ESFJ) 유형이며 평소 사람들과의 관계에서 (연락을 자주 하고 모임을 주도하고 어울려 이야기)하기를 좋아한다. 사람들이 나를 (관심 가지고 대해 주고, 내가 잘한 일에 대해 칭찬해 주고, 내 물건을 사용하면 제자리에 두어 챙겨) 주기를 원한다.

나는 인간관계에서 (관계가 나빠지거나 거절당할지도 모른다는) 불안이 생기면, (합리화) 방어기제를 사용하여 (원래 필요한 관계는 아니었다고 생각하며) 불안을 처리하고 있다.

나의 성격과 방어기제를 살펴본 결과, 나는 (관계에 관심이 많고 사람을 좋아하며 내가 관심을 가지듯이 남들도 나에게 관심 가지기를 바라고 관계에서 생기는 불안을 합리화하여 처리)하는 사람이다.

_____의 자기소개서

나의 성격유형은 _____ 유형이며 평소 사람들과의 관계에서 _____

_____ 하기를 좋아한다. 사람들이 나를 _____

대해 주기를 원한다.

나는 인간관계에서 _____ 불안이 생기면,

방어기제를 사용하여 _____ 불안을 처리하고 있다.

현재 인간관계에 도움이 되는 점은 _____ 이다. 현재 인간관

계에서 도움이 되지도 않고 개선하고 싶은 점은 _____ 이다.

나의 성격과 방어기제를 살펴본 결과, 나는 _____

_____ 하는 사람이다.

제6장

가족관계 점검을 통한 자기이해

가족들이 서로 맺어져 하나가 되어 있다는 것이
정말 이 세상에서 유일한 행복이다.

—Marie Curie

1. 부모와의 관계 점검을 통한 자기이해

[활동 1] 생각해 보기

자신이 부모님과 닮은 점이나 영향을 받은 점을 찾아 적어 봅시다.

---

1) 부모-자녀 관계

[활동 1]을 통해 우리가 부모와 닮은 점, 영향을 받은 점을 찾아보면, 결국 현재 내

모습은 부모를 통해 영향받고 배운 것임을 분명히 알 수 있다. 특히 어린 시절 부모와의 관계 경험은 자신의 인간관계에 가장 큰 영향을 주는 요인이라고 할 수 있다. Freud는 초기 6세까지의 중요한 사람(특히 부모)에 대한 초기 행동양식이 성인생활에서 타인에게 옮겨져 긍정적·부정적으로 작용한다고 보아 어린 시절 부모와의 관계 경험이 성인이 될 때까지 영향을 미치게 된다고 하였다.

예를 들어, 어떤 사람이 어릴 때 어머니로부터 관심을 받지 못하였거나 거리감이 있었다고 생각해 보자. 어머니와의 경험으로 인하여 그 사람은 친구들과 평소에 잘 지내다가도 섭섭함과 관련된 약간의 자극이 주어지면 어린 시절 어머니에게서 느꼈던 감정을 친구관계에서도 반복적으로 느끼게 된다. 또는 자신보다 강한 아버지 때문에 고통스러웠던 남자는 살아가는 동안 지속되는 권위적인 사람에 대한

권위적인 부모와의 관계는 권위적인 사람에 대한 두려움으로 남는다.

두려움과 증오의 감정을 가지게 되기 쉽다. 반대로 자라면서 많은 관심과 건강한 사랑과 관심을 받았다고 느끼는 사람은 인간관계에서 비교적 너그럽고 온화한 감정을 지니기 때문에 원만하게 지낸다.

이처럼 부모와의 관계는 자신의 인간관계에 대한 태도와 생각뿐 아니라 정서에도 영향을 미치게 되어 일생에 걸쳐 지속적인 영향을 준다. 그렇기 때문에 부모-자녀 관계를 객관적으로 점검하여 자신의 태도와 생각 및 정서가 부모-자녀 관계로부터 어떠한 영향을 받았는지를 점검하는 것은 자신을 이해하고 인간관계를 맺기 위해서 반드시 필요하다. 먼저, 부모-자녀 관계란 무엇이며 부모-자녀 관계의 특징에는 어떠한 점이 있는지 살펴보도록 하자.

부모-자녀 관계는 혈연에 의해 맺어진 자연적이고 영속적인 관계라 할 수 있다. 부모는 자녀들이 성장하여 완전한 성인이 되기까지 그들을 보호하는 반면 자녀들은 부모에게 순응하고 그들을 존경하며 성인생활에 필요한 지식과 태도, 그 밖의 여러 가지 생활양식을 배우게 된다. 이러한 부모-자녀 관계는 독특한 몇 가지 특징을

지니고 있다(권석만, 2004).

첫째, 부모-자녀 관계는 인간관계 중에서 가장 일차적인 인간관계이다. 다시 말하면, 혈연으로 맺어진 가장 본능적인 애착이 강한 관계이다. 부모-자녀 관계는 선택의 여지 없이 숙명적으로 주어지는 인간관계로 싫든 좋든 평생 유지해야 하는 관계이다.

둘째, 부모-자녀 관계는 수직적이고 종속적이다. 자녀는 태어나 부모의 도움 없이는 살아갈 수 없어 일방적으로 부모를 따르고 의존해야 한다. 부모 역시 어리고 미숙한 자녀를 일방적으로 보호하고 양육해야 하는 지배적인 위치를 갖게 된다. 이런 점에서 부모-자녀 관계는 서로 불평등한 자격과 위치에서 일방적인 상호작용이 일어나는 관계이다.

셋째, 한 인간의 인격 형성에 있어서 가장 중요한 관계이다. 자녀의 입장에서는 태어나서 처음으로 맺는 인간관계이며 자녀는 부모의 양육을 통해서 성격을 형성해 나가게 된다. 반대로 부모의 입장에서는 자녀는 부부간 사랑의 결실이자 자신의 분신과 같은 존재로 본능적이고 무조건적인 애정을 갖고 자녀를 보호하고 양육하게 된다. 이를 통해 자녀는 자신의 존재를 인식하고 스스로의 인격을 형성해 나가게 된다.

넷째, 부모-자녀 관계는 주요한 교육의 장이다. 자녀는 부모를 통해서 사회의 기본적인 적응기술을 배운다. 또한 부모는 자녀에게 사회의 도덕적 규범과 가치를 가르친다. 즉, 가장 기본적인 사회화 과정이 부모-자녀 관계 속에서 일어난다. 또한 자녀에게 있어서 부모는 자신이 닮아 가야 할 동일시의 대상이자 인생의 모델이 된다.

마지막으로, 부모-자녀 관계는 세월이 흐르면서 관계의 속성이 현저하게 변화한다. 자녀가 어릴 때는 일방적인 의존적 관계이지만 자녀가 점차 성장해 나가면서 의존적 관계에서 독립적 관계로 변화해 간다. 특히 자녀가 청소년기를 지나 대학생 시기에 접어들게 되면 부모의 보호나 통제에서 벗어나 심리적으로 독립하고자 한다. 이러한 부모-자녀 관계의 변화로 인해 갈등이 일어난다. 이후 자녀가 점차 성장함에 따라 부모는 노쇠해진다. 부모는 시간이 지남에 따라 오히려 자녀에게 의존하게 되며 자녀는 부모를 봉양해야 하는 보호자의 위치에 서게 된다. 이렇게 세월의 흐름에 따라 역할과 관계가 변화하는 것이 부모-자녀 관계이다.

2) 대학생의 부모-자녀 관계

대학생이 되면 대인관계가 확장되고 다양한 사회 경험을 통해 부모로부터 심리적·경제적인 독립을 시도하게 된다. 이때 자녀는 부모가 가진 기성사회의 가치관과는 다른 가치관을 추구하여 부모와 다양한 갈등을 경험하게 되는 경우가 많다. 부모와 자녀는 가족 내의 위치가 서로 다르고 세대차이로 인해 상호작용이 원만하지 못하며 이 것이 다른 인간관계에도 부정적인 영향을 주기도 한다. 이러한 어려움을 극복하고 성숙한 부모-자녀 관계를

대학생 시기에는 새로운 부모-자녀 관계 형성이 필요하다.

맺기 위해서는 대학생 시기에 경험하는 부모와의 갈등을 이해하고 새로운 관계로 나아갈 필요가 있다.

(1) 갈등적인 부모-자녀 관계의 유형

대학생들에게 흔히 나타나는 부모와의 갈등은 몇 가지 유형으로 나누어 볼 수 있다.

첫째, 부모가 통제적이고 지배적인 경우이다. 이러한 부모는 자녀의 생활방식, 가치관, 이성관계, 진로 등에 적극적으로 개입하고 관여하며 자녀에게 자신의 방식을 따르도록 강요한다. 이에 대해 순종적이고 의존적인 자녀는 부모와 원만한 관계를 지속할 수 있으나 부모의 지시를 일방적으로 따르게 되면 정체감 형성, 심리적 독립과 같은 발달과업 성취에 어려움을 겪게 되며 자신의 삶에서 자율성을 획득하기가 어려워진다. 또한 부모의 방향 제시나 지원이 중단되면 무력감과 혼란을 경험하게 된다. 반대로 자기주장이 강하고 독립적인 자녀는 부모와 갈등하며 관계에 어려움을 겪을 수 있으나 부모로부터 심리적 독립을 원활히 이루어 자신의 정체감과 자율성을 획득하여 스스로의 삶을 독립적으로 살아갈 수 있게 된다.

둘째, 부모가 방임적이고 무관심한 경우이다. 이러한 부모는 대부분 부부간의 갈등이나 생업으로 인해 관심을 기울일 만한 여력이 없는 경우가 많으며 그로 인해 경

제적 또는 정서적으로 자녀를 지원하는 일에 무관심하거나 무력하게 된다. 자녀들은 부모의 경제적 또는 심리적 지원을 받지 못하기 때문에 홀로 자신의 생활을 영위해 나가야 한다는 부담감, 결핍감, 고독감을 느끼게 된다. 이런 자녀의 경우 가족 밖의 인간관계가 더욱 중요하게 되며 만족스러운 친구관계나 이성관계를 형성하지 못하게 되면 고립감으로 인한 우울감을 경험하기도 한다. 다른 한편으로는 부모의 간섭이 없어 자칫 무계획적이고 방만한 생활을 하게 될 가능성이 있다.

셋째, 부모가 자녀에게 지나치게 의존적인 경우이다. 이러한 부모는 경제적 책임을 자녀에게 지우며 가정 내에서 의사결정뿐 아니라 정서적 지지나 위안을 자녀에게 기대하게 된다. 이들은 자녀에게 자율성을 허용하면서 가족에 대한 역할과 책임을 과도하게 부여하고 기대한다. 경제적으로 무능한 부모나 배우자에게서 좌절된 애정을 자녀에게서 보상받으려는 부모는 자녀에게 많은 부담을 지우게 된다. 이러한 자녀는 부모를 경제적 · 심리적으로 부양해야 하는 위치에 있어 책임감과 부담감을 느끼게 된다. 이들은 자유로운 사회활동이나 진로 탐색이 제한될 가능성이 있다.

(2) 부모-자녀 관계의 갈등요인

자녀가 대학생이 되면 독립이 필요한 자녀와 독립을 수용하지 못하는 부모로 인해 갈등이 더욱 분명하게 드러나는 경우가 많다. 이러한 갈등요인을 이해하고 점검해 봄으로써 다른 인간관계에 영향을 미치는 부모-자녀 관계에 대한 이해를 돕고자 한다.

첫째, 부모-자녀 간의 세대차로 인한 갈등이다. 부모와 자녀는 적어도 20~30년의 나이차이가 있기 마련이다. 따라서 부모와 자녀는 사회적 · 교육적 환경이 다르며 이로 인해 가치관, 사고방식, 행동규범, 생활습관, 감정표현 방식 등에서 차이가 있다. 이러한 세대차이는 서로에 대한 이해와 공감 영역의 괴리를 의미한다. 아무리 부모-자녀 간의 애정이 돈독하다 하더라도

부모와 대학생 자녀 간의 세대차이

서로의 가치관과 사고방식이 다른 세대차로 인해 여러 가지 마찰과 갈등이 생겨날 수 있다.

둘째, 독립과 보호로 인한 갈등이다. 부모는 대학생 자녀가 여전히 부모의 보호가 필요한 존재라 인식하고 있으나 대학생 자녀는 자율성을 가지고 독립적인 존재로 성장하고자 한다. 부모의 보호와 충고가 자녀에게는 지나친 간섭으로 느껴지고 자녀의 독립적 행동이 부모에게는 어리석고 무책임한 행동으로 느껴진다. 이로 인해 대학생 자녀는 부모에 대한 독립과 의존의 갈등을 경험하게 되며 부모는 자녀에 대한 통제와 허용의 갈등을 경험하게 된다. 이러한 부모-자녀의 갈등이 지속되면 진로결정, 배우자 선택과 같은 문제에서도 서로 의견이 충돌하거나 첨예한 갈등관계에 놓이게 된다.

셋째, 애정표현 방식으로 인한 갈등이다. 부모가 자녀에 대해 무조건적 애정과 관심을 가지고 있는 것은 당연하나 부모가 애정을 표현하는 방식은 다양하다. 어떤 부모는 자녀를 지나치게 보호하고 통제하는 방식으로 애정을 표현하고 또 다른 부모는 자녀가 원하는 대로 허용함으로써 애정을 표현한다. 부모가 자녀의 기대나 욕구에 관계없이 자신의 욕구대로 과도하게 간섭하며 애정을 표현하거나 지나치게 허용하며 애정을 표현하게 되면 부모의 애정표현 방식과 자녀의 기대 간 차이로 인해 부모-자녀 간의 갈등이 생겨나게 된다.

넷째, 부모 간의 불화로 인한 갈등이다. 부모의 불화는 다른 방식으로 부모-자녀 관계에 갈등을 일으킨다. 부모는 배우자에 대한 심리적 갈등으로 인해 자녀에 대한 배려나 애정표현이 어려워진다. 자녀는 부모의 불화로 인해 애정에 대한 결핍감뿐 아니라 불안감, 분노를 느끼기도 하며 자녀가 성장하여 대학생이 되면 이러한 감정을 부모가 사용한 방식으로 부모에게 표현하기도 하며 가정에 관심을 두지 않거나 자신의 불안감을 해소하기 위해 지나치게 부모에게 관여하기도 한다.

다섯째, 의사소통 방식으로 인한 갈등이다. 다른 인간관계에서뿐만 아니라 부모-자녀의 관계는 종속적인 관계이기 때문에 부모는 자녀에 대해서 보호와 양육을 위한 다양한 의사를 전달하게 된다. 이러한 의사소통 과정에서 부모와 자녀 간에 갈등이 유발되기도 한다. 특히 부모가 역기능적 의사소통을 사용할 경우 갈등이 유발될 가능성이 높다.

이러한 부모와의 갈등은 부모와의 관계를 악화시키는 원인이 될 뿐만 아니라 이후 인간관계에도 부정적 영향을 미치는 문제의 원인이 될 수 있다. 따라서 부모와의 관계에서 갈등이 발생할 경우, 어떠한 요인이 갈등의 원인이 되는지 파악하고 부모와 갈등하고 반목하기보다는 부모와의 세대차이를 인정하고 자신의 독립에 대한 욕구를 적절히 표현할 필요가 있다. 이를 통해 자녀는 부모로부터 심리적으로 독립하여 건강한 성인으로 성장할 수 있으며 부모 역시 자녀의 독립을 수용함으로써 이후 성인이 된 자녀와 동등한 관계를 가지며 나아가 자녀에게 의지하는 새로운 관계에 들어갈 수 있게 된다.

3) 부모-자녀 관계와 자기이해

부모-자녀의 관계에서 부모의 성격적 특성과 양육방식은 다른 주변 조건에 비하여 자녀에게 미치는 영향이 크다. 자녀의 타고난 기질적 특성과 부모의 양육방식은 맞물리면서 상호작용하는 역동적 관계를 형성하기 때문에, 부모가 나타내는 반응양식을 통해 자녀들은 자아개념을 갖게 되며 부모-자녀 관계뿐 아니라 다른 인간관계에도 영향을 받게 된다.

대학생 시기에 겪게 되는 부모와의 갈등은 발달과정에서 자연스럽게 일어나는 일이며 이러한 갈등을 이해하고 원만히 해결하고자 노력하는 것은 대학생 자녀가 건강한 성인으로 성장하는 데 있어 반드시 필요한 일이다.

부모와의 관계 점검하기

다음의 질문을 통해 나의 부모와의 관계에 대해 점검해 보고, 그것이 인간관계에 미친 영향에 대해 좀 더 깊이 이해해 봅시다.

1. 부모님과의 관계를 떠올려 보고 다음의 어머니, 아버지 칸에 관계가 원만한 정도를 점수(0~100점)로 나타내어 보고, 그 이유를 적어 보세요. 꼭 부모님이 아니더라도 자신의 성장에 영향을 미친 중요한 사람(할머니, 돌보미 등)이 있으면 그분을 떠올려 작성해도 됩니다.

2. 어머니와의 관계가 나의 인간관계에 어떤 영향을 주었나요?

예: 어머니는 나를 늘 챙겨 주셔서 나는 챙겨 주는 사람을 편하게 생각한다.

　　어머니가 간섭하고 잔소리하는 분이라 나에게 관심 갖는 사람은 간섭하는 것 같아 싫다.

_____

_____

_____

3. 아버지와의 관계가 나의 인간관계에 어떠한 영향을 주었나요?

    예: 아버지는 말이 없고 권위적인 분이라 말없고 권위적인 사람에게는 거부감이 든다.

       아버지와 대화를 많이 하는 편이라 어른들과의 대화가 어렵지 않다.

-----

4. 평소 부모님과 갈등이 있다면 무엇 때문인가요?

-----

5. 대학생이 되어 부모와의 갈등이 심해졌다면 무엇 때문인가요?

-----

2. 형제와의 관계 점검을 통한 자기이해

사람들은 태어나면서 형제가 있는 경우 자신의 의지와 관계없이 형제와 관계를 맺게 된다. 형제는 태어나서 죽을 때까지 같은 가족 구성원으로서 긴밀한 관계 속에서 한평생을 살아가게 되는 가장 밀접한 인간관계의 대상이 된다. 형제관계는 같은 부모의 피를 나눈 가장 친밀한 혈연관계로 다른 인간관계보다도 강력한 유대를 가지지만 부모의 사랑을 나누어야 하며 서로에게 비교 대상이 되기도 하는 경쟁적인 관계에 놓이게 된다. 이러한 형제관계는 출생순위, 연령, 성 등에 따라 다른 특징을 보이며 그 관계를 벗어나 맺는 또 다른 인간관계에도 영향을 미치게 된다. 따라서 형제관계에 대한 점검을 통해 자신을 이해하는 것은 정확한 자기이해를 위해 매우 중요하다.

1) 형제관계

형제관계는 스스로 선택한 관계가 아님에도 불구하고 다른 어떤 관계보다 오래 지속되기도 하고, 대학생 이후 성인기에 이르면 스스로의 선택에 의해 소원해지고 서로 만나지 않을 수도 있는 독특한 관계 양상을 보이기도 한다. 시대의 흐름에 따라 가족크기의 감소가 두드러지는 상황에서 부모 다음으로 중요한 인간관계는 형제와의 관계이다. 이러한 형제관계는 다른 인간관계와는 구분되는 독특한 특성을 지닌다.

첫째, 형제관계는 같은 부모의 피를 물려받은 혈연적 동료관계이다. 혈연으로 맺어진 형제관계는 일차적인 인간관계이며 자신의 의지로 선택할 수 없는 부여된 관계이다. 부모로부터 비슷한 유전적인 영향을 받아 유사성과 일치성이 높다.

둘째, 형제관계는 수평적이면서도

혈연적 동료관계이자 일차적 인간관계인 형제관계

수직적인 인간관계이다. 형제가 한 부모에게서 태어났다는 수평적인 요소를 가지고 있으며 출생순위에 따라 위계가 정해지는 수직적인 관계이다.

셋째, 형제는 의식주 생활을 함께 나누며 가족과 동고동락하는 운명공동체이다. 가족의 일원으로서 가족의 발달주기를 함께 겪으며 같은 부모로부터 태어나 자라면서 공통적인 삶의 경험을 갖게 된다. 또한 가족의 위기도 함께 겪어야 한다는 점에서 운명공동체라 할 수 있다.

넷째, 형제관계는 인생에서 가장 오랜 기간 동안 유지되는 인간관계이다. 출생과 더불어 형제가 있는 경우 그 관계에 바로 들어가게 된다. 특히 나이가 비슷한 형제의 경우 평생 동안 지속되는 인간관계를 갖게 된다. 환경에 따라 변화하는 친구관계와는 달리 형제관계는 성인이 되어 소원해지거나 만나지 않는 것과 같은 특별한 경우가 아니면 대부분 평생 동안 유지되는 인간관계이다.

마지막으로, 형제관계는 경쟁적인 관계이다. 형제는 부모로부터 애정, 관심뿐 아니라 모든 것을 나누어야 하는 경쟁적인 위치에 있다. 부모는 흔히 자녀를 서로 비교하며 평가하고 애정과 보상을 달리하게 되며 이런 형제와의 비교를 통해 우월감이나 열등감을 가지며 서로 경쟁관계를 이루게 된다.

이러한 형제관계는 자신의 의지를 가지고 선택하고 변화시킬 수 있는 관계가 아니며 부모와의 관계와 더불어 최초의 인간관계이며 대부분 평생을 지속하게 된다. 따라서 자신이 현재 맺는 인간관계에 대한 이해는 자신의 형제와의 관계를 살펴봄으로써 좀 더 명확히 할 수 있다. 형제의 유무와 더불어 형제에서의 출생순위, 성, 연령은 성격발달에 미치는 영향이 크며 형제에서의 자신을 이해하는 데 중요한 요인이다.

(1) 출생순위

형제관계는 질투와 경쟁적인 관계로 인식되어 왔다. Adler에 의하면, 출생순위(첫째, 둘째, 막내, 외동)가 성격 형성에 커다란 영향을 주며 그로 인해 이후의 인간관계에서의 특징도 달리 나타나게 된다. 출생순위가 자신의 인간관계에 미치는 영향을 이해하기 위해 형제관계에서의 출생순위와 특징을 알아보자.

표 6-1 출생순위와 특징

출생순위	특징
첫째	• 둘째가 태어나기 전까지는 부모의 관심을 독차지하다가 동생이 태어나면서 '폐위당한 왕'과 같은 심리적 상태에 처하게 된다. • 대체로 동생들에 비해 심신능력이 우수하고 동생들에게 모범이 되기도 하지만 심리적 · 행동적으로 지나치게 적극적이며 동생들에게 우월감, 지배성, 횡포, 질투심이 나타나기도 한다. • 소극적인 첫째의 경우 무기력, 신중, 세심, 내향성 등의 경향성을 갖게 된다. • 보수적이고 기존의 권위나 전통 혹은 규범을 중시하며 부모의 직업을 따르려는 경향을 보이며 동조를 잘하고 순응적이다. • 다른 출생순위에 비해 모범생 기질이 있고 책임감이 강하며, 효심이 있고 다른 사람과는 남다르다는 특별의식을 보이기도 한다.
둘째 또는 중간 아이	• 둘째나 중간 아이는 손위 형제나 손아래 형제 사이에 끼여 관심과 사랑의 대상이 되지 못하는 경우가 많다. • 불만은 부모님이 형제 중에 자신에게만 관심을 가지지 않는다는 것이다. • 부모님에게 인정받기 위해 스스로 알아서 잘해야 하기 때문에 독립심이나 자립심이 강하다. • 첫째를 의식하면서 닮아 가면서도 뛰어넘으려 노력하기 때문에 경쟁심, 질투심이 강하고 도전적이며 창의적이고 기존 체제에 반항적인 편이다. • 상황에 적절하게 타협을 잘하며 적응력이 높다. 실제로 성공할 확률이 가장 높은 출생순위로 알려져 있다. • 친구 간의 놀이에서도 약자를 멸시하게 되는 것은 불안정한 형제관계의 위치 때문이다.
막내	• 자신보다 나이가 많고 신체적인 면에서 우월한 손위 형제가 있어 이기고자 하는 자극을 끊임없이 받으며 늘 경쟁하고자 하며 야망이 있다. • 자신만의 독특한 진로를 찾아가게 된다. 예를 들면, 과학자 집안에서 유일한 음악가나 사업가가 되는 경우이다. • 권위나 관습에 얽매이지 않으며 창의적이고 예술적 재능이 있다. • 부모의 사랑을 상대적으로 많이 받기 때문에 정이 많다. • 부모의 과잉보호를 받을 가능성이 높아 의존적 · 자기중심적이고 책임감이 부족하다. • 인간관계에서도 경쟁하게 되면 만성적으로 도피하고 합리화하거나 게을러지기도 한다.

외동	• 자신들이 항상 관심의 초점이 되어야 한다는 비현실적인 기대를 하게 될 가능성이 높다. • 자신의 중요성에 대해 과장하고 특권의식이나 자기애적 성향을 보이기도 한다. • 소심하고 의존적이 되기 쉽다. • 가정에서보다 학교에 처음 들어가거나 관심을 다른 사람과 나누어야 할 상황에 처하게 되면 사회적 관심이 부족한 모습을 드러내기도 한다. • 외동이 아니라도 딸 많은 가정의 외아들이거나 아들 많은 가정의 외동딸일 경우는 자신의 성을 과장되게 강조하는 특성이 있거나 반대로 이성으로 지나치게 동화되는 특성을 갖기도 한다. • 첫째와 둘째 사이에 나이 차가 많은 경우 외동의 특징이 나타나기도 한다.

(2) 성

성이 같은 형제는 경쟁 상대이면서도 남다른 친밀감을 가질 수 있는 관계가 된다. 성이 다른 형제가 있는 경우 남녀의 다른 특성에서 오는 차이에 대해 잘 수용할 수 있게 된다. 특히 남자 형제 중의 외딸인 경우 남성적 여성이 되기 쉽고, 여자 형제 중의 외아들인 경우 여성적 남성이 되기 쉬운 경향이 있다.

(3) 연령

형제간의 연령차이도 영향을 끼칠 수 있다. 쌍둥이, 연년생의 경우 발달단계에 따른 성장 상태가 비슷하므로 더욱 경쟁적이고 싸움이 잦고 질투심이 많으면서도 아주 좋은 친구관계가 될 수 있다. 또한 10년 이상 차이가 나는 경우는 형제간이라기보다 보호자와 피보호자의 관계로 유지되기 쉽다.

2) 형제관계의 갈등요인

같은 부모의 사랑을 나누어야 하는 형제간에는 어쩔 수 없는 갈등관계가 형성되기 마련이다. 이러한 갈등은 형제관계의 특성으로 인해 평생 지속되기도 하며, 이후의 인간관계에서 경쟁만 하려고 하거나 상대방에게 의존하며 비현실적인 기대를 갖거나 혹은 경쟁을 피하기 위해 인간관계 자체를 아예 회피하게 되는 등 다양한 인간관계에서의 어려움이 나타나는 원인이 되기도 한다. 형제관계에서의 갈등을 이

필연적 경쟁관계인 형제관계

해하는 것은 현재 자신이 갖고 있는 인간관계에서의 어려움을 이해하기 위해 필요하다. 형제간의 갈등은 대체로 다음과 같은 이유로 발생하게 된다.

첫째, 형제간의 경쟁 때문이다. 필연적으로 경쟁관계에 놓일 수밖에 없는 형제의 경우 우애 좋은 형제로 지내기도 하지만 대부분 부모의 사랑을 나누어 받아야 하는 경쟁자로 살아가게 된다. 그로 인해 경쟁관계를 유발하는 상황이 되면 갈등이 생기게 된다.

둘째, 자녀에 대한 부모의 차별적 애정 때문이다. '열 손가락 깨물어 안 아픈 손가락이 없다.'라고는 하지만 상대적으로 첫째 아이보다는 기능적으로 부모의 도움이 필요한 동생에게 부모의 관심과 사랑이 옮겨 가게 된다. 그리하여 차별적 애정을 경험하게 되는 손위 아이는 부모의 사랑에 대한 박탈감과 소외감을 경험하며 그로 인해 형제와 갈등하게 된다.

셋째, 성격 및 능력의 차이 때문이다. 같은 부모로부터 태어난 형제라 할지라도 성격 및 능력에서 차이가 있다. 형제관계에서 출생순위, 성, 연령은 성격 형성에 영향을 미치는 주요한 원인이 되며 형제는 각자 다른 성격 및 능력을 갖게 된다. 예를 들어, 깔끔하고 꼼꼼한 계획적인 형은 방을 더럽히거나 자신의 물건을 함부로 가져가는 동생을 용납하기 어렵다. 또한 사교적이며 외향적인 여동생이 이성친구를 사귀게 되면 내향적이고 신중한 오빠는 걱정하고 행동을 규제하려고 하여 갈등이 발생하게 된다.

넷째, 역할기대의 차이 때문이다. 부모는 자녀가 태어난 순서에 따라 다른 기대를 하게 된다. 부모의 기대에 부응하고자 하는 자녀들은 가족 안에서 역할을 하고자 한다. 예를 들어, 형이 무관심하거나 방관적인 경우 동생은 형에 대해서 불만을 갖게 되며 자신이 형의 역할을 하고자 하여 갈등을 일으키게 된다. 또한 형이나 언니의 역할을 충실히 하고자 동생들의 의사를 무시하게 되면 동생들이 불만을 가져 갈등이 일어나게 된다.

다섯째, 경제적 이해관계 때문이다. 현실적인 이해관계로 부모로부터 용돈이나 학비를 받을 때 형제간의 차이가 생길 경우 갈등이 발생한다. 부모 입장에서는 제한된 양육비용을 한 자녀에게 많이 투자할 경우 다른 자녀에게는 상대적으로 적은 투자를 할 수밖에 없다. 이로 인해 경제적인 어려움을 경험하게 되는 자녀는 형제로 인해 자신이 피해를 입었다고 생각하고 갈등을 일으키게 된다.

3) 형제관계와 자기이해

출생순위, 성, 연령에 따라 형제관계에서 인간관계 경험이 다르며 이러한 관계 경험은 이후 맺는 인간관계에도 영향을 주게 된다. 예를 들면, 막내인 사람들은 인간관계에서도 막내의 역할을 하길 원한다. 모임에서 주목받기를 원하며 다른 사람의 관심과 사랑을 독차지하고자 한다. 여자 형제가 많은 외아들인 경우에 여성적 경향이 있으며, 여자를 대하는 것에 어려움을 덜 느끼기도 한다. 형제가 있지만 10살 이상 차이가 나는 경우에는 외동이 가지는 특성을 보이기도 한다.

이처럼 현재 인간관계에서 드러나는 자신의 모습이 형제관계를 통해 형성된 자신의 모습이라는 이해와 더불어 형제와의 갈등, 갈등해결을 위한 대처방식 등이 현재 다른 사람과의 관계에 영향을 미치는 중요한 요인이 됨을 인식할 필요가 있다.

형제관계 점검하기

다음의 질문을 통해 나의 형제관계를 점검해 보고, 그것이 인간관계에 미친 영향에 대해 좀 더 깊이 이해해 봅시다.

1. 나의 출생순위는 몇 번째인가요?

   예: 첫째, 막내, 외동

   _____

2. 형제와의 나이차이는 몇 살인가요?

   _____

3. 형제관계에서 성비는 어떻게 되나요?

   예: 1남 2녀

   _____

4. 나와 특별히 사이가 좋은 형제는 누구이며, 사이가 좋은 이유는 무엇인가요?

   예: 남동생, 나와 말이 통하고 나를 이해해 준다.

   _____

5. 나와 사이가 좋지 않은 형제가 있다면 누구이며, 사이가 좋지 않은 이유는 무엇인가요?

   예: 언니, 엄마가 어릴 때부터 차별하였고 잘난 척한다.

   _____

6. 형제관계(외동인 경우 형제가 없는 것)가 나의 인간관계에 미치는 영향은 무엇인가요?

   _____

3. 가족관계 점검을 통한 자기이해

　　인간은 부모로부터 태어나 가족이라는 집단 안에서 주어진 지위와 역할을 수행하면서 성장해 간다. 가족은 물리적이고 심리적인 공감을 함께 나누는 개인들의 집합체이다. 또한 다른 사회적 관계와는 달리 시간과 변화하는 상황에도 불구하고 지속적으로 유지되고 보존되는 특성이 있다. 자녀들은 부모와의 관계를 통해 심리적·사회적 적응양식을 습득하면서 사회화 과정을 거치게 된다. 또한 형제와의 관계를 통해 유대와 친분, 경쟁관계 경험을 갖게 된다. 따라서 가족과의 상호관계에서의 경험은 성격 형성이나 지적 발달에 큰 영향을 미치며 이후 사회적 관계에서의 성공 유무에 중요한 요소가 된다. 이처럼 부모-자녀 관계, 형제관계를 포함한 가족관계에 대한 점검은 자신의 인간관계에서의 태도와 경험을 이해하기 위해 매우 필요하다.

1) 가족관계

　　가족관계에서 애정을 바탕으로 하여 서로 상대방을 이해하려는 태도를 가질 때 가족이란 집단은 매력을 갖게 되어 바람직한 인간관계가 형성될 수 있다. 일반적으로 각 가정에서는 암묵적으로 구성원들의 의사결정권, 자율적인 행동 범위 등에 관한 규범이 정해져 있는데, 대개 자녀가 어릴 때는 주로 부모의 일방적인 생각에 따라 집안의 중요한 결정이 이루어진다. 그렇지만 자녀가 성장함에 따라 자녀들은 자신의 의견을 내세우고 가족 내에서도 의사결정권을 갖기를 원한다. 이러한 변화는 지금까지의 가족 구성원 간의 균형적 관계를 위협하는 한 요인이 된다. 따라서 불균형이 해소되기 위해서는 새로운 규범이나 의사결정 과정이 도입되어야 한다. 비록 이러한 변화가 일어나는 것이 자녀의 성숙에 따른 자연스러운 결과일 수 있지만 부모가 이를 자녀의 역할이나 영향력 감소로 인식하고 그에 저항적이면 부모-자녀 간의 갈등은 해결하기 어려운 문제가 된다. 마찬가지로 자녀가 부모의 입장을 전혀 고려하지 않고 자신의 입장만을 고집하게 되면 서로에게 깊은 불신과 상처를 주게 된다. 따라서 부모와 자녀가 서로를 이해하는 노력이 있어야만 가정의 평화가 이루어진다. 먼저 가족관계의 특성을 살펴봄으로써 자신의 인간관계에 영향을 미친 자신의 가족관계에 대해 더 깊이 알아볼 필요가 있다. 가족관계는 다른 인간관계와는 구별되는 여러 가지 특성을 지니고 있다.

첫째, 가족관계는 혈연을 매개로 하여 부여된 인간관계이다. 가족은 가장 기본적인 사회집단이며 혈연으로 맺어졌기 때문에 이러한 점에서 가족관계는 다른 선택 가능한 인간관계와는 다른 특성을 지니고 있다. 혈연을 통해 맺어진 관계로 서로 유전자를 나누어 가짐으로써 멀리 떨어져 지내더라도 비슷한 특성을 지닌 채로 살아가게 된다.

둘째, 가족은 운명공동체이다. 한 가정에서 생활하는 생활공동체임과 동시에 행복과 불행을 함께 경험하는 운명공동체이다. 가족 구성원들은 서로의 생활 경험을 공유하며 가족 발달주기를 함께 겪게 된다. 가족들은 서로의 행복과 불행을 통해 영향을 주고받으며 살아가게 된다.

셋째, 가족관계는 지속적이다. 가족관계는 이혼이나 의절과 같은 극히 예외적인 경우를 제외하고는 평생 동안 유지되는 지속적인 관계이다. 가족 구성원에 대한 불만과 갈등이 있어도 대부분 가족관계는 평생 지속된다.

마지막으로, 가족은 여러 구성원으로 구성된 하나의 역동적 체계이다. 가족은 부부, 부모, 자녀, 형제 등의 하위체계로 구성되어 서로 피드백을 주고받는 하나의 역동적 체계이다. 가족은 서로 영향을 주고받으며 그 안에서 복잡한 상호작용이 일어나게 된다.

2) 가족관계와 자기이해

지금까지 살펴본 바에 의하면 가족관계는 필연적이며 선택 불가능하게 부여된 인간관계로, 성장에 따라 다양한 갈등적 요소를 가지게 된다. 특히 대학생 시기에 경험하는 부모-자녀, 형제와의 갈등은 시기적으로 성인기로 가기 위한 과도기에 있는 대학생의 발달적 특성으로 이해해 볼 수도 있으나 어린 시절부터 축적된 경험의 산물이라고 할 수 있다. 사람들은 대부분 어린 시절 최초의 인간관계인 부모와의 관계를 통해 자신이 어떤 사람이며 무엇을 잘해 낼 수 있는지에 대한 자아상을 형성하게 된다. 또한 부여된 가족관계인 형제관계를 통해 다른 관계에서는 가질 수 없는 유대와 친분, 피할 수 없는 경쟁관계의 경험은 이후 친구관계뿐만 아니라 사회에서 인간관계를 형성하는 자신만의 방식을 갖는 데 영향을 미친다.

우리는 가족 내에서 늘 파묻혀 생활하기 때문에 가족관계에서의 자신의 모습을 이해하고 객관적으로 살펴볼 기회가 별로 없다. 그러나 가족관계를 이해하는 것은 현재 자신이 인간관계에서 보이는 관계방식, 태도 및 감정 등을 이해하는 데 필수적이며 가족관계에 대한 이해 없이는 자신을 깊이 이해하기 어렵다.

나의 가족관계와 자기이해

　다음의 질문들을 통해 부모-자녀 관계, 형제관계를 포함하는 가족관계에 대해 점검해 보고, 나의 가족관계가 인간관계에 미친 영향에 대해 좀 더 깊이 이해해 봅시다.

1. 부모님과의 관계에서 어려움이 있다면 무엇 때문인가요?

　　예: 부모님의 지나친 기대가 버겁다. 부모님은 나의 잘못만 지적하신다.

　　————————————————————————————————

　　————————————————————————————————

2. 형제와의 관계에서 어려움이 있다면 무엇 때문인가요?

　　예: 나만 혼자 아들이라 외롭다. 나이차이가 많이 난다.

　　————————————————————————————————

　　————————————————————————————————

3. 가족 중 유난히 친밀한 가족 구성원이 있다면 누구이며, 그 이유는 무엇인가요?

　　————————————————————————————————

　　————————————————————————————————

4. 가족 중 갈등관계에 있는 가족 구성원이 있다면 누구이며, 그 이유는 무엇인가요?

　　————————————————————————————————

　　————————————————————————————————

5. 갈등관계에 있는 가족 구성원과의 관계가 나의 인간관계에 미친 영향은 무엇인가요?

　　예: 언니와 사이가 좋지 않아 나보다 나이 많은 여자들과는 관계 맺기가 어렵다.

　　　부모님과 대화가 통하지 않아 윗사람과의 대화는 피하게 된다.

　　————————————————————————————————

　　————————————————————————————————

친구관계 점검을 통한 자기이해

친구를 얻는 유일한 방법은
자기가 먼저 친구가 되는 것이다.

−Ralph Waldo Emerson

1. 친구관계 점검을 통한 자기이해

1) 친구관계

"인간은 만남으로 자란다."라는 말처럼 사람들은 그들이 만나는 사람들과의 관계에서 느끼고 배우며 조금씩 성장해 간다. 그러나 만나는 사람들 모두 친구가 되는 것은 아니다. 그중 몇몇 사람과 잦은 만남을 가짐으로써 서로를 알아 가며 서로를 이해하는 친구가 된다. 이러한 친구는 애정이나 관심, 흥미, 정보 등을 공유하면서 타인과의 접촉을 유지하는 이원관계이며 독특한 애착 및 친밀 관계를 유지하는 관계이다(Hartup, 1983). 또한 친구는 소속감과 심리적 안정을 주고 성인의 압력이나 간섭에 대항하는 힘을 주는 준거집단이 되어 준다. 따라서 친구관계는 일생을 통

대등하며 순수한 인간 지향적 관계인 친구관계

해 개인의 행복을 위해 매우 중요한 관계이며 생애주기에 따라 관계의 폭이나 양상이 달라진다. 이러한 친구관계의 일반적인 특성을 살펴보면 다음과 같다(권석만, 2004).

첫째, 친구는 대등한 위치의 인간관계이다. 친구관계는 나이나 출신지역, 출신학교나 학력, 사회적 신분이 비슷한 사람과 맺게 되는 경우가 많다. 흔히 말하는 사회적 배경에 차이가 있는 사람 간에도 친구관계가 형성되는 경우가 있지만 대부분 친구관계는 수직적 관계보다는 수평적 관계이다. 이러한 속성에 따라 친구관계는 상사와 부하의 관계, 스승과 제자의 관계, 부모와 자녀의 관계와는 다른 특징을 가진다. 즉, 인간관계에서 가장 민주적인 관계를 경험하는 것이 친구관계이다.

둘째, 친구관계는 가장 순수한 인간 지향적인 대인관계이다. 친구관계는 함께 추구해야 할 목표나 과업을 지니고 있는 과업 지향적 관계와는 구분된다. 실리적 목적보다는 상대방의 개인적 속성이 관계를 형성하는 주요한 요인이 된다. 또한 이해관계보다는 상대방에 대한 호감과 우정이 관계를 유지하는 주요한 요인이다. 친구관계는 이익을 주고받기 위해서가 아니라 그 친구가 인간적으로 좋고 서로의 만남이 즐겁고 유쾌하기 때문에 유지되는 것이다.

셋째, 친구관계는 인간관계 중 가장 자유롭고 편안한 관계이다. 친구관계는 대등한 위치에서 맺는 인간관계이기 때문에 위계적 관계에서 지켜야 되는 심리적 부담과 제약이 적다. 윗사람에 대한 순종과 복종의 의무도 없으며 아랫사람에 대한 보호와 인도의 책임도 따르지 않는다. 또한 연인관계처럼 강렬한 심리적 애정을 투여하지 않으며 책임감을 덜 느끼는 관계이다. 따라서 친구 사이에서는 자기공개가 가장 심도 있고 광범위하게 이루어질 수 있다. 가족이나 직장 동료에게 할 수 없는 이야기를 가장 허심탄회하게 할 수 있는 것이 친구 사이이다.

넷째, 친구는 여러 가지 측면에서 유사점을 지닌 사람들이기 때문에 서로 공유할 수 있는 삶의 영역이 넓다. 친구관계는 나이, 학력, 지식 수준, 사회적 신분 등에 있어서 비슷한 사람들끼리 형성되는 경향이 있다. 삶의 체험이 유사하기 때문에 서로를 이해하고 공감할 수 있는 공유 영역이 가장 넓은 관계이다. 화제, 취미, 오락, 가치관 등에서 유사하기 때문에 서로의 만남이 즐겁고 편안하다.

마지막으로, 친구관계는 구속력이 적어 해체되기 쉽다. 친구관계는 다른 인간관계에 비해 가입과 탈퇴가 자유롭다. 가족관계나 직장에서의 인간관계처럼 유지해야 하는 의무나 구속력이 적다. 친구관계는 유지해야 할 외부적 강제요인이 적기 때문에 관계의 해체가 어떤 인간관계보다 쉽게 이루어진다.

친구관계는 쉽게 맺어지며 쉽게 깨지기도 한다.

따라서 친구관계는 가족과 같은 구속력이 있는 인간관계에 비해 관계를 유지하기 위한 노력이 필요하며 각자의 노력에 따라 친구관계가 좁아지거나 넓어지는 등 양상의 변화가 생기기도 한다.

2) 친구관계와 자기이해

사람들이 살아가는 동안 진정한 친구를 만난다는 것은 쉽지 않은 일이다. 내 옆에서 내가 위급할 때 도움을 주고, 혼란스러울 때 충고를 해 주며, 실패했을 때 위로해 주고, 성취했을 때 함께 기뻐하는 진정한 친구가 있다면 자신의 삶에 대해 더욱 큰 만족감을 느낄 수 있을 것이다. 대부분의 사람은 친구관계를 통해 다른 인간관계에서는 보이지 않았던 자신의 모습을 드러내며 이를 통해 친밀감과 소속감에 대한 욕구를 충족하게 된다. 사람들이 친구를 선택하는 기준을 살펴보면, 나를 좋아하는 사람, 나와 삶의 태도나 가치관이 유사한 사람, 신체적으로 매력적인 사람, 물리적으로 가까이 있는 사람, 나와 나이가 비슷한 사람 등이다. 자신이 어떤 사람을 친구로 선택하며 어떻게 친구관계를 유지해 왔는가를 아는 것은 자신이 친구관계를 통해 어떠한 욕구를 충족해 왔는지를 깨닫게 도와주며, 이것이 이후의 친구관계뿐 아니라 신뢰와 친밀감을 바탕으로 하는 성숙한 인간관계를 형성하는 데 도움이 될 것이다. 또한 자신의 친구관계에서의 갈등 및 어려움을 객관적으로 이해한다면 어려움

진정한 친구를 통해 건강한 인간관계를 형성할 수 있다.

을 해결하고 건강한 인간관계를 형성하는 데 도움이 될 것이다.

앞서 언급한 바와 같이 친구관계는 부여되는 관계임과 동시에 자유롭고 구속력이 약한 관계로 친구를 사귀기 위해서는 먼저 다가가려는 노력이 필요하며 관계를 지속시키고 깊은 우정을 나누기 위해서는 적극적으로 자신을 개방할 필요가 있다. 우정을 지키고 유지하고자 하는 태도와 노력이 진정한 친구를 만들 수 있게 해 주며 진정한 친구를 통해 삶의 만족감을 느끼게 해 줄 것이다. 먼저 진정한 친구를 사귀기 위해서 자신의 친구와의 우정지수를 점검해 봄으로써 자신의 우정을 지키려는 태도에 대해 점검해 필요가 있다.

활동 7-①

친구와의 우정지수 점검하기

다음의 질문들은 여러분의 친구관계를 알아보기 위한 것입니다. 해당되는 칸에 ○표를 하세요.

번호	문항	늘 그렇다	가끔 그렇다	거의 그렇지 않다
1	공통의 취미 또는 생각을 가지고 함께 무엇인가를 하면서 지낸다.	5	3	1
2	좋은 것, 맛있는 것이 있으면 서로 나누어 쓰거나 함께 먹는다.	5	3	1
3	서로의 생각, 느낌이나 의견을 솔직히 이야기한다.	5	3	1
4	지금의 우정이 계속 유지될 것을 굳게 믿는다.	5	3	1
5	잘못한 일이 있으면 솔직히 말하고 용서를 구한다.	5	3	1
6	어떤 경우에도 친구를 무시하지 않는다.	5	3	1
7	친구의 이야기를 잘 들어 준다.	5	3	1
8	친구의 이야기를 듣고 그에 대한 답변, 충고를 성심껏 해 준다.	5	3	1
9	친구의 좋은 점, 본받을 점을 이야기해 준다.	5	3	1
	합계			

〈해석〉

합계	특징
40점 이상	우정을 지키려는 태도가 매우 좋고 대화와 타협으로 친구와의 갈등을 해결하려는 타입
35~39점	마음으로 우정을 지키고 싶지만 행동이 따라 주지 않는다. 가끔 싸우기도 하지만 곧 친구의 마음을 풀어 주려고 노력하는 타입
34점 이하	친구와의 우정을 지키기보다는 자신의 이익을 생각하고 친구를 이해하려 하지 않고 자신의 의견과 생각만을 주장하는 타입

나의 우정지수와 자기이해

　활동 7–①에서 자신의 우정지수를 확인하였다면, 다음 질문들을 통해 나의 우정을 지키려는 태도에 대해 좀 더 깊이 이해해 봅시다.

1. 우정을 지키려는 나의 태도는 어떠한가요?

　예 : 45점 이상으로 대화와 타협으로 친구와의 갈등을 해결하고자 한다.

2. 우정을 지키려는 태도에 대한 점수가 낮다면 이유는 무엇인가요?

3. 그동안 친구관계에서 우정을 지키기 위해 어떠한 노력을 해 왔나요?

4. 평소 친구관계를 유지하는 것에 어려움을 느낀다면 이유는 무엇인가요?

2. 대학에서의 친구관계 점검을 통한 자기이해

1) 대학에서의 친구관계

대학생 시기는 대인관계의 폭이 넓어지며 깊어지는 시기이다. 청소년기에 해당하는 중·고등학교 시기는 시간과 노력이 입시 준비에 집중되어 대학에 진학하게 되면 인간관계의 욕구가 활발한 대인관계로 나타나게 된다. 그러나 대학에서는 다양한 차원에서 인간관계가 열려 있기는 하지만 틀이 거의 없기 때문에 응집력이나 구속력이 매우 약하다. 학생 개인이 스스로 적극적으로 인간관계를 구축하지 않으면 인간관계를 형성하기가 어렵다. 친구와 강한 유대감을 가지고 있으며 친구관계가 원만한 대학생들의 경우 훨씬 더 낙천적이며 스트레스를 주는 생활사건들을 잘 처리하게 된다고 한다.

이처럼 대학에서의 친구관계에는 친구관계가 가지는 일반적인 속성이 더욱 분명하게 드러나게 된다. 고등학교 시절에 제한된 공간과 시간을 오랜 시간 공유하며 물리적으로 가까이서 생활하면서 좁은 친구관계를 했다면 대학에서의 친구관계는 물리적으로나 시간적으로도 매우 넓은 친구관계를 가질 수 있으며 자신의 노력 여하에 따라서 친구관계의 폭이 결정된다고도 할 수 있다. 친구관계를 넓히고자 노력한다면 학과, 동아리, 아르바이트, 교외활동 등을 통해 더 많은 친구관계를 가질 수 있으며, 친구를 전혀 사귀지 않고도 대학생활이 가능하게 된다. 이처럼 친구관계는 선택과 자유를 통해 지속과 단절의 양상을 보여 준다. 구체적으로 대학에서의 친구관계에 대한 양상을 살펴보면 다음과 같다.

첫째, 대학에서의 친구관계는 폭이 넓어진다. 일반적으로 청소년기가 친구관계가 가장 활발한 시기로 알려져 있으나 한국 사회에서는 입시로 인해 고등학교를 졸업하고 대학에 진학한 이후 인간관계의

대학에서는 자신의 노력 여하에 따라 친구관계의 폭이 달라진다.

폭을 넓힐 수 있는 시간이 주어진다. 중·고등학교 시기의 학교, 학원 등에서의 제한된 인간관계에 비해 대학에서는 동아리, 동문회, 동향회 등에서 만나게 되는 다양한 사람과의 폭넓은 인간관계 속에서 새로운 친구관계를 형성하게 된다.

둘째, 대학에서의 친구관계는 자유롭다. 중·고등학교에서는 같은 반의 지정된 좌석에서 정해진 수업을 받아야 하기 때문에 같은 반 친구, 옆자리 짝 등과 같이 노력하지 않아도 물리적으로 주어지는 인간관계의 틀이 있다. 그러나 대학에서는 이렇게 물리적으로 주어지는 인간관계의 틀이 거의 없다. 대학에서는 부모나 교사의 규제와 제약이 사라지고 학생 개인에게 자유가 주어지기 때문이다. 동아리, 학과, 학부라는 소속이 있긴 하지만 응집력이나 구속력이 약하다. 특히 소속인원이 많은 학과나 학부에서는 더욱 그렇다. 학생 개인이 스스로 적극적인 노력을 하지 않으면 인간관계를 형성하기가 어렵다. 이렇듯 상황의 급격한 변화 때문에 대학 초기에 인간관계를 형성하지 못하는 어려움을 겪는 학생들이 많다.

셋째, 대학에서의 친구관계는 질이 변화한다. 친밀한 인간관계의 대상을 선택할 수 있는 폭이 넓어질 뿐 아니라 선택의 기준이 변화한다. 중·고등학교에서 같은 학교나 같은 반의 소속의식에 근거했던 친구관계보다는 성격, 가치, 이념, 취미, 관심사, 졸업 후 진로 등 다양한 기준에 근거한 친구관계로 변화한다. 또한 인간관계를 형성하고 유지하는 요인도 변화한다. 많은 선택 대상이 있기 때문에 인간관계의 형성과 와해도 빈번히 일어난다.

넷째, 대학에서는 이성교제가 활발해진다. 깊이 있는 이성관계가 이루어지는 시기로 이성관계에 대해서 자유롭고 허용적인 분위기 속에서 이성과의 만남이 빈번해지고 성인으로서 진지하고 깊이 있는 이성관계를 경험하게 된다. 이러한 이성관계에서 만남과 이별을 함으로써 강렬하면서도 다양한 감정을 경험하게 된다.

마지막으로, 한국 사회에서 대부분의 남자는 대학 시절 군복무의 경험을 하게 된다. 군대라는 특수한 조직사회에서 새로운 인간관계를 경험하게 된다. 철저한 위계사회이며 개인적 자유가 제한되는 군대에서 다양한 계층, 출신지역, 학력을 가진 동료들과 생활하게 되면서 더욱 다양한 인간관계를 경험하게 된다.

앞으로 인간관계에 영향을 미치게 되는 대학에서의 친구관계에 대해 점검해 볼 필요가 있다.

활동 7-③

대학에서의 친구관계 점검하기

원 안에 '나'를 중심으로 현재 자신이 친구라고 생각하는 친구들의 이름을 적어 보세요. 먼저 나와 가까운 정도를 생각하며 친구 이름을 배치해 보세요. 친구의 이름은 자신만 알아볼 수 있는 표시나 별명을 사용해도 무방합니다. 친구들의 이름 옆에 그 친구와 어떤 경험을 공유하며 어떤 도움을 받고 있는지를 짧게 적고, 그 친구에 대한 자신의 느낌을 적어 봅시다.

〈예시〉

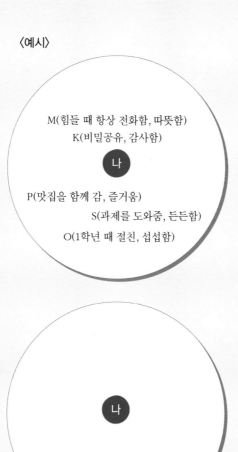

1. 가장 먼저 누구를 적었나요?

_____

_____

2. 몇 명의 친구들을 적었나요?

_____

_____

3. 현재 대학에서 자신의 친구관계 특징을 한마디로 표현해 봅시다.

_____

_____

2) 대학에서 친구관계의 어려움

혜진이는 내성적이며 낯을 가리는 편이다. 고등학교 때에는 같은 반 친구들과 보내는 시간이 많아 자신과 비슷한 성향의 친구를 사귈 수 있었지만 대학에 와서는 친구를 사귀는 것 자체가 어렵다. 같은 학과 친구들과도 수업시간이 다르고 선택한 과목이 다르면 만날 수 없는 경우가 많다. 또한 같은 수업을 듣는다고 해도 먼저 다가가지 않으면 쉽게 친구를 사귈 수 없다. 혜진이는 오늘도 '점심은 어디서 누구와 먹어야 할까?' '수업시간에 듣지 못한 강의 내용은 누구에게 물어봐야 할까?'와 같이 혼자서는 해결할 수 없는 많은 고민으로 인해 힘들어하고 있다.

〈사례 1〉에서처럼 자신이 적극적으로 친구를 사귀고자 애쓰지 않으면 쉽게 친구를 사귀지 못해 고민하는 대학생들이 많다. 혜진이처럼 고등학교 때는 낯을 가리고 소극적인 성격이더라도 같은 반, 짝이라는 물리적인 시공간의 제약이 있어 스스로의 노력 없이도 친구관계가 자연스럽게 형성되지만 대학생이 되면 물리적인 시공간의 제약이 약해져 스스로 적극적으로 친구를 사귀려고 노력하지 않으면 친구를 사귀는 것이 매우 힘들어진다. 또한 중·고등학교 때 경험한 친구관계에서의 어려움이 지속되는 경우도 있지만 친구관계에서 어려움을 경험하지 않았다 하더라도 대학에서의 친구관계가 가지는 특징으로 인해 새롭게 어려움을 경험하게 되기도 한다.

대학에서 겪는 친구관계의 어려움을 구체적으로 살펴보면, 첫째, 자신의 선택으로 인해 어려움을 경험하는 경우이다. 대학에서의 친구관계는 스스로의 선택에 따라 넓어질 수도 좁아질 수도 있다. 대학생활은 학과, 동아리, 학생회 등 다양한 교내활동과 더불어 아르바이트, 교외활동 등 매우 다양한 영역에서 인간관계를 경험하게 되어 그 속에서 새로운 친구를 사귈 수 있는 기회가 많아지게 된다. 반대로 스스로가 관계를 단절하고 친구 없이 혼자 학교생활을 하게 될 수도 있다. 어쩔 수 없는 상황에 놓인 경우도 있겠지만 스스로 선택하여 관계를 단절하는 경우, 졸업까지 이어지는 대학생활을 순조롭게 해내기 어렵게 되기도 한다.

둘째, 친구관계를 심화시키는 데 어려움을 겪는 경우이다. 다양한 인간관계의 경험들을 통해 쉽게 친구관계를 맺는다 하더라도 깊이 있는 관계로 나아가는 데 어려움을 겪는 경우이다. 피상적인 친구관계를 넘어서 서로 신뢰하고 속마음을 나누며 심리적·정서적 지지와 함께 현실적인 도움까지도 주고받을 수 있는 절친한 친구관계를 원하고 있지만 관계를 깊이 있고 친밀하게 심화시키는 데 실패하는 경우이다. 이런 경우 친구관계를 심화시키는 자기개방 등의 관계기술이 부족하거나, 깊이 있는 친구관계를 원하지 않는 상대와 친구관계를 맺고자 하거나 혹은 자신의 불안에 따른 방어기제로 인해 깊은 관계로 나아가지 못하는 경우가 있을 수 있다. 이런 경우 관계를 통해 소속감과 만족감을 얻지 못하고 소외감과 시간만 낭비했다는 기분이 들기도 해 더욱 외로움과 공허함을 경험하게 될 수 있다.

셋째, 친구관계에서 다툼과 갈등으로 인해 어려움을 겪는 경우이다. 특정한 친구, 선후배와의 오해나 다툼으로 인해 불편한 관계를 갖게 되는 경우이다. 이런 경우 오해나 다툼으로 인해 시작되지만 관계에서의 배신감을 느끼게 되면 심각하게는 휴학이나 자퇴라는 극단적인 방법을 통해 관계를 단절하거나 포기하게 되기도 한다.

넷째, 중심인물이 되지 못하는 것에 대한 불만으로 어려움을 겪는 경우이다. 대학생은 관계의 폭이 넓고 다양한 사람과 관계를 하게 되는 경우가 많아 서로의 특성에 대해 속속들이 알기 어려우며 고등학교 때처럼 공부나 운동 등 하나의 재능으로 중심인물이 되기 어렵다. 특히 고등학교 때 인기가 많고 중심인물이었던 학생의 경우 대학생이 되어 학과나 동아리 등 모임에서 중심인물이 되지 못하고 자신에게 관심이 주어지지 않는 것에 대해 불만을 가지게 되며 거듭되는 좌절로 인해 열등감을 갖기도 한다.

마지막으로, 친구가 지나치게 많은 경우이다. 학업 및 생활 관리에 방해가 될 만큼 친구관계가 다양하며 지나치게 친구관계만을 중요시하는 경우이다. 대학생이 되면 자신의 노력에 따라 동아리, 학회, 학생회 등 다양한 인간관계의 장에서 관계를 맺게 된다. 친구관계를 형성하기 위해 관심을 가지고 참여하는 것이 필요하나, 친구가 지나치게 많아 자신의 학업 및 생활 관리를 제대로 하지 못하고 친구들의 일만 도와주는 경우도 있다. 이런 경우 친구들에게 필요한 친구라는 인정을 받기도 하지만 막상 자신이 학업 및 취업 등에 대해 준비하지 못하여 친구에게 도움을 받고 싶을 때는 거절당하여 혼자 해결해야 하기도 하며, 해야 하는 일이나 약속이 많아 친구들에게 바쁜 친구로 인식되어 친구관계가 오히려 소원해지기도 한다.

　이처럼 대학에서 친구관계의 어려움은 일반적인 친구관계의 어려움뿐만 아니라 대학생이 되면서 새롭게 맺게 되는 폭넓고 다양한 인간관계로 인한 어려움이 과중되게 된다. 이러한 대학에서 친구관계의 어려움은 대학에서의 적응뿐 아니라 이후 사회에서의 인간관계에도 영향을 미치므로 대학에서 원만한 관계 경험을 갖는 것이 매우 중요하다. 대학에서 원만한 인간관계를 형성하기 위해서는 먼저 자신이 갖고 있는 친구관계에서의 어려움의 원인을 이해할 필요가 있다. 그동안 자신이 가졌던 친구관계에 대한 오해와 착각을 점검해 봄으로써 친구관계를 어렵게 만드는 요인이 무엇인지를 구체적으로 살펴보자.

[활동 1]　친구관계에서의 오해와 착각

自신의 생각과 일치하는 문항에 ✓ 표시를 해 보세요. 11번에는 자신 혹은 다른 사람들이 가지고 있는 친구관계에서의 오해와 착각에 대해 예를 들어서 적어 봅시다.

1. 친구는 많을수록 좋다. (　　　　)
2. 친구의 부탁은 뭐든지 들어줘야 한다. (　　　　)
3. 친구를 사귀기 위해서는 내 자신을 희생(중요한 시험 등)해야 한다. (　　　　)
4. 한번 친구는 영원한 친구이다. (　　　　)
5. 친구관계는 별다른 노력 없이도 마음만 통하면 된다. (　　　　)
6. 친구의 잘못은 지적해서 고치도록 해야 한다. (　　　　)
7. 친구의 도움에도 "고맙다."는 말은 할 필요가 없다. (　　　　)
8. 내가 좋아하는 친구는 나만큼 나를 좋아할 것이다. (　　　　)
9. 친구관계에서 상처받기보다는 아예 친구가 없는 편이 낫다. (　　　　)
10. 친구관계는 한번 단절되면 회복하기 어렵다. (　　　　)
11. _____

주변의 친구들과 함께 친구관계에서의 오해와 착각에 대해 함께 점검해 보고 서로의 생각을 나누어 봅시다.

3. 좋은 친구 되기 점검을 통한 자기이해

1) 친구관계의 지속과 단절

사례 2

진혁이는 큰 키와 훤칠한 외모로 주목을 받아 처음 보는 사람들도 관심을 갖고 다가와 친구를 쉽게 사귀는 편이다. 학기 초에는 친구를 잘 사귀어 친구가 많고 다른 사람들의 관심의 대상이 되지만 학기가 끝날 때쯤엔 진혁이와 지속적으로 친구관계를 이어 가는 경우가 드물다. 진혁이는 친구관계에서 자신의 마음에 들지 많으면 갑자기 연락을 끊거나 모르는 척하며 관계를 단절하는 경우가 있다. 진혁이는 서로 맞지 않는 관계에서는 오히려 관계를 끊어 상처를 주고받지 않는 편이 나으며 진정한 관계라면 언젠가는 다시 이어지게 된다는 말을 하지만 상대방은 갑자기 관계를 단절하는 진혁이를 이해하지 못하게 되어 관계가 회복되기 어려운 경우가 많다.

친구를 사귀다 보면 〈사례 2〉와 같이 친구와의 관계에서 상처를 주고받기보다는 연락을 끊는 것이 더 낫다고 생각하고 관계를 단절하기도 한다. 반대로 친한 친구라고 생각했는데 하루아침에 관계가 단절당하는 경험을 하기도 한다. 또한 관계에 대한 어려움으로 인해 마음의 벽을 쌓아 두고 친구관계를 아예 시도조차 하지 않아 고립되는 경우도 있다. 이처럼 친구관계 속에서는 자신 혹은 상대방의 의지와는 관계없이도 관계가 단절되는 경우가 종종 일어난다. 〈사례 2〉를 한 번 더 읽어 보고 자신의 경우에 비추어 다음을 생각해 보자.

[활동 2] 생각해 보기

다음 질문들에 답해 보면서 나와의 차이점을 생각해 봅시다.

1. 진혁이가 관계를 단절하는 이유는 무엇이라고 생각하나요?

_____

_____

2. 내가 진혁이라면 어떻게 관계를 이어 갈 수 있을까요?

　　　　　　　　　　　　　　　　　　　　　　　

　　　　　　　　　　　　　　　　　　　　　　　

3. 내가 진혁이의 친구라면 진혁이를 어떻게 도와줄 수 있을까요?

　　　　　　　　　　　　　　　　　　　　　　　

　　　　　　　　　　　　　　　　　　　　　　　

〈사례 2〉의 경우 극단적인 친구관계에서의 단절의 양상처럼 비추어져 관계를 회복하기 위해서 노력할 필요가 없는 것처럼 여겨지기도 할 것이다. 조사에 의하면 대학생의 고민 1순위가 '주변관계'로 대학생이 경험하는 주된 불안, 스트레스, 걱정이 관계와 관련이 있는 것으로 나타났다(박소영, 2017. 10. 21.). 또한 대학생의 45%가 '자발적 아웃사이더'로 조사되기도 하였으며 그 이유를 남들 눈치 보지 않고 혼자 다니는 게 편해서(68%), 인간관계에 지쳐서(22%)로 응답한 것으로 나타났다(알바몬, 2017). 이러한 결과들은 진정한 인간관계를 맺을 수 있는 마지막 기회의 공간인 대학에서 불안으로 인해 혹은 관계에서의 어려움을 피하기 위해 스스로 친구관계를 단절하는 것을 선택하고 있음을 보여 준다.

친구관계의 지속과 단절은 우정이 발달함에 따라 자연스럽게 일어나는 과정이라고 볼 수 있다. 고등학교 때 단짝 친구를 떠올려 보면, 지금 대학에 와서 그 관계가 지속되는 경우도 있지만 아무리 단짝 친구라 할지라도 같은 대학, 학과가 아니어서 다른 곳에서 각자 생활하며 떨어져 지내게 되면 자연스럽게 멀어져 관계가 단절되는 상황이 일어나기도 한다. 또한 시간이 지나 단절되었던 관계가 또다시 회복되어 친구관계가 새롭게 지속되기도 하는 경우도 있다. 한번 관계가 단절되었다 해서 그것으로 관계가 끝이 아니라 또다시 관계가 이어져 새로운 친구관계로 형성되기도 하고, 관계가 매우 나빴던 친구와도 진정한 친구가 되기도 한다. 이처럼 친구관계의 지속과 단절은 하나의 패턴으로 일생 동

불안으로 인한 친구관계의 단절

안 반복된다고 볼 수 있다. 따라서 친구관계에서 단절된 관계를 포기하기보다는 관계를 지속하기 위해 노력하는 것이 매우 중요하다. 그러나 오히려 반대로 단절된 관계에 대해 과도하게 좌절하고 집착하는 경우, 다른 관계를 맺을 수 있는 기회를 가지지 못하거나 가족, 학업, 건강 등 자신의 삶에서 더욱 중요한 것들을 소홀히 다루게 되기도 하여 힘들지만 관계의 단절을 수용하고 받아들여야 할 필요도 있다. 결국 친구관계는 하루아침에 형성되는 것이 아니며 시간이 필요한 관계임을 알고, 관계가 회복되는 시간을 가질 필요도 있다. 또한 내가 좋은 친구가 되어 준다고 해서 상대방도 나에게 좋은 친구가 되어야 한다는 생각을 갖고 친구를 사귄다면 관계에서 쉽게 실망하고 좌절하여 관계가 쉽게 단절되는 경우가 생기게 된다. 중요한 것은 스스로가 선택에 의해 좋은 친구가 되고 자신이 좋은 친구가 되었다는 경험 자체에 만족함으로써 나아가 앞으로의 인간관계에 도움이 되는 친구관계에서의 긍정적 경험을 갖는 것이다. 이를 위해 좋은 친구가 되기 위한 우정을 유지하고 발달시키는 방법을 찾아보고 좋은 친구관계를 유지하기 위한 다양한 방법을 탐색해 보도록 하자.

2) 좋은 친구 되기와 자기이해

[활동 3] 생각해 보기

1. 내가 사귀고 싶은 친구는 어떤 친구인가요?

----

2. 나는 친구에게 어떤 친구가 되고 싶은가요?

'좋은 친구'가 된다는 것은 정서적 지지와 자기공개, 즐거운 체험의 공유, 현실적인 도움의 교환을 통해 친구관계를 유지시키고 심화시킬 수 있을 때 가능하다. 또한 상대방의 의지와 관계없이 혼자 좋은 친구가 되고자 노력하는 것도 의미가 없는 일이며 오히려 상대방에게 부담을 주어 관계를 악화시키는 원인이 되기도 한다. 이처

럼 우정은 꽃을 가꾸듯이 시간을 두고 천천히 가꾸어 나가야 하는 것이며 한번 맺은 친구관계에 대해서도 책임지고 관계를 이어 나가려는 노력이 우선되어야 하겠다. 좀 더 구체적으로 우정을 발달시키고 유지하는 방법을 알아보면 다음과 같다.

첫째, 자신을 드러낸다. 다른 사람들은 당신에게 매력을 느끼기 전에 당신이 누구이며 어떤 사람인가를 알고자 한다. 두 사람 간의 관계를 발전시키기 위해서는 상대방에게 자기 자신에 대한 정보를 알려 주는 것이 필요하다. 일시적인 인간관계에서는 자신을 솔직히 드러낼 필요가 없겠지만 좀 더 친밀하고 진실한 관계를 맺기 위해서는 솔직한 자신의 모습을 보여 줄 필요가 있다. 이러한 자기개방은 깊은 인간관계를 맺는 데에는 도움이 되지만 개방의 수준은 상호적으로 이루어져야 한다. 친밀감이 증가할수록 상호개방이 가능하게 된다. 자기개방이 잘 이루어질 경우 대화의 주제가 넓어지고 상대방과 공감적인 관계를 맺을 수 있다.

둘째, 상대방을 인정하고 수용한다. 친한 친구 사이일수록 서로를 무시하지 않고 독립성과 개성을 존중해 줄 때 관계가 깊어진다. 나와 다르다고 해서 상대방에게 맞추려고만 애쓰지도 말고 서로의 차이점을 이해하면서 있는 그대로의 상대방을 인정하고 수용해야 한다. 상대를 자신의 기준에 맞추려고 하면 할수록 상대방과 멀어지게 된다는 점을 명심해야 한다.

셋째, 상대방에게 지속적인 관심과 호의를 보여 준다. 관심과 호의는 우정을 지속시키는 데 매우 중요한 요인이다. 관심을 얻고 싶다면 다른 사람에게 먼저 관심과 호의를 보여야 한다. 내가 상대방에게 관심과 호의가 있음을 표현하게 되면 상대방도 자신에게 관심과 호의를 보이는 사람에 대해 감사의 마음과 더불어 관심을 쏟게 된다.

넷째, 함께할 수 있는 활동을 찾는다. 우정이란 자랄 수 있는 시간이 필요하며 함께 같은 활동을 즐기는 것이 효과적이다. 비록 그것이 단순히 앉아서 이야기하는 것일지라도 우정을 지속시키고 발전시키기 위해서는 필요하다. 친한 친구 사이에는 취미활동, 여가활동, 운동, 음주 등과 같이 즐거움을 느끼는 활동이 활발하게 일어난다. 함께하는 활동을 통해 경험을 나누게 되면 관계가 지속적으로 발전하는 경험을 하게 된다.

다섯째, 현실적 도움을 교환한다. 서로 도움이 필요할 때나 어려움에 처했을 때 정서적 지지뿐 아니라 현실적인 도움을 주는 친구가 필요하다. 현실적인 도움에는 재정적 · 물질적 도움뿐 아니라 정보의 제공과 교환도 포함된다. 인간관계 자체가 교환적인 속성을 지니고 있어 일방적인 도움을 주거나 받기만 하면 관계가 유지되기 어렵다. 현실적 도움 역시 주고받는 균형적인 교환이 이루어져야 한다.

여섯째, 상대방에 대한 믿음을 가진다. 인간관계에서 가장 중요한 것 중 하나가 믿음과 신뢰이다. 신뢰가 바탕이 된 관계는 어떠한 변화가 있다 해도 굳건하게 관계를 이어 갈 수 있다. 믿음과 신뢰를 얻는 것도 중요하지만 믿음과 신뢰를 보이는 것도 중요하다. 친구에게 '나는 어떤 일이 있어도 너의 편이다.'라는 것을 보여 주는 것은 정서적 지지를 통한 안정감을 주게 된다.

이러한 우정을 발달시키고 지속시키는 방법은 개인마다 친구관계의 경험이 다르기 때문에 일반적으로 적용하기에는 한계가 있다. 따라서 스스로가 좋은 친구가 되기 위해 노력한 경험, 우정을 지키고자 어려움을 극복한 경험 등을 찾아봄으로써 자신의 친구관계에 대해 점검해 보고, 인간관계에 미친 영향에 대해 구체적으로 살펴보도록 하자.

나의 친구관계와 자기이해

다음의 질문을 통해 나의 친구관계에 대해 점검해 보고, 인간관계에 미친 영향에 대해 좀 더 깊이 이해해 봅시다.

좋은 인간관계의 밑거름이 되는 좋은 친구관계

1. 나의 '좋은 친구관계' 경험은 어떤 경험인가요?

_____

_____

_____

2. '좋은 친구관계'를 위해 나는 어떤 노력을 해 왔나요?

_____

_____

_____

3. 나와 잘 맞는 친구는 어떤 친구인가요?
    예: 활발한 친구, 조용한 친구, 재미있는 친구 등

_____

_____

_____

친구관계의 어려움

4. 나의 친구관계에서 어려움은 무엇인가요?

_____

_____

_____

5. 친구관계에서 어려움을 극복하기 위해 나는 어떤 노력을 했나요?

_____

_____

_____

6. 다른 인간관계에 영향을 준 친구관계 경험이 있다면 어떤 경험이며, 그것이 어떤 영향
   을 미쳤나요?

   예: 초등학교 때 따돌림 받았던 경험으로 인해 친구를 믿지 못한다.

   고등학교 때 항상 자기 뜻대로만 하려고 하는 친구 때문에 힘들었던 경험이 있어서 자기주장
   이 강한 사람과는 사귀지 않는다.

_____

_____

_____

제8장

이성관계 점검을 통한 자기이해

> 사랑의 첫 번째 의무는
> 상대방에게 귀를 기울이는 것이다.
>
> — Paul Tillich

1. 이성관계 점검을 통한 자기이해

Erich Fromm(2000)은 사랑이란 우연히 누구나 경험하는 즐거운 감정이 아니라 본질을 알고 훈련을 해야 얻을 수 있는 하나의 '기술'이라고 하였다. 눈에 보이지도 않고 객관적이지도 않아서 개인이 경험하는 사랑의 의미나 개념은 다양할 수밖에 없다. 이런 이유로 사람들은 사랑에 대해 지나칠 정도의 환상을 꿈꾸기도 하고, 자신의 현재 감정이 사랑인지에 대해 의심스러워하기도 한다. 또한 남들은 잘만 하는 이성관계가 왜 나한테만 이렇게 어려운지 갈등이나 혼란을 겪기도 한다. 이와 같이 이성관계에서 발생하는 어려움이 왜 나타나는지에 대해 이해하고 적절한 관계를 위한 노력의 방향을 제안하기 위하여 이 장에서는 자신의 이성관계에 대한 이해와 사랑에 대해 알아보고, 건강한 이성관계를 위해 노력해야 할 것들은 무엇이 있는지 알아보고자 한다.

1) 이성관계란

> **[활동 1]　생각해 보기**
>
> '이성관계' 하면 떠오르는 것을 모두 적어 봅시다.
>
> 예: 사랑하는 사이, 첫사랑, 풋사랑 등
>
> ....

　이성관계라 하면 떠오르는 것들은 대부분 자신의 연애 경험 혹은 드라마나 영화에서 보는 연인관계일 것이다. 이성관계는 학문적으로는 서로 다른 성의 만남으로 친구와는 구별되는 미혼 남녀의 관계로서 친밀한 이성에게 기초한 낭만적 관계를 말한다(Antill, Cunningham, Russell, & Thompson, 1981; Sippola, 1999). 즉, 이성관계란 미혼 남녀 간의 계약적인 책임이 없는 자연스러운 만남에서 결혼 전까지의 전 과정을 포함하는 관계를 의미한다(이정우, 김명자, 계선자, 1990). 이러한 이성관계는 향후 결혼을 위한 배우자를 선택할 때에 중요한 기능을 하고 상대방이 배우자로 적합한지를 탐색할 수 있는 기간이 되기도 하며, 이성관계를 통해 경험하는 친밀감과 사랑의 감정은 일생 동안 가장 강렬한 경험으로 남아 이후의 삶에 영향을 미치는 중요한 경험이 되기도 한다. 이처럼 한 인간의 발달에서 중요한 과정으로 여겨지는 이성관계는 서로에게 사랑을 느끼면서, 다른 환경 속에서 성장해 온 두 사람이 각각의 독립된 개체에서 친밀하고 신뢰할 수 있는 관계를 형성해 나가는 상호 보완적인 과정이라고 이해할 수 있다. 이러한 이성관계는 친구관계처럼 서로의 성장을 도모하고 촉구하는 하나의 통로가 될 수 있으나 심리적 · 정서적 · 육체적으로 맺는 관계의 깊이나 질 그리고 구속력에서 분명하게 구별되는 관계이다.

　이성관계는 여러 명과 한꺼번에 관계를 맺을 수 있는 친구관계와 달리 일대일의 관계로, 관계의 깊이와 질이 친구관계와 다르며 공유하는 내용과 나누는 정서의 깊이도 친구관계와 달리 개인적이고 깊다. 또한 이성관계는 상대방과 육체적으로 가까워지고 싶은 강렬한 욕망인 성적인 매력을 느끼는 관계로 무엇보다 친구관계와

다양한 기능을 지니는 이성관계

는 달리 사랑의 감정을 바탕으로 하는 관계이다. 따라서 이성관계란 사랑을 바탕으로 심리적·정서적·육체적으로 둘만의 깊은 상호교류를 하는 관계를 말하며, 이러한 이성관계를 통하여 자기 자신을 상대방에게 투사함으로써 자아의식, 자아평가를 하는 중요한 계기를 마련할 수 있으므로 이성관계의 기능을 아는 것은 중요하다. 이성관계가 지니는 일반적인 기능은 다음과 같다. 첫째, 배우자 선택의 중요한 기능을 하고, 상대방이 배우자로서 적합한지의 여부를 탐색하는 기간으로, 성숙한 인격 형성에 많은 도움을 준다(Lloyd & Cate, 1985). 둘째, 이성교제를 통하여 타인과 관계를 맺고 유지하는 훈련을 할 수 있고, 궁극적으로는 배우자 선택을 위한 기초과정으로서 이성이라는 타인에 대한 관심을 보다 구체화할 수 있다. 셋째, 이성교제는 사랑과 기쁨과 좌절을 경험하고 서로의 인격을 존중해 주는 태도를 배우며 삶의 의미를 깨달아 가는 과정으로 큰 의의가 있다고 할 수 있다(김광률, 2001). 마지막으로, 이성교제는 오락적 기능을 가지고 있어 서로 기쁘고 즐거운 시간을 가지게 하며, 이성과 의미 있는 관계를 가짐으로써 친밀감 형성에 대해서 배우게 된다.

2) 이성관계와 자기이해

친밀한 이성관계는 이성에 대한 이해를 넓히고, 원만한 인간관계와 성숙한 인격을 형성하는 데 도움을 주며, 서로가 결혼하기에 적합한 상대인지 탐색할 기회를 준다. 반면에, 친밀한 이성관계를 형성하는 데 실패하게 되면 고독감과 불완전감을 가지게 되며, 이성으로부터 마음의 상처를 입는 것을 두려워하여 이성과 어울리는 것을 피하기 때문에 고립감을 경험하게 되고, 정서적 어려움을 겪을 수 있다. 이성교제를 통해 친밀감을 경험하는 것은 한 개인의 바람직한 성장에 중요한 요소이며 자신의 새로운 면을 발견하게 하여 자아성장 및 성숙한 인격을 형성하는 중요한 역할을 하게 된다. 따라서 이성교제를 통해 자기이해를 한다는 것은 이성과의 만남을 통해 자신의 장단점을 알게 되며, 자신의 사회적 관계기술을 점검하고 자신의 새로운 면을 발견한다는 것이다. 또한 이성과 같은 활동을 함께하고 상호작용을 함으로써 동반자 역할을 익힐 수 있을 뿐만 아니라 궁극적 목적인 배우자 선택을 위한 기회를 가질 수 있다. 이처럼 이성교제를 통해 자신을 이해한다는 것은 깊은 사랑의 관계에서 자신에 대해 이해하는 것이므로 자신이 생각하는 사랑이란 무엇이며 그것이 자신의 이성관계에서 어떤 모습으로 나타나는지 알아보는 것은 매우 중요하다. 따라서 건강한 이성관계를 위하여 사랑지수를 알아봄으로써 다른 인간관계에서 자신을 이해하는 것보다 더욱 심화된 자신에 대해 이해해 볼 수 있을 것이다.

사랑지수 점검하기

다음의 질문들은 여러분의 사랑에 대한 가치관을 점검하기 위한 사랑의 삼각형 척도 (Sternberg, 1988)입니다. 친밀감, 열정, 헌신(책임감)의 정도를 알아보기 위한 것으로 자신에게 해당되는 문항에 표시해 주세요. 만약 현재 이성친구가 없다면 과거 경험을 떠올려 보거나 앞으로 이성친구가 생길 경우를 가정하여 표시해 보세요.

친밀감

1. 나는 ○○의 안녕을 위해 적극적으로 지지적이다. (   )
2. 나는 ○○과/와 따뜻한 관계를 가진다. (   )
3. 나는 필요할 때 ○○에게 의지할 수 있다. (   )
4. ○○은/는 필요할 때 나에게 의지할 수 있다. (   )
5. 나는 나 자신과 나의 것을 ○○과/와 나눌 용기가 있다. (   )
6. 나는 ○○(으)로부터 상당한 정서적 지지를 받는다. (   )
7. 나는 ○○에게 상당한 정서적 지지를 해 준다. (   )
8. 나는 ○○과/와 소통을 잘한다. (   )
9. 나는 내 삶에서 ○○에게 중요한 가치를 둔다. (   )
10. 나는 ○○과/와 가깝다고 느낀다. (   )
11. 나는 ○○과/와의 관계가 편안하다고 느낀다. (   )
12. 나는 ○○을/를 이해한다고 느낀다. (   )
13. 나는 ○○이/가 나를 진실로 이해하고 있다고 느낀다. (   )
14. 나는 정말로 ○○을/를 믿을 수 있다고 느낀다. (   )
15. 나는 나에 대한 속 깊은 개인적인 이야기들을 ○○과/와 나눈다. (   )

열정

1. 나는 ○○을/를 보고만 있어도 짜릿하다. (   )
2. 하루 중 자주 ○○에 대해서 생각하는 나를 발견한다. (   )
3. 나와 ○○과/와의 관계는 매우 로맨틱하다. (   )
4. 나는 ○○이/가 개인적으로 매우 매력적이라고 본다. (   )
5. 나는 ○○을/를 이상화한다. (   )

6. 나는 ○○이/가 나를 행복하게 하는 것만큼 다른 누군가가 그럴 것이라고 상상하기 어렵다. ( )

7. 나는 다른 누구보다도 ○○과/와 함께하고 싶다. ( )

8. 나에게 ○○과/와의 관계보다 더 중요한 것은 없다. ( )

9. 나는 특히 ○○과/와 신체적인 접촉을 하는 것이 좋다. ( )

10. 나와 ○○의 관계는 뭔가 마법 같다. ( )

11. 나는 ○○을/를 흠모한다. ( )

12. 나는 ○○이/가 없는 삶을 상상할 수 없다. ( )

13. 나와 ○○의 관계는 열정적이다. ( )

14. 로맨틱 영화를 보거나 로맨틱 소설을 읽을 때 난 ○○을/를 생각한다. ( )

15. 나는 ○○에 대한 환상이 있다. ( )

헌신(책임감)

1. 나는 내가 ○○을/를 돌보고 있는 것을 안다. ( )

2. 나는 ○○과/와의 관계 유지를 위해 헌신한다. ( )

3. ○○에 대한 나의 헌신 때문에 다른 사람이 우리 사이에 끼어들지 못한다. ( )

4. 나는 ○○과/와 나의 관계가 지속될 것이라 확신한다. ( )

5. 나는 ○○에 대한 나의 헌신에 어떠한 것도 방해가 되게 할 수 없다. ( )

6. 나는 ○○에 대한 나의 사랑이 내 남은 삶 동안 지속될 것이라고 기대한다. ( )

7. 나는 항상 ○○에 대한 강한 책임감을 느낄 것이다. ( )

8. 나는 ○○에 대한 나의 헌신이 공고하다고 본다. ( )

9. 나는 ○○과/와 내 관계가 종결되는 것을 상상할 수가 없다. ( )

10. 나는 ○○에 대한 나의 사랑을 확신한다. ( )

11. 나는 ○○과/와의 관계가 영구적일 것이라 본다. ( )

12. 나는 ○○과/와 나의 관계가 훌륭한 결정이었다고 본다. ( )

13. 나는 ○○에 대한 책임감을 느낀다. ( )

14. 나는 ○○과/와 관계를 지속할 계획을 갖는다. ( )

15. 나는 ○○을/를 상대하기 어려울 때에도 우리의 관계에 헌신할 것이다. ( )

활동 8-②

나의 사랑지수와 자기이해

활동 8-①의 척도를 바탕으로 다음을 생각해 봅시다.

1. 척도들의 점수를 계산해 봅시다.

척도	총점
친밀감 척도의 1~15번 문항들의 합계	
열정 척도의 1~15번 문항들의 합계	
헌신(책임감) 척도의 1~15번 문항들의 합계	

2. 세 가지 점수를 각각 세 변으로 하여 삼각형을 그려 봅시다.

3. 자신의 사랑 삼각형은 어떤 모양을 하고 있나요?

----

4. 어떤 구성요소가 크고 어떤 구성요소가 작은가요?

----

5. 이것은 자신의 사랑에 대해 무엇을 의미하나요?

----

6. 만약 이성친구도 이 척도에 응답을 했다면, 이성친구의 사랑 삼각형은 어떤 모양인가요?

----

7. 당신의 사랑 삼각형과 비교할 때 어떤 차이가 있나요? 이러한 차이는 어떻게 해소되어
   서로 일치하는 사랑의 삼각형을 만들 수 있을까요?

사랑의 삼각형을 해석해 보면, '사랑의 삼각형'의 세 부분이 같은 크기일 때 가장 바람직한(또는 완전한) 사랑이라 할 수 있다. 또한 친밀감, 열정, 헌신(책임감)의 점수가 높을수록 삼각형은 더 커지고 사랑도 더 크고 깊어지는 것이라 할 수 있다. 가령 정삼각형은 세 가지 요소 간에 균형이 잡혀 성숙된 사랑을 의미하며, 친밀감이 높고 열정과 헌신(책임감)이 낮은 이등변 삼각형은 친구관계의 사랑을 의미한다. 또한 전체적으로 면적이 작으면서 열정만 높은 삼각형은 미성숙한 사랑이나 하룻밤의 뜨내기 사랑이라 볼 수 있다. 구체적인 내용은 〈표 8-1〉에 정리되어 있다.

표 8-1 사랑의 삼각형 척도

요소	내용
친밀감	• 친밀감은 상대방과 함께하고, 상대방을 존중하고 상대방에 대해 이해심을 가지며, 자신과 자신이 소유하고 있는 것을 공유하고, 의사소통을 원만히 하는 정서적 지지를 주고받는 관계를 하게 한다. 상대방의 행복감을 증진시키려 하고, 그 사람의 가치를 높게 부여한다. • 사랑의 정서적 측면이라 볼 수 있는 친밀감은 교제 횟수와 기간에 비례하여 서서히 증가한다. 그러나 어느 정도에 이르면 점차 속도가 줄어들어 한 계점에 도달하게 되고 궁극에 가서는 있는지 없는지도 모르는 상태가 되기도 한다.
열정	• 열정은 사랑하는 사람에게 낭만, 신체적 매력, 성적인 매력을 이끄는 욕망들로 이성관계 경험에서 강렬한 느낌을 뜻하는 사랑의 뜨거운 측면을 반영한다. • 열정은 친밀감과 달리 비교적 빠른 속도로 생겨나 금방 뜨겁게 달아오르지만, 얼마 못 가서 그 열기는 식어 버리고, 사람은 곧 그것에 익숙해지고 습관화되어 버리는 경향이 있다. 이런 점에서 열정은 중독과도 같으며, 담배나 알코올 중독자처럼 끊으면 금단 증상을 일으키듯이 열정도 비슷하다.
헌신 (책임감)	• 헌신은 단기적으로는 특정 대상을 사랑하겠다는 약속이고, 장기적으로는 그 사랑을 유지하겠다는 스스로에 대한 다짐이다. 이것이 바로 사랑의 차가운 측면에 해당되며, 인지적인 요소이다. • 사랑에 대한 헌신은 두 사람 사이의 관계가 얼마나 성공적으로 유지되는가에 따라 지속기간이 달라지기도 한다.

열정이 넘치는 사랑

헌신적인 사랑

이 세 가지 요소를 바탕으로 여덟 가지 사랑의 유형을 알아볼 수 있으며, 자신은 어떤 사랑을 선호하는지 확인해 볼 수 있다.

표 8-2 사랑의 여덟 가지 유형

사랑의 유형	구성요소		
	친밀감	열정	헌신
비사랑	−	−	−
좋아함	+	−	−
도취적 사랑	−	+	−
공허한 사랑	−	−	+
낭만적 사랑	+	+	−
우애적 사랑	+	−	+
얼빠진 사랑	−	+	+
성숙한 사랑	+	+	+

출처: 곽금주(2008).

표 8-3 사랑의 여덟 가지 유형별 내용

유형	내용
비사랑	친밀감, 열정, 헌신의 사랑의 세 요소가 모두 결여된 상태를 말하며, 이것은 사랑이 아니다. 이런 상태는 일반적으로 대인관계에 적용되는데, 우정이나 애정을 형성하며 살아가는 것이 여기에 포함될 수 있다. 종종 상대의 우정을 사랑으로 착각해 오해가 생기거나 해프닝이 벌어지는 경우도 있는데, 만약 두 사람의 감정에 대해 확신이 안 선다면 다음에 나오는 일곱 가지 사랑에 빗대어 두 사람 사이에 사랑의 삼각형이 동료애나 우정인지 아니면 진짜 사랑인지 구분할 수 있을 것이다.
좋아함	사랑의 세 가지 요소 중 친밀감만 높은 경우이다. 이 경우를 우리는 흔히들 '좋아한다.'는 감정으로 이야기하곤 한다.
도취적 사랑	상대와의 사랑에 대한 결심과 친밀감 없이 열정만 있는 상태이다. 온전히 뜨겁게 타오르지만 금방 시들해지는 사랑이기도 하다. 도취적 사랑은 화려하게 나타나고 눈에 띄지만 일순간에 사라져 버린다.
공허한 사랑	친밀감과 열정 없이, 단순히 결심만 있는 사랑을 말한다. 과거에는 결혼식 날 배우자의 얼굴을 처음 본 사람이 허다했다. 이들에게 친밀감이나 열정을 기대하기는 힘들 수밖에 없다. 이들의 관계는 서로에게 헌신하겠다는 결심으로 시작되었지만, 결과적으로는 행복하고 다복한 가정을 이루기도 했다. 공허한 사랑 역시 나름의 가치가 있음을 단적으로 설명해 주는 예라 하겠다.
낭만적 사랑	친밀감과 열정이 더해진 경우를 말하며, 늘 함께 있고 싶고 보고 또 봐도 그리우며, 상대에 대한 열정적 감정으로 행복감이 매우 큰 상태이다. 낭만적 사랑에 빠진 연인은 서로에 대해서 감정적으로 하나가 될 뿐만 아니라 육체적으로도 빠지게 된다.

우애적 사랑	친밀감에 헌신이 더해진 사랑으로 결혼한 지 오래된 부부에게서 쉽게 찾아볼 수 있는 편안하면서도 신뢰감 있는 사랑이다. 우애적 사랑을 나누는 연인들에게는 열정의 요소가 결여되어 있어 서로의 육체적인 매력과 끌림에 대해 무관심한 경우가 많다.
얼빠진 사랑	얼빠진 사랑은 상대에 대한 열정과 헌신만 있는 상태로, 친밀감이 결여된 사랑을 말한다. 즉, 열정만을 가지고 상대와의 관계에 대한 결심을 내리는 성급한 경우로, 사랑의 지속성이라는 측면에서 보면 매우 위험한 상태라고 할 수 있다. 열정은 뜨겁게 달구어진 냄비처럼 순식간에 달아올랐다 금방 식는다는 점에서 헌신을 유지하는 데 한계가 있을 수밖에 없기 때문이다.
성숙한 사랑	친밀감, 열정, 헌신의 사랑의 세 요소가 모두 골고루 조합된 것이 성숙한 사랑이다. 상대를 가깝게 느끼고, 상대에 대한 뜨거운 감정과 함께 현재와 미래의 관계에 대한 확고한 결심까지 갖추어진 사랑이야말로 모두가 꿈꾸는, 인생을 풍요롭고 아름답게 해 주는 사랑이다. 손을 꼭 잡고 산책길에 나선 노부부, 다시 태어나도 현재의 배우자를 만나고 싶다는 중년의 부부 그리고 서로에 대한 깊은 믿음과 책임감을 바탕으로 사랑을 키우고 있는 젊은 연인들, 그 안에서 적절한 온도를 유지하며 오래도록 군불을 지피는 것이 성숙한 사랑이다.

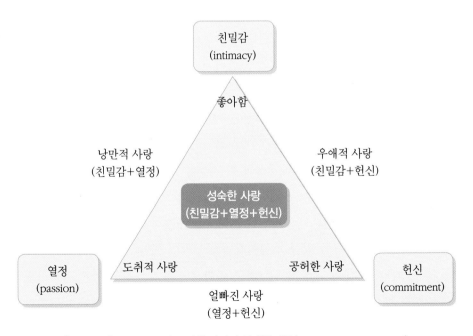

[그림 8-1] Sternberg가 주장한 사랑의 삼각형 이론(triangular theory of love)

2. 대학생의 이성관계 점검을 통한 자기이해

사랑에 빠지는 데 걸리는 시간 0.2초. 대학에 다니며 연애를 꿈꾸지 않는 사람은 많지 않을 것이다. 하지만 나중에 보면 대학 때 사귀던 사람과 결혼을 하는 경우는 매우 드물다. 시간이 지나면서 사랑이 식어서일까? 물론 그것도 한 원인이 될 수 있을 것이다. 하지만 더 근본적인 이유는 자신이 가지고 있는 사랑에 대한 가치관을 생각해 보지 못한 채 이성교제를 시작한 탓에 자신에게 적합한 상대를 만나지 못했다는 데 있다. 이성관계에서 만족도가 높은 대학생일수록 보다 긍정적이며, 타인과의 관계에서 갈등 대처나 의사소통을 더 잘하게 된다고 한다. 이처럼 대학생활의 꽃이라는 건강한 이성관계를 맺기 위하여 대학생의 이성관계를 점검해 보는 것은 매우 중요하다.

1) 대학생의 이성관계

앞서 건강한 이성관계란 사랑을 바탕으로 심리적 · 정서적 · 육체적으로 둘만의 깊은 상호교류를 경험하는 것으로 이성 간의 우정인지 아니면 애정관계인지 명확하지 않은 중 · 고등학교 때의 애매한 이성관계와는 다르다(김지하, 정동욱, 2008; 안월분, 이재구, 김영희, 2002; Leaper & Anderson, 1997). 대학생 시기는 Erikson의 발달 단계상 후기 청소년기에 속하며 이성과의 친밀한 관계 형성을 중요한 발달과업으로 삼는데, 이때의 친밀감 형성의 긍정적 결과는 성적 친밀감이나 안정된 사랑을 포함하는 친밀감이다(Muuss, 1999). 대학생 시기에는 청소년기 때와는 달리 연인 간에 서로 성적인 감정과 욕구를 느끼며 실제 성행동을 경험하기도 한다. 이러한 대학생 시기의 이성관계 경험은 친밀감 형성이라는 긍정적인 면을 지니지만, 성 가치관이 확립되지 않은 상태에서 이성교제를 하는 대학생들은 자신의 욕구와 이성적 통제 간의 균형을 이루지 못하는 불균형 상황에서 성을 경험할 수 있기 때문에 위험한 면도 지니고 있다(장순복, 이미경, 2003). 좀 더 구체적으로 대학생 시기의 이성관계 특성을 살펴보면 다음과 같다.

첫째, 깊이 있고 실질적인 이성관계가 처음으로 이루어지는 시기이다. 중 · 고등학교 시절에 경험한 이성관계는 미성년자이기에 부모나 학교로부터 많은 제약을

사랑을 바탕으로 한 이성과의 친밀한 관계

받았다면, 대학에 들어와서는 이전보다 자유롭게 이성을 만날 수 있으며 성인으로서 진지하고 깊이 있는 이성관계를 형성하고 낭만적인 사랑을 경험한다.

둘째, 대학생 시기의 이성관계는 타인과 원활한 관계 형성을 경험할 수 있고 시행착오를 통해 어려움을 극복하고 행복감과 불행감을 동시에 느끼며 감정적으로 성숙할 수 있는 좋은 기회이다.

셋째, 대학생 시기의 이성관계는 대인관계에서 필요한 기술을 습득하는 기회가 되어 개인의 심리적 적응 및 인격적 성숙을 돕는다. 또한 개인이 성인기에 반복적으로 경험하는 이성관계는 다양한 역할을 실험할 수 있는 계기가 되어 추후 배우자를 선택하는 데 도움을 주는 기능을 한다.

넷째, 대학생 시기의 이성관계는 지속기간이 짧다. 이성관계를 가지면서 자주 만나고 강한 접촉을 원하면서도 관계가 오래 지속되지 못한다. 따라서 이성관계를 형성하고 오랫동안 유지하기 위해서 자신과 파트너에 대해 이해하고 수용하는 것이 필요하다.

이처럼 대학생 시기의 이성관계는 성과 사랑을 바탕으로 둘만의 깊이 있는 정서적 · 심리적 · 신체적 교류를 경험하는 관계인 것이다. 이러한 이성관계의 특성을 바탕으로 자신의 이성관계를 점검해 봄으로써 긍정적인 이성관계를 형성해 나가며 좀 더 편안하고 안전감 있는 관계를 유지할 수 있을 것이다.

대학생의 이성관계 점검하기

현재 또는 과거 이성관계 경험을 바탕으로 다음 질문에 자신의 생각을 적어 보세요. 만약 이성교제 경험이 없다면 앞으로의 이성관계를 상상해서 적어 보세요.

1. 얼마나 오랫동안 교제해 왔나요?

_____

2. 얼마나 자주 만나나요?

_____

3. 어느 정도 친밀하기를 원하나요?(스킨십 허용 범위도 포함)
   예: 휴대폰 비밀번호를 알고 있는 사이, 키스까지 가능한 사이

_____

_____

4. 이성친구와 행복하다고 느낄 때는 언제인가요?
   예: 함께 맛있는 거 먹을 때

_____

_____

5. 이성친구와 불행하다고 느낄 때는 언제인가요?
   예: 대화가 안 될 때

_____

_____

6. 나는 이성친구가 나를 위해서 어떻게 해 주기를 바라나요?
   예: 매 기념일을 잊지 않고 챙겨 준다.

_____

_____

7. 나는 이성친구를 위해서 어떤 노력을 하나요?

예: 기념일에 서프라이즈 이벤트를 해 주려고 한다.

낭만적인 사랑을 꿈꾼다.

2) 대학생의 이성관계 어려움

사례 1

　대학교 2학년생인 준서는 학과에서 인기가 많은 학생이다. 과제 준비나 발표도 잘하며 유머 감각도 뛰어나 주위 사람들에게 인정받는 학생이다. 하지만 아직까지 한 번도 이성관계를 경험해 보지 못한 모태솔로이다. 남자 형제들 사이에서 자란 준서는 이성 앞에만 서면 말문이 막히고 무슨 말을 해야 할지 잘 모른다. 또한 고등학교 때 마음에 드는 이성 친구에게 고백했다가 거절당한 이후에는 더욱 자신감이 없어져 이성 앞에만 서면 말하기가 두렵다.

사례 2

　대학교 4학년인 예지는 중학교 때부터 사귀는 이성친구가 끊이지 않고 있다. 언제부터인지는 모르지만 이성친구가 없으면 불안하기까지 하다. 또한 연애기간은 점점 짧아지고, 두세 명과 동시에 사귈 때도 있다. 그렇다 보니 학과 수업은 소홀해지고 성적은 하락하며 용돈은 부족하여 늘 돈에 쪼들리는 생활을 한다. 요즘은 사랑해서 연애를 하는 게 아니라 외로워서 연애를 하는 것 같다는 생각이 든다.

　〈사례 1〉 준서처럼 대학생활에 있어서 친구관계나 선후배관계에서는 별 문제를 보이지 않지만 이성관계에서는 어려움을 호소하는 대학생들이 점점 더 많아지고 있다. 준서처럼 성장과정에서부터 이성과의 관계가 부족하여 의사소통 기술을 적절하게 습득하지 못했거나 사회성이 낮은 경우 또는 자아존중감이 낮은 경우에 이성관계에 더 많은 어려움을 겪을 수 있다. 〈사례 2〉 예지처럼 너무 많은 이성과의 관계로 인해 어려움을 겪기도 한다. 대학생이 되면 부모나 선생님의 감독이나 지도를 벗어나 자신의 의지에 따라 자유롭게 이성을 만날 수 있다. 그렇다 보니 무분별한 만남과 이별로 인해 이성관계에서 여러 가지 어려움을 호소한다. 이러한 대학생시기의 이성관계에서 경험하는 어려움은 크게 두 가지로 나눌 수 있다. 한 가지는 이성관계 자체를 시작하는 데 어려운 경우이고 다른 한 가지는 이성관계 시 어려움을 경험하는 경우이다.

　이성관계 자체에 대한 어려움을 경험하는 이유를 구체적으로 살펴보면, 첫째, 데

이트 자체에 대한 불안을 경험하는 것이다. 앞서 말한 바와 같이 이성관계도 사회생활의 일부로서 인간관계 기술과 자기확신이 필요한데, 성장과정에서 의사소통 기술을 적절하게 습득하지 못했거나 사회성이 낮은 경우 또는 자신에 대한 존중감이 낮은 경우 이성교제에 대한 불안감이 생길 수 있다. 이러한 데이트 불안은 우울감, 학업에 대한 의욕 상실을 초래할뿐더러 다른 인간관계에도 부정적인 영향을 미치게 된다. 또한 설령 결혼을 한다 하더라도 결혼 후에 갈등을 유발하기도 한다. 둘째, 대학생들이 처한 현실로 인해 어려움을 겪는 경우이다. 요즘 대학생들은 학점, 공인영어점수, 각종 자격증이나 인턴 경력 등 '스펙 쌓기'에 몰두하면서 대학생활을 보내기 때문에 그 어느 세대보다 '시간이 없다'. 그래서 이성관계, 즉 사랑하는 사람과 친밀한 관계를 유지하는 것이 매우 힘든 실천 중의 하나가 되기도 한다.

  이성관계 시 어려움을 경험하는 경우를 살펴보면, 첫째, 이성관계에 대한 남녀차이에서 어려움을 경험하는 경우이다. 남자와 여자가 서로 사귀기로 했을 때 남자는 '이제 됐다.'라고 생각하고 각자의 갈 길을 바라본다면 여자는 '이제부터 시작이다.'하며 서로 마주보기를 원한다. 남자는 목표 지향적인 성향이 강한 반면 여자는 과정 지향적인 성향이 강하기 때문에, 막상 실제로 연애를 시작하면 연애하기 전 설레는 감정이나 호감이 반감되어 연애 전보다 만족도가 떨어지는 경향이 크다. 이처럼 서로 다를 수밖에 없다는 사실을 인식하지 못한다면 남자와 여자는 서로 다투게 되고, 다툼이 잦아지면 서로 실망을 거듭하게 되며, 갈등이 극으로 치닫기 쉽게 된다. 만약 같은 과 또는 같은 동아리에서 서로 사귀는 사이였다면 둘 중 한 명 또는 둘 모두 동아리 탈퇴나 휴학이란 결정을 내리는 경우도 생기게 된다. 둘째, 이성관계 시 데이트 비용으로 인해 어려움을 경험하게 되는 경우이다. 돈이 전부는 아니지만 가끔 전부인 것처럼 느끼기도 한다. 만나서 밥 먹고, 차 마시고, 영화만 봐도 수만 원의 비용이 필요하게 되는데 여기에다 데이트 비용을 누가 얼마만큼 내는지도 관건이다. 반씩 내자고 말하기엔 치사한 것 같고 그렇다고 매번 혼자 부담하기엔 버거운 것이 사실이다. 이러한 경제적 부담이 연인과의 관계에 영향을 미쳐 다툼을 유발하기도 하고 이별을 경험하게 하기도 한다. 셋째, 이성관계 시 의사소통의 어려움을 경험하는 경우이다. 이성관계에 있는 두 사람은 서로 살아온 환경, 문화, 가치관의 차이가 분명히 존재하게 된다. 이러한 차이로 서로의 입장만을 주장하게 되고 그러다 보면 대화가 되지 않는 의사소통의 어려움을 경험하게 된다. 특히 갈등 상황에서 화가 난다고 상대에게 욕을 하거나 비난하는 행동을 함으로써 이성관계를 이어 갈 수 없는 상황이 되기도 한다. 넷째, 성과 관련된 어려움을 경험하는 경우이다. 최근 몇몇 연구 결과에서 이성관계를 경험해 본 대학생들이 첫 성관계를 갖게 된 계기는 '서로 합의하에'가 가장 많았으나, '술에 취해서' 또는 '거절하기 힘들어서'라고 대답한 비율도 꽤 높게 나타났다. 거절하기 힘든 이유로는 '거절하면 사이가 멀어질까 봐' '사랑한다면 상대에게 맞춰 줘야 해서' 등 거절 의사를 표현하지 못하게 되는 어려움도 있게 된다. 또한 사랑하는 사이이지만 스킨십이나 성관계로 인해 성적 가치관에 혼란이 생기기도 하고, 학업 소홀 및 중단, 낙태, 심리적 스트레스, 악소문 등의 부정적인 결과를 가져올 가능성이 높은 것으로 나 타났다.

이처럼 이성관계에서 겪는 어려움이 어떤 오해와 착각에서 비롯된 것인지 점검해 봄으로써 자신의 이성관계에 대한 이해를 높이고자 한다.

[활동 2] 이성관계에서의 오해와 착각

자신의 생각과 일치하는 문항에 ✔ 표시를 해 보세요.

1. 이성교제는 많이 해 볼수록 좋다. (   )

2. 상대방의 요구는 뭐든지 들어줘야 한다. (   )

3. 사랑은 받는 것이다. (   )

4. 사랑하는 사이라면 어떠한 고통도 감내해야 한다. (   )

5. 상대가 뭘 원하는지 눈빛만 봐도 다 알 수 있다. (   )

6. 데이트 비용은 남자친구 또는 여자친구가 거의 내야 한다. (   )

7. 사랑하는 사람을 위해서는 뭐든지 할 수 있다. (   )

8. 내가 사랑하는 만큼 상대도 나를 사랑할 것이다. (   )

9. 이성관계에서 상처받기보다는 아예 이성관계를 맺지 않는 편이 낫다. (   )

10. 이성관계는 한번 실패하면 다시 맺기 어렵다. (   )

11. 상대방의 요구를 거절하면 나를 싫어할 것이다. (   )

자신의 이성관계에 대한 오해와 착각에 대한 생각을 점검해 봅시다.

3. 건강한 이성관계 맺기 점검을 통한 자기이해

대부분의 사람은 사랑하고 사랑받기를 원한다. 하지만 사랑을 한다고 해서 모든 사랑의 결말이 행복한 결론에 도달하는 것은 아니다. 영원할 것 같았던 사랑의 열정과 행복감은 시간이 갈수록 줄어들고, 뜨겁게 사랑했던 남녀가 각자의 길을 가게 되는 슬픈 현실이 다가오기도 한다. 실연은 사랑의 해체이고 종결을 의미하며, 사랑하던 두 사람이 사랑의 관계를 끝내는 것으로 불행한 사건으로 기억하게 된다. 하지만 이 경험을 건설적으로 극복하게 되면 심리사회적으로 긍정적 성장을 할 수 있다. 따라서 실연의 유형과 심리적 반응 및 극복방법에 대해 알아보자.

1) 이성관계에서의 실연과 극복

건강한 이성관계를 맺기 위하여 실연의 유형과 실연의 극복방법에 대하여 알아보자.

> **사례 3**
>
> 미진이는 영원할 것 같던 남자친구와 이별한 지 1년이 다 되어 간다. 아르바이트를 저녁시간과 주말에 하는 탓에 남자친구를 일주일에 한 번 만나기도 너무 힘들었다. 처음에는 짬을 내어 만나면 설레고 행복했는데, 언제부터인지 모르게 어렵게 만나도 반가운 것도 잠시 뜻하지 않게 싸우다 헤어지는 일이 잦아졌다. 그러던 어느 날 남자친구는 서로의 마음도 큰 것 같지 않고 미진이 자신을 사랑하는 것 같지도 않다며 이별을 통보해 왔다. 이왕 이렇게 된 거 자주 만나기도 힘들었는데 이별하는 게 더 낫다고 생각했다. 하지만 뜻밖의 고통이 밀려왔다. 남자친구에게 계속 전화하고 휴대폰을 만지작거리면서 연락을 기다렸다. 서너 달 동안 병에 걸린 것처럼 심장이 두근거렸고, 울다 지쳐 잠이 들었다. 노래 〈체념〉을 부르며 자책하기도 하고 단발머리가 어울릴 것 같다던 남자친구의 말에 머리카락도 잘랐다. 먹는 걸 좋아했는데 요즘은 하루 한 끼도 잘 먹지 않고 집에서만 지내는 시간이 많아졌다. 친구들과의 약속에도 잘 나가지 않고, 학교 가기도 싫어 수업을 빼먹는 일이 잦아졌다. 만사가 귀찮고 우울하며 잠에 잘 들 수가 없다.

연애를 한다는 것은 실연을 경험할 수도 있다는 것으로 〈사례 3〉에서처럼 두 사람이 서로 사랑하다 상대의 일방적 거부로 관계가 단절되기도 하고 반대로 상대방이 자신을 거부할 듯한 조짐을 보이면 먼저 상대방과의 절교를 선언함으로써 실연을 경험하기도 한다. 또한 합의된 실연으로 사랑하던 두 사람이 서로의 관계를 종결하기로 서로 합의하고 헤어지기도 하고, 강요에 의해 실연을 경험하기도 한다. 강요된 실연은 당사자의 의사와 상관없이 부모의 반대, 연인의 지리적 이동이나 사망 등의 외부적 요인에 의해 사랑하는 관계가 지속되지 못하고 단절되는 경우도 있다(권석만, 2000). 이처럼 합의된 관계의 단절도 있지만 대부분은 자신이나 상대방의 의사와 관계없이 관계가 단절되는 경우가 더 많다. 〈사례 3〉을 한 번 더 읽어 보고 자신의 경우에 비추어 다음을 생각해 보자.

[활동 3] **생각해 보기**

다음의 물음에 답해 보면서 나와의 차이점을 생각해 봅시다.

1. 미진이가 이별을 통보받은 후 느낀 감정은 무엇이라고 생각하나요?

_____

_____

2. 내가 미진이라면 지금 어떻게 하길 원할까요?

_____

_____

3. 내가 미진이의 남자친구라면 미진이에게 어떤 말을 해 줄 수 있을까요?

_____

_____

앞의 사례에서처럼 이 세상에 변하지 않는 것은 아무것도 없다. 사랑도 사람의 마음도, 시간이 지나면 모두 변하기 마련이다. 이성과의 사랑이 항상 행복한 결말을 맺는 것도 아니다. 많은 대학생이 뜨겁게 사랑하다가 여러 가지 이유로 이별을 경험하게 된다. 이렇게 이루지 못한 사랑은 아픈 상처를 남긴다. 흔히 실연의 고통은 매

우 쓰라리고 실연의 상처는 잘 아물지도 않는다. 때로는 실연의 경험이 우리의 삶에 심각한 영향을 미치기도 하며, 대학생 시기의 실연은 극복하기 어려운 사랑의 후유증을 남기는 경우도 많다. 일반적으로 실연을 하게 되면 정서적으로 우울해지고 생활에 대한 의욕이나 흥미가 감소하고, 활동량도 줄어들게 되며, 헤어진 연인에 대한 미련과 후회의 감정이 뒤따르게 된다. 특히 상대방의 거부에 따른 일방적인 실연인 경우에는 분노와 적개심을 느끼기도 한다. 또한 실연을 경험하게 되면 주의가 산만해지고 집중력이 저하되어 지적인 업무수행능력이 저하되기도 한다. 아울러 판단력이나 기억력도 일시적으로 감퇴하며 끝나 버린 사랑에 대한 미련과 후회로 끊임없는 생각에 휩싸이게 된다. 자기 자신에 대한 부정적인 생각과 회의로 다시는 사랑을 할 수 없을 것 같은 생각이 들기도 한다.

대학생 시기에 실연을 경험하면 의욕이 상실되고 흥미가 저하되어 학업에 소홀하게 되고 학교에서 심각한 부적응 상태로 빠져들 수 있다. 또한 대인관계가 위축되어 사람 만나기를 회피하고 은둔할 수도 있다. 괴로움을 달래기 위해 과도한 음주를 하거나 무절제한 생활을 하기도 하고, 아울러 식욕이 저하되고 불면증에 시달리며 두통, 소화불량, 생리불순을 비롯한 신체적 증상이 나타나는 등 여러 가지 건강상의 문제가 생길 수도 있다.

실연으로 인한 문제는 일정 시간이 지나면 정상적인 상태로 돌아오는 것이 일반적이지만, 때로는 장기화되어 대학생의 사회적 적응에 치명적인 영향을 끼치기도 한다. 실연으로 인해 인간에 대한 혐오감을 형성하고 정상적인 이성관계나 인간관계를 회피하는 사람도 있다. 실연은 아프고 고통스럽다. 그러므로 사람들은 이러한 고통을 줄이기 위해 여러 가지 방어적 방법을 사용하게 된다. 이러한 방어적 방법 중 하나는 실연이 상대의 거절이 아닌 자신의 거절 때문에 일어났다고 생각하는 것이다. 거절당한 실연보다는 자신이 거절한 실연이 덜 아프기 때문이다.

두 번째 방법은 상대방의 가치를 평가 절하하는 것이다. 이솝 우화에 나오는 〈여우와 신 포도〉의 이야기에서 여우는 먹음직스러운 포도를 따 먹으려는 노력이 좌절되자 포기하고 돌아서면서 '저 포도는 매우 실 거야.'라고 자기합리화를 한다. 이처럼 실연한 사람은 한때 사랑했던 상대방이 별로 매력적이지 않았다거나 결점 또는 문제가 많았다고 평가 절하함으로써 실연의 아픔을 감소시킨다.

세 번째 방법은 사랑하는 사람과 사랑하는 사이가 아니었다고 관계 절하하는 것이다. 이는 이성관계에 대한 자신의 심리적 투자량을 축소함으로써 실연의 고통을 줄이려는 방법이다. 투자를 많이 했음에도 실패한 인간관계는 더욱 고통스럽기 때문이다.

마지막 방법은 다른 이성관계로 도피하는 것이다. 실연하자마자 바로 다른 이성과 연인관계를 맺는 방법이다. 실연하여 혼자 남게 되어 느끼게 될 고독과 고통을 피하기 위해 새로운 이성관계를 만드는 것이다. 이렇듯 실연의 고통은 감당하기 힘들 정도로 괴롭기 때문에 여러 가지 방어적 노력을 하게 된다. 이러한 노력은 의식적으로 하기도 하지만 대부분 무의식적으로 이루어진다.

실연은 고통스러운 만큼 극복하기도 쉽지 않다. 실연의 아픔에서 벗어나지 못할 것 같기도 하고, 다시는 다른 사랑을 하지 못할 것 같은 생각이 들기도 한다. 그렇다고 해서 이성관계를 기피하거나 단절하기보다 어떻게 하면 관계를 잘 맺을 수 있을지에 대해 고민해 보는 노력이 필요하다. 특히 대학생 시기의 이성관계는 올바른 사랑에 대한 가치관을 정립하고 이성의 역할을 바르게 이해하고 이성에 대한 바람직한 태도를 형성하며, 정서적으로 안정된 행복한 결혼생활을 할 수 있는 성인이 되도록 하는 데 매우 중요하다.

2) 건강한 이성관계 맺기와 자기이해

건강한 이성관계를 맺고 사랑을 유지하기 위한 방법을 알아보자.

[활동 4] 생각해 보기

1. 내가 생각하는 '건강한 이성관계'란 무엇인가요?

2. 내가 경험한 '건강한 이성관계'는 무엇인가요?

'건강한 이성관계'란 서로가 사랑을 주고받는 관계를 말한다. 즉, 일방적인 사랑을 강요하거나 한쪽만 헌신하는 관계가 아닌 서로 상호작용하는 관계를 말한다. 서로 다른 환경에서 성장해 온 남녀가 보다 친밀한 관계로 발전해 나가기 위해 서로 대화하고 이를 통해 이해의 폭을 넓혀 나가며 신뢰를 쌓아가도록 노력해야 한다. 이러한 사랑을 유지하기 위한 방법을 알아보면 다음과 같다.

첫째, 사랑과 집착을 구분한다. 종종 사랑에 지나치게 집착하는 사람들이 있다. 이에 대해 Lee는 소유적 사랑이라고 했다. 소유적 사랑은 상대방에 대한 강력한 소유욕과 집착을 중요한 요소로 하는 사랑이다. 집착을 사랑이라 여기고 있는 사람들은 상대방을 완전히 소유하고자 하고 또한 상대방에게 자신이 소유당하고자 한다. 그리하여 마치 사랑의 노예가 된 것처럼 상대방의 사랑을 확인하기 위하여 모든 시간과 정력을 소모할 뿐만 아니라 상대로부터 버림받지 않을까 하는 불안으로 항상 마음을 졸이며 살게 된다. 따라서 이러한 집착은 사랑이기보다 하나의 중독현상이라고 볼 수 있다. 건강한 사랑을 하기 위해서는 자신과 상대방을 옭아매는 집착을 버리고 순수한 애정과 관심을 가져야 한다.

둘째, 동정과 사랑을 혼동하지 않는다. 가끔 동정과 사랑을 혼동하는 사람이 있다. 실패자나 약자에게 느껴지는 연민의 정을 사랑이라 착각하는 것이다. 물론 이런 연민의 정에서 시작하여 후에 진정한 사랑이 싹틀 수 있지만 연민의 정으로만 사랑하는 것은 바람직하지 못하다고 할 수 있다. 진정한 사랑은 대등한 입장에서 일대일의 관계가 성립할 때 가능해진다. 내가 상대보다 더 나은 위치에서 베풀어 주는 입장에 있다면 서로 대등한 관계를 맺기 어려워진다. 이렇게 일방적으로 한쪽은 베풀고 다른 한쪽은 의지하게 되는 사랑은 건강한 사랑이 아니다. 결국 서로 짐이 될 뿐이다.

셋째, 낭만적인 사랑을 너무 기대하지 않는다. 사춘기 소녀가 백마 탄 왕자님을 꿈꾸듯이 성인이 되어서도 낭만적인 사랑을 꿈꾸고 있는 사람들이 많다. 그런 사람들은 첫눈에 반해 눈이 멀어 버리는 그런 상대를 만나고자 한다. 또한 사랑도 그렇게 낭만적으로 지속되길 바란다. 하지만 열정만 있는 그런 사랑은 쉽게 달아오른 만큼 쉽게 식어 버린다. 처음엔 상대의 장점만 보이고 단점까지도 장점으로 보이지만, 시간이 지나 열정이 사라져 버리면 상대방의 단점들이 눈에 띄기 시작하면서 실망이 커지게 된다. 물론 시간이 오래 지나도록 열정이 지속된다면 좋겠지만 그건 거의 불가능한 일이라고 할 수 있다. 왜냐하면 사랑은 낭만적이기도 하지만 또한 현실적인 것이기에 그 현실 속에서 열정은 식을 수밖에 없기 때문이다. 따라서 너무 낭만적인 사랑만 기대해서는 진실한 사랑을 하기 어려울 것이다.

넷째, 어떤 관계도 완전할 수는 없음을 명심한다. 모든 사람이 장점뿐만 아니라 단점을 가지고 있는 것과 마찬가지로, 모든 관계도 긍정적인 측면과 부정적인 측면을 함께 가지고 있다. 우리의 관계만 문제가 있는 것이 아니라 다른 사람들도 관계 속에서 그와 비슷한 문제를 경험하고 있을 것이다. 어떠한 관계도 완전할 수는 없기 때문이다. 그러니 문제를 너무 부정적인 시각으로만 볼 필요는 없으며 보다 중요한 것은 그 문제를 어떻게 합리적으로 해결해 가느냐 하는 것이다.

다섯째, 현재의 문제 상황에 대해 분석해 본다. 합리적으로 문제를 해결하기 위해 우선 해 볼 수 있는 길은 현재의 문제 상황에 대한 분석을 하는 것이다. 문제가 무엇인지, 이 문제가 생기게 된 원인은 무엇인지, 이 문제를 해결할 수 있는 방법에는 어떠한 것들이 있으며 그중 최선의 방법은 무엇인지에 대해 자세히 검토하라. 현재의 문제 상황에 대해 정확하게 이해하게 되면 그 실마리도 쉽게 찾을 수 있을 것이다.

여섯째, 문제해결을 위해 도움을 청한다. 때로는 둘이서는 도저히 문제를 해결할 수 없다는 판단이 들면 문제해결을 위해 도움을 요청하는 것도 좋은 방법이 될 수 있다. 제3자는 상황을 객관적으로 보고 판단할 수 있으므로 감정적으로 휘말리는 당사자들과는 달리 좀 더 현명한 해결책을 찾을 수 있을 것이다.

마지막으로, 끝은 새로운 시작일 수도 있다는 사실을 받아들인다. 위기는 성숙을 낳는다. 그리고 끝은 완전한 끝만을 의미하지 않고 언제나 새로운 시작의 의미를 포함하고 있다. 혹시 끝내는 것과 그 후의 변화가 두려워 불행한 관계를 계속 지속시키고 있는가? 불행한 관계를 계속 그대로 유지하는 것보다는 적어도 좀 더 긍정적인 결과가 잠재하고 있는 불확실한 미래를 택하는 것이 훨씬 현명하다.

이처럼 자신의 사랑을 유지하는 방법을 알고 노력해 봄으로써 건강한 이성관계를 맺을 수 있을 것이다.

활동 8-④

나의 이성관계와 자기이해

자신의 이성관계를 떠올려 보고 다음의 질문에 답해 봅시다. 만약 이성관계 경험이 없다면 앞으로 어떤 상대와 이성관계를 맺고 싶은지 답해 봅시다.

건강한 이성관계

1. 사랑을 유지하기 위한 나의 노력은 무엇인가요?

_____

_____

이성관계의 어려움

2. 사랑을 유지하기 위하여 내가 한 노력이 실패로 돌아간 경험이 있나요?

_____

_____

제9장

소셜네트워크관계 점검을 통한 자기이해

사람이 우선이다.

-Mark Zuckerberg

1. 소셜네트워크관계 점검을 통한 자기이해

인간관계라 함은 사람이 사람을 만나서 소통하고 교류하는 것이었으나 요즘은 그야말로 소셜네트워크서비스(Social Network Service: SNS), 즉 사회관계망 서비스로 돌아가는 세상이라고 해도 과언이 아니다. 각종 광고나 정치 참여, 개인 안부 등이 공유되기도 하며 한 번도 본 적 없는 전 세계에 있는 모든 사람과 친구가 되기도 한다. 그러다 보니 각종 논란이 생기기도 하고, 사회적 트렌드가 생기기도 하며, 우리 사회의 단상이 투영되기도 한다. 이처럼 SNS상에서의 인간관계는 다양해지고 사람들은 수많은 관계를 맺지만 정작 자신의 진실된 모습을 보여 주기보다는 가공의 인물을 내세워 보여 주기식 관계를 맺는 경우가 많다. 이로 인해 인간관계의 질과 친밀감이 저하되고 인간관계에서의 만족감이 낮아져 사회성에 부정적인 영향을 미치

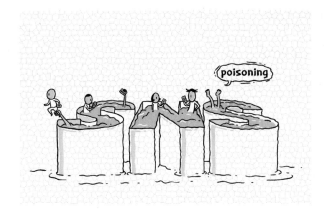

인간관계의 한 유형인 SNS

기도 한다. 이러한 인간관계문제는 고독감, 외로움, 열등감, 우울 및 불안 등의 심리적 혼란을 야기하기도 하며, 성격장애나 정신병리 증상을 유발하기도 한다. 이 장에서는 이러한 소셜네트워크관계를 점검해 봄으로써 자신의 인간관계를 이해하고 수용하며 건전한 인간관계를 맺고 유지하는 데 도움을 주고자 한다.

1) 소셜네트워크관계란

소셜네트워크란 인터넷상에서 친구, 동료 등 지인과의 인간관계를 강화하거나 새로운 인맥을 형성함으로써 폭넓은 인적 네트워크를 형성할 수 있게 해 주는 서비스이다(한국인터넷진흥원, 2009). 또한 소셜네트워크서비스의 줄임말로 자신만의 온라인 사이트를 구축하여 콘텐츠 서비스를 만들고, 친구들과의 연결을 통해 서비스와 커뮤니케이션을 공유하는 것을 의미한다. 현재 오프라인상에서 발생할 수 있는 모든 사람 사이의 관계를 온라인을 통해서 형성할 수 있게 해 주고, 개인을 표현하는 데 보다 쉽고 빠르게 해 주며, 특히 언제 어디서나 접속하는 것을 통해 많은 사람을 만날 수 있게 해 주는 교류와 소통의 공간인 것이다. 이처럼 소셜네트워크는 시간이나 장소, 대상에 구애받지 않고 전 세계 모든 사람과 친구가 될 수 있게 해 주며, 주변의 친구나 가족 외에 공통된 관심사를 가지고 있는 해외 사람들과 실시간으로 소통할 수 있게 해 주는 중요한 역할을 하기도 한다.

이러한 소셜네트워크의 특성을 보면 다음과 같다(Kietzmann, Hermkens, McCarthy, & Silvestre, 2011). 첫째, 정체성의 표현(identity)이다. 사용자의 정체성이 드러나도록 이름, 나이, 성, 직업, 사는 곳 등 일명 프로필을 작성하는 것이다. 개인정보로 인해 사생활 침해 등의 문제가 제기되기도 하지만 프로필은 SNS에서 중요한 특징을 담당하고 있다. 둘째, 대화(conversations)의 장이다. 이용자들이 개인 상호 간 혹은 그룹 간에 원활한 의사소통을 할 수 있도록 SNS가 이를 제공하는 것으로, 사람들은 새로운 사람을 만나거나 화두가 되는 사회 이슈 등을 따라가기 위해 의견을 표현하고 대화를 나눈다. 셋째, 공유성(sharing)이다. 유명인의 글이나 비디오 영상, 사진, 음성, 특정 사이트 링크 등 서로에게 의미 있고 가치 있는 내용을 교환하고 배포하는 것을 의미한다. 넷째, 실재감(presence)이다. 면대면이 아닌 온라인 환경에서 마치 다른 사람과 얼굴을 마주 대하고 있듯이 그 사람의 존재를 느낄 수 있는 것을 말한다. 예를 들어, 실시간으로 상대방의 위치를 알 수 있으며 그곳이 내가 있는 곳과 얼마나 가까운지 가늠할 수 있다면 거리상 떨어져 있더라도 함께 있는 것처럼 느낄 수 있다. 다섯째, 관계성(relationships)이다. 이상의 것들을 모두 포괄하는 특징으로, 둘 혹은 그 이상의 사람들이 대화를 하거나 특정 주제에 대해 공감하고 공유하는 등 서로 연결되어 있는 것을 말한다. 이는 사적인 관계일 수도 있고 공적인 관계일 수도 있다. 여섯째, 명성(reputation)이다. 이용자의 사회적 위치 등을 드러내고 확인하는 것을 뜻하는데 이는 신뢰의 문제와도 직결된다. 즉, 어떤 사람의 명성에 따라 공유하는 콘텐츠의 질적 측면까지 신뢰할 수 있는 것으로 여겨지는 것이다. 마지막으로, 그룹(groups) 형성이다. SNS를 통해 커뮤니티를 만들고 활동하는 것으로 사용자들이 커뮤니티를 개설하고 구성원들을 관리할 수 있는 역할들을 제공한다.

이처럼 소셜네트워크의 특성을 기반으로 자신의 인간관계를 점검해 보는 것은 자기를 이해하는 것에 매우 중요하다.

2) 소셜네트워크관계와 자기이해

어느 순간부터 사람들이 사람을 쳐다보는 장면이 사라졌다. 길을 걸을 때, 지하철이나 버스 등 대중교통을 이용할 때, 심지어 식당에서 밥을 먹을 때도 사람이 사람과 관계하는 장면을 보기가 매우 드물어졌다. 사람이 사람을 만나 인간관계를 맺는다는 것은 쉽지 않은 일이 되어 버렸다. 특히 요즘처럼 시간을 분 단위로 쪼개서 살아가는 현대인에게는 더욱 힘든 현실이다. 그렇다면 요즘 사람들은 어떻게 인간관계를 맺고 살아가는 걸까? 한 조사 결과에서 소셜네트워크를 사용하는 목적 1위가 '오프라인 인간관계 유지'인 것으로 나타났는데, 이는 친구 혹은 지인들과의 연락이나 의사소통을 위해서 소셜네트워크를 하는 것을 말한다(DMC리포트, 2017). 즉, 면

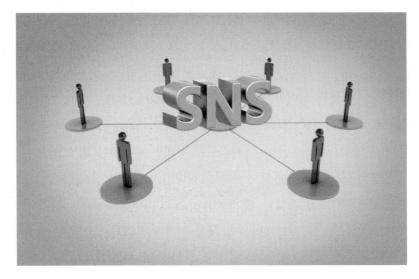

오프라인 인간관계 유지를 위한 SNS

대면이 아닌 소셜네트워크 안에서 인간관계를 맺고 있다는 것이다. 인맥이 학교나 학원, 동호회 등에 국한되었던 과거와 달리 인터넷을 통해 세계 모든 사람과 인맥을 형성하고 그들과 관계를 형성할 수 있게 된 것이다. 또한 스마트폰의 보급화로 시간이나 장소의 제약 없이 빠르게 정보를 교환할 수도 있어 굳이 직접 만나지 않더라도 소속감이나 친밀감, 정보력 등을 가질 수 있게 된 것이다. 반면, 소셜네트워크에서 여러 사람과 교류를 하다 보면 의도치 않게 자신의 개인 정보나 위치 정보가 원치 않는 사람에게 노출될 수 있어 범죄에 악용되기도 하고, 불분명한 정보가 확산되고, 왜곡된 사실들로 인해 심리적·정서적 피해를 입기도 한다. 여기에 소셜네트워크 안에서의 친구 수는 곧 영향력이 되고 방문자 수는 인기도라는 공식으로 인식되기에 너도나도 인맥 늘리기에 급급하다. 이러한 문제로 인간관계를 진정성 있고 깊이 있게 형성하기보다는 피상적인 관계를 맺게 된다. 따라서 소셜네트워크를 이용하는 목적이나 참여 정도, 이용 행태에 따라 소셜네트워크 안에서 자신이 어떤 관계를 맺고 있는지에 대해 점검해 보자.

활동 9-①

소셜네트워크 사용 유형 점검하기

다음의 질문들은 여러분의 소셜네트워크관계를 알아보기 위한 것입니다.

1. 소셜네트워크 사용 실태는 어떠한가요?

번호	문항	
1	오프라인(면대면) 만남을 선호하는 편이다.	
2	오프라인 만남과 온라인 만남 중 어느 것이든 상관없다.	
3	온라인 만남을 선호하는 편이다.	

2. 주로 사용하는 소셜네트워크는 무엇인가요?(중복 응답 가능)

번호	문항	
1	유튜브	
2	페이스북	
3	인스타그램	
4	카카오스토리	
5	밴드	
6	트위터	
7	폴라	
8	그 외 기타	

3. 가장 오래 사용한 소셜네트워크의 이용기간은 어느 정도인가요?

번호	문항	
1	1년 미만	
2	1~2년 미만	
3	2~3년 미만	
4	3년 이상	

4. 소셜네트워크에서 관계 맺고 있는 사람의 수는 몇 명인가요?

번호	문항	
1	20명 미만	
2	20명 이상 50명 미만	
3	50명 이상 100명 미만	
4	100명 이상 150명 미만	
5	150명 이상 300명 미만	
6	300명 이상	

5. 자신이 소셜네트워크를 사용하는 목적은 무엇인가요?(중복 응답 가능)

번호	문항	
1	오프라인 인간관계 유지	
2	개인공간 형성 및 취미활동	
3	각종 정보 습득	
4	다양한 사람과의 인맥 형성	
5	남의 공간을 구경하기 위해	
6	사회적 여론 형성과 참여	
7	상업활동 및 홍보	
8	기타	

6. 소셜네트워크관계의 유형 대상은 누구인가요?

번호	문항	
1	가족, 친지	
2	친구, 애인, 동창, 선후배	
3	취미, 관심사가 같은 사람	
4	업무와 관련된 사람	
5	각계 유명인사	

7. 소셜네트워크관계의 진정성에 대한 인식은 어떠한가요?

번호	문항	
1	실제 만남보다는 진정성이 떨어진다.	
2	실제 만남과 진정성에 차이가 없다.	
3	실제 만남보다는 진정성이 크다.	

활동 9-②

● **나의 소셜네트워크관계 점검하기**

　활동 9-①에서 자신의 소셜네트워크 사용 유형을 확인하였다면 다음의 질문에 대해 생각하고 나누어 봅시다.

1. 결과를 통해 자신의 소셜네트워크 사용에 대해 이해한 점은 무엇인가요?

_____

_____

_____

2. 소셜네트워크 안에서 나의 인간관계는 어떤 모습인가요?

_____

_____

_____

2. 대학생의 소셜네트워크관계 점검을 통한 자기이해

대학생 시기에는 개인이 자신의 삶에 주도권을 가지고 대인관계능력을 형성하고 필요에 따라 조정할 수 있다는 점에서 이 시기의 인간관계 경험은 매우 중요하다. 어느 발달단계보다 가장 활발한 인간관계를 경험하기도 하고, 친밀감 형성으로 깊이 있는 인간관계를 경험하는 시기이다. 따라서 이 시기의 대학생들은 매우 다양한 경로로 대인관계를 맺고 친밀감을 나누는데 그중 가장 큰 비중을 차지하는 것이 소셜네트워크 안에서의 인간관계이다. 소셜네트워크는 인터넷을 통한 만남의 플랫폼으로 지인들과 교류할 수 있는 장이자, 개인의 사적인 정보나 개인 사진, 음악, 동영상을 수록할 수 있는 공간을 마련해 준다. 따라서 대학생들은 소셜네트워크를 통해 친구나 지인들과 직접적으로는 메시지를 교환하고 간접적으로는 사회 정보를 검색함으로써 상호 간의 연결고리를 만들어 교류하게 된다. 이러한 점이 소셜네트워크의 매력으로 부각되어 대학생들의 이용이 확장되고 있는 만큼 자신이 소셜네트워크 안에서 어떤 인간관계를 맺고 있는지 점검해 보는 것은 건전한 인간관계를 형성하는 데 중요한 요인이 된다.

1) 대학생의 소셜네트워크관계

대학생의 소셜네트워크 양상을 보면 다음과 같다. 첫째, 친구들과 온라인 속에서 접촉이 많아지면서 대학활동을 더 활발히 할 수 있다. 둘째, 대학에서 과 친구들과의 관계 말고도 더 넓은 친구관계를 맺을 수 있다. 셋째, 공부와 취업에 대한 정보도 얻고 공유할 수 있다. 넷째, 자신의 생각과 일상을 적으면서 자신을 표현하고, 창조적인 표현과 사고력을 기를 수 있다.

2) 대학생의 소셜네트워크관계 어려움

관계 고민을 가진 대학생 민석이의 사례를 살펴보자.

민석이는 이번 학기부터 '자발적 아싸(아웃사이더)'가 되기로 했다. 일주일에 한두 번 학교에 가고 주로 집에 머물러 식사도 거의 거른다. 민석이는 소셜네트워크에 연결된 학교 친구는 150여 명이지만 언제든 편히 불러낼 친구는 단 한 명도 없다. 개강 파티도 가 보고, 인맥관리 책도 읽어 봤지만 인간관계에 영 자신이 없다. 매년 찾아오는 '개강 울렁증'이 싫어 스스로를 집 안에 가두고 고립되는 삶을 선택했다.

〈사례 1〉에서와 같은 관계문제가 민석이 혼자만의 문제일까? '관계 고민'은 다양한 양상으로 대학생활에 문제를 일으킨다. 소셜네트워크에 수백 명과 순식간에 친구로 연결될 수 있는 세상이지만, 진짜 친구는 찾아보기 힘들게 되었다. 또한 이러한 인간관계에 회의를 느끼고 피로감을 호소하는 '관태(관계와 권태의 합성어)'를 겪는 대학생도 적지 않다. 소셜네트워크에서 친구가 수백 명에 이를 정도로 '인맥 부자'인 대학생도 온라인과 달리 현실에서는 초라한 자신의 모습 때문에 남 앞에 서는 게 두렵게 되기도 한다. 이런 대학생들 중 일부는 "관태를 느껴 친구들과 거리를 두며 '잠수'를 탔지만, 편하기는커녕 오히려 우울감만 커졌다."라고 이야기하는 경우도 종종 있다. 최근 혼행(혼자 여행), 혼밥(혼자 식사), 혼강(혼자 수강) 등 홀로 일상을 처리하는 '혼족' 열풍도 소셜네트워크에서의 화려한 관계 이면의 현실에서 고독을 느끼는 대학생들의 관태와도 관련이 있다. 이러한 관계 기피 현상이 신조어를 만들어 내기도 한다. 이성을 만나는 것이 불편해 동성끼리 시간을 보내는 '게이트(게이+데이트)', 온라인에서조차 피곤한 관계에 엮이기 싫어 흔적을 지우는 '글평족(익명으로 게시했다가 삭제하는 사람)', 신상이 드러나지 않는 제2의 계정을 뜻하는 '세컨드 계정' 등이 대표적이다. 또한 얼굴 한 번, 목소리 한 번 들어 본 적 없는 친구가 친구 목록에 수두룩하지 않은가? 소셜네트워크가 활성화되면서 새로운 소통의 장이자 활발한 인간관계의 장이라고 말하지만 실상은 그렇지 않은 경우가 종종 있다. 많은 사람과 소통을 하기 위해 시작한 소셜네트워크는 사실 사람들과의 소통을 방해하고 있기도 하다. 소셜네트워크상에서의 대화가 익숙해져 얼굴을 마주하고 이야기하는 것이 어렵다거나 마음을 터놓고 솔직하게 이야기하는 게 어렵다고 하는 대학생이 많아지고 있는 실정이다. 나는 어떠한 관계를 맺고 있는지 온라인이나 오프라인에서의 인간관계를 점검해 보는 것이 필요하다.

활동 9-③

대학생의 소셜네트워크관계 점검하기

　　면대면이나 소셜네트워크 안에서 친밀한 관계를 유지하고 있는 사람은 누가 있습니까? 원 안에 이름을 적어 보세요.

면대면

소셜네트워크

1. 둘 중 어느 쪽과 더 친밀한(활발한) 관계를 유지하고 있습니까?
_____
_____

2. 각 원 안에 몇 명의 사람들이 있습니까?
_____
_____

3. 그 사람들과 어떤 관계를 유지하고 있는지 짧게 적어 봅시다.
_____
_____

4. 그 사람들에 대한 자신의 느낌을 적어 보세요.
_____
_____

3. 올바른 소셜네트워크관계 점검을 통한 자기이해

자신이 올린 글이나 사진에 얼마나 많은 댓글이 달렸는지 일어나자마자 확인해 본 적은 없는가? 댓글이 많이 달려 있으면 기분이 좋아지고, 댓글이 적으면 우울해지는 경험을 해 본 적이 적지 않을 것이다. 그리고 일어나서부터 스마트폰을 놓지 않고 화장실에서조차 끊임없이 SNS를 하는 경우도 심심치 않게 경험하게 된다. 이런 경우 SNS 중독을 의심해 볼 필요가 있다. 타인이 모두 나의 SNS를 보고 있다는 생각, 내가 올린 글이나 사진에 댓글이 없을 시 나의 존재가 없어진 것 같은 두려움 때문에 끊임없는 반응을 얻고자 SNS에 빠지게 되는 것이다. 무엇이든 적당히 할 때 가장 유익하고 즐겁게 사용할 수 있다. SNS도 적절히 사용한다면 주변 사람들과 일상을 공유하고 대화를 할 수 있는 주제를 찾을 수 있고, 자신의 새로운 취미활동을 할 수 있게 된다. 이처럼 올바른 소셜네트워크 사용은 건강한 정신건강을 형성하고 유지하는 데 중요한 요인이 되므로 자신의 중독 경향성을 알아보고 이를 통한 자기이해를 함으로써 건강한 인간관계를 맺고자 한다.

1) 소셜네트워크관계의 중독 경향성

사례 2

대학생인 혜교는 집에서 학교까지 걸어서 10분이 채 안 걸리지만 너무 잦은 지각과 결석으로 학사경고를 받을 지경이다. 스마트폰으로 카톡을 하고 인스타그램, 페이스북도 하며, 심지어는 요즘 뜬다는 틱톡까지 하다 보면 시간 가는 줄 모르기 때문이다. 특히 요즘은 유명 연예인이 올리는 동영상, 유튜브의 먹방이나 여행 등의 동영상을 시청하는 데 더 많은 시간을 투자한다. 가끔 혜교는 "시험기간 때만이라도 스마트폰을 안 하고 싶지만 너무 재미있어서 눈을 뗄 수가 없고 혹여나 배터리가 방전되어 잠시라도 폰이 꺼지는 경우 불안하고 초조해서 견딜 수가 없다.

대학생 보검이는 수업 중에 스마트폰을 충전하기 위해 전기 콘센트를 찾아 강의실을 빠져나오는 경우가 종종 있다. 그는 교수로부터 몇 차례 주의를 받았지만 이를 고치지 못했다. 알고 보니 보검이는 하루 40~50개씩 트위터 '맨션'을 올리고, 하루 100~200건씩 리트윗을 하고 페이스북 친구도 수백 명이나 되는 '과도한 이용자(heavy user)'이다.

이 두 사례처럼 소셜네트워크를 처음 시작한 것은 재미나 편의성을 위해서나 댓글을 달기 위해서이지만 점차 이것이 과잉으로 이어지게 되면서 일상생활에 심각한 문제를 초래하게 한다. 소셜네트워크의 댓글이나 리트윗에 매달리는 것은 타인으로부터 인정을 받기 위해서이다. 소셜네트워크에서의 인정은 만족감을 줌으로써 '사회적 관계 욕구'를 충족시켜 준다. 하지만 자신이 인정을 받으려면 다른 사람의 소셜네트워크 활동에 적극적으로 반응을 해 주어야 한다. 이 때문에 잠시라도 스마트폰을 놓지 못하고 자기 직전까지, 일어나면 그 즉시 소셜네트워크 활동부터 챙기는 사람이 많아졌다. 앞의 사례를 토대로 [활동 1]을 생각해 보자.

SNS를 하지 않으면 불안하고, 반응이 낮으면 창피하다.

[활동 1] 생각해 보기

혜교나 보검이와 같은 상황에서 나는 어떻게 행동할 것 같은지 다음 물음을 통해 나와의 차이점
을 생각해 봅시다.

1. 혜교나 보검이가 소셜네트워크에 매달리는 이유는 무엇이라고 생각하나요?

----

2. 내가 혜교나 보검이라면 어떻게 행동할 것인가요?

----

3. 내가 혜교나 보검이에게 해 줄 수 있는 말은 무엇인가요?

'음식마다 사진을 찍는다.' '눈을 뜨면 SNS부터 확인한다.' '화장실에서도 SNS를 체크한다.' '자신의 삶을 모두가 SNS로 보고 있다고 생각한다.' '자신의 포스트에 좋아요를 누른다.' '시시각각 상황을 업데이트한다.' '재밌는 일이 있을 때면 바로 중계한다.' '새로운 소식이 없어도 SNS를 체크한다.' 'SNS를 하지 않으면 불안하다.' '반응이 부족하면 몹시 부끄럽다.'에 대부분 해당된다면 SNS 중독을 의심해 볼 수 있다. 한국정보화진흥원(2018) 조사에 따르면, 스마트폰 과의존은 2015년 16.2%에서 2016년 17.8%로 늘어 약 743만 명에 이르는 것으로 나타났다. 조사 응답자의 65.0%는 소셜네트워크를 사용한다고 하였고, 이들 가운데 22%는 과도한 의존이나 몰입으로 인해 자신의 성격이나 심리 상태에 문제가 생길 것을 우려하고 있었다. 이는 소셜네트워크의 중독 경향성을 말하는 것이다. 점점 소셜네트워크 사용시간이 늘어나면서 이전 수준의 사용으로는 만족을 얻지 못하는 내성과 사용을 중단할 때 나타나는 다양한 심리적·신체적 불쾌감으로 다시 사용할 수밖에 없게 되는 금단증상을 이해함으로써 자신의 소셜네트워크 중독 경향성에 대해 자세히 점검해 볼 필요가 있다.

2) 올바른 소셜네트워크관계와 자기이해

[활동 2] 생각해 보기

1. 나는 소셜네트워크 안에서 어떤 관계를 맺고 있나요?

2. 나는 소셜네트워크 안에서 어떤 사람이 되고 싶은가요?

올바른 소셜네트워크 안에서의 인간관계는 부정적 사고나 감정을 분산시키고 외로움, 슬픔 또는 불안과 같은 감정을 경감시키는 효과를 가져다준다(Hormes, Kearns, & Timko, 2014). 또한 소셜네트워크는 현실세계에서 낮아진 자존감을 보상받을 수 있는 공간이 되기도 하며, 현실에서 맺기 힘든 인간관계를 맺게 해 주는 공간이 되기도 한다. 이처럼 소셜네트워크라는 가상공간을 통해 이루어지는 인간관계는 현실에서의 인간관계보다 만족스러울 수 있고, 스트레스, 우울, 걱정에 대처할 수 있도록 해 준다는 이점이 있다. 이러한 소셜네트워크의 순기능을 알고 올바르게 이용한다면 보다 더 나은 인간관계와 삶의 만족을 얻을 수 있을 것이다. 올바른 소셜네트워크 사용방법을 알아보면 다음과 같다.

첫째, 소셜네트워크에 무분별한 개인 정보나 사진 자료 등을 게재해 자신의 신상이 노출되고 범죄의 표적이 되지 않도록 가급적 게시물은 지인 이외에 비공개로 설정하도록 한다. 둘째, 알지 못하는 사람이 소셜네트워크를 통해 접근할 경우 섣불리 자신의 개인 정보(이름, 학교, 연락처 등)를 제공하면 안 되며 상대방의 연락처 등 신분을 정확하게 확인한 후 대화에 응하도록 한다. 셋째, 소셜네트워크를 통해 아동·청소년 이용 음란물 등을 제공받을 경우 아동음란물 유포 및 소지죄로 처벌받을 수 있으므로 아동·청소년 음란물을 공유하지 않는다. 넷째, 소셜네트워크를 통해 다른 사람을 비방하거나 확인되지 않은 사실, 허위 사실을 전달할 경우 명예훼손이나 모욕죄로 형사처벌을 받을 수 있으므로 확인되지 않은 내용은 함부로 게시하지 않는다. 마지막으로, 사용하던 노트북이나 스마트폰을 중고로 판매할 경우 기존에 설치된 소셜네트워크 어플리케이션을 반드시 삭제 및 회원 탈퇴해 개인 정보가 유출되지 않도록 한다.

활동 9-④

소셜네트워크 중독 경향성 점검하기

활동 9-①, ②에서 점검한 자신의 소셜네트워크 사용 유형을 떠올려 보고, 다음 문항에서 자신의 소셜네트워크에 관한 경험이나 생각에 가장 일치하는 항목에 표시하세요.

번호	문항	전혀 없다	드물게 있다	가끔 있다	흔히 있다	항상 있다
1	나는 SNS 이용을 하거나, 글 남기기를 생각하는 데 상당한 시간을 보낸다.	1	2	3	4	5
2	나는 하루 중 총 30분 이상 SNS를 이용하는 데 집중한다.	1	2	3	4	5
3	나는 SNS 때문에 학업이나 가정에 소홀한 적이 있었다.	1	2	3	4	5
4	나는 중요한 일을 하는 중에도 종종 SNS의 업데이트 글을 떠올린다.	1	2	3	4	5
5	나는 SNS를 이용할 수 없을 때 초조, 불안, 짜증을 느낀다.	1	2	3	4	5
6	나는 SNS상에서 내 자신이나 내 글에 대한 반응을 수시로 확인하고 싶다.	1	2	3	4	5
7	나는 SNS에서 타인이 올린 글/댓글에 대해 필요 이상 흥분한 적이 있다.	1	2	3	4	5
8	나는 개인적인 스트레스를 해소하기 위해 SNS를 이용한 적이 있다.	1	2	3	4	5
9	나는 SNS의 이용을 중단하기 위한 시도를 했으나 실패한 적이 있다.	1	2	3	4	5
10	나는 SNS의 이용 시간을 스스로 조절하는 데 어려움이 있다.	1	2	3	4	5

출처: 이상호(2013).

검사 결과를 해석해 보면, 36점 이상이면 중독단계로서 전문가의 상담이 필요하며 하루 중 사용시간을 정하는 등의 과몰입에 주의를 기울일 필요가 있다. 또한 31점에서 35점까지는 일정한 사용시간을 준수할 필요가 있는 단계로서 가벼운 중독단계로 보았고, 26점에서 30점까지는 학업, 업무 등의 지장은 적으나 조만간 중독될 가능성이 있는 단계로서 학업, 업무 등을 수행할 때 접속을 피하는 것이 필요하다고 하였다. 25점 이하인 경우에는 정상 수준으로 볼 수 있다.

나의 소셜네트워크관계와 자기이해

활동 9-④의 결과를 통해 다음의 질문에 대해 답하고 의견을 나누어 보세요.

1. 활동 9-④의 결과를 쓰고 이러한 결과가 나타난 이유가 있다면 적어 보세요.

_____

_____

_____

2. 나의 소셜네트워크 점검을 통해 자신에 대해 이해한 점이 있다면 무엇인가요?

_____

_____

_____

제 **3** 부

건강한 인간관계 만들기

　제1부는 건강한 인간관계란 무엇이고 그것이 정신건강에 어떠한 영향을 줄 수 있는지에 대하여 알아보았다. 이어서 제2부에서는 심리검사를 통한 자기이해부터 가족관계, 친구관계, 이성관계와 소셜네트워크관계에 이르기까지 자신의 인간관계 패턴을 점검하는 시간을 가져 보았다. 이를 통하여 구체적인 나의 인간관계 패턴을 알게 되고 그 속에서 내가 겪고 있는 어려움이 무엇인지 확인하였다. 그렇다면 다양한 상황 속에서 건강한 인간관계를 맺기 위하여 어떠한 노력들이 필요할지에 대한 물음이 생겼을 것이다.

　제3부에서는 이러한 궁금증을 해소하는 데 도움을 줄 수 있는 몇 가지 실천적 방법을 제안하고자 한다. 먼저, 관계 형성의 기본이 될 수 있는 관계 촉진 대화방법을 시작으로 관계 속에서 파생되는 스트레스와 갈등을 관리하기 위한 방법을 제안할 것이다. 그리고 나를 적절하게 지키면서도 관계를 해치지 않기 위한 주장성과 정서조절능력, 회복탄력성을 기를 수 있는 방법에 대해서도 알아볼 것이다. 마지막으로, 우리 모두가 추구하는 행복한 삶을 위하여 대학생활 이후의 삶에도 관심을 가져 볼 것이다. 건강한 부부·부모, 행복한 삶에 대한 이야기를 나누며 인간관계와 관련한 중요한 고민의 순간 어떻게 해결해 나갈 것인가에 대한 방향을 설정해 보고자 한다. 이와 같은 실천적인 방법 연습으로 인간관계 형성과 유지에 어려움을 겪고 있는 많은 대학생이 좀 더 건강하고 자신감 있는 인간관계를 만들어 나갈 수 있기를 기대한다.

제10장

관계를 촉진하는 대화하기

> 금속은 소리로 재질을 알지만
> 사람은 대화로 서로의 존재를 확인한다.
>
> —Baltasar Gracian

1. 건강한 인간관계를 위한 대화

학업, 진로에 이어 대학생들의 가장 큰 고민은 인간관계이다. 인간관계에 대한 스트레스로 인해 관계 자체에 대한 회의를 느끼고 피로감을 표현하는 신조어로 '관태(관계와 권태의 합성어)'라는 단어까지 등장할 만큼 대학생들은 인간관계를 힘들어한다. 이러한 인간관계의 어려움을 좀 더 자세히 들여다보면 '관계에서 대화를 어떻게 해야 할지'에 대한 고민으로 이어진다. 대화는 사람과 사람을 이어 주는 다리 역할을 하여 관계를 유지하고 지속시키는 역할을 하기 때문이다. 대학생들은 친구, 동기, 선배, 교수님 등과의 여러 관계에서 늘 대화의 상황을 마주하게 된다. 이런 대화의 상황에서 말하는 사람과 듣는 사람이 서로 이해하고 소통하는 대화를 하려면 어떻게 해야 할까?

이 장에서는 대학생들의 건강한 관계를 촉진하는 대화의 의미는 무엇인지, 대화의 걸림돌 그리고 건강한 대화를 할 수 있는 비결 등에 대해 자세히 알아보고자 한다.

1) 관계를 촉진하는 대화란

서로의 관계를 촉진할 수 있는 대화는 무엇이고, 대학생활에서 이러한 대화가 왜 필요한지에 대해 살펴보자.

(1) 관계를 촉진하는 대화의 정의

흔히 우리는 '말'과 '대화'를 같은 뜻이라 생각하지만 '대화'는 '말'보다 상호소통의 의미를 내포하고 있다. 대화의 사전적 의미는 마주 대(對)하여 서로 의견을 주고받으며 이야기하는 것(話)으로 정의된다. 마주한 두 사람이 형식적으로 주고받는 '말'이 아닌 관계를 촉진하는 '건강한 대화'를 한다는 것은, 단순히 언어를 주고받는 데 그치지 않고 말하는 사람이 전달하려고 하는 메시지를 의도대로 전달하여 듣는 사람이 이를 정확하게 이해하는 과정이라 할 수 있다.

우리가 대화를 나눌 때 대화의 원리와 구조를 제대로 이해한다면 사람들 사이에서 소통은 보다 원활하게 이루어질 수 있다. 대화의 원리의 기본은 대화가 일방통행이 아닌 쌍방통행으로 이루어진다는 점이다. 말이 상대에게 정확하게 전달되기 위해서는 말하는 사람의 의도, 표현된 말, 듣는 사람의 인식이라는 세 가지 요소가 대화의 과정에서 톱니바퀴처럼 잘 연결되어야 한다(김창오, 배미애, 정현주, 김경희, 2014). 대화의 구조에 대해 구체적으로 살펴보자.

첫째, 말하는 사람은 말을 할 때 자신이 말하고자 하는 '의도'를 담고 있다. 가령 조별 모임에서 발표 준비를 하면서 영희는 자료조사를, 철수는 ppt 편집을 맡았다고 가정해 보자. 발표 전날, 철수의 완성본 ppt를 본 영희는 사실 완성된 자료가 마음에 들지 않는다. 철수에게 "너 내일 발표할 자료가 그게 다야?"라고 말했을 때 '철수가 준비한 자료가 미흡하거나 보충이 필요하다.'라는 의도를 담고 이야기를 시작했지만 철수를 비난하거나 책망할 의도까지는 없다. 두 번째 요소는 표현된 말 그 자체이다. "너 오늘 발표할 자료가 그게 다야?"라는 질문 형태의 말 자체가 그것이다. 세 번째 요소로는 '듣는 사람의 인식'이 있다. 영희의 말을 듣는 순간 철수는 영희의 말한 의도를 자신의 틀로 해석해서 받아들인다. 철수는 '내 발표 자료가 맘에 안 든다는 말이구나.' '기껏 준비했는데 부족하다고 비난하네.' '나를 부족한 사람으로 보는 거야?' 등으로 영희의 말을 자신의 인식 틀로 받아들일 수 있는 것이다.

앞에서 살펴본 것처럼 상대방의 말을 있는 그대로 듣지 않고 듣는 사람이 늘 해석해서 듣기 때문에 대화란 말하는 이의 의도를 왜곡하고 오해할 가능성을 구조적으로 갖고 있다. 따라서 건강한 대화를 하기 위해서는 중요한 화자인 듣는 사람과 말하는 사람 모두 자신의 말하는 방법과 태도를 점검할 필요가 있다.

(2) 관계를 촉진하는 대화의 필요성

우리는 대학생이 되면서 다양한 관계를 맺으며 지내게 된다. 이 시기의 새로운 관계 형성을 통한 사회적 관계망 확장에 있어 대화는 중요한 수단이 된다. '내가 말을 안 해도 상대가 나를 이해하고 있겠지.' 하는 것은 자신만의 생각일 뿐이다. 말을 하지 않으면 상대는 내 생각과 의도의 반도 알아채지 못하기 때문에 대화는 필수적인 것이다. 대학생활에 있어 관계를 촉진하는 대화가 필요한 구체적인 상황을 통해 대화의 필요성을 살펴보자.

첫 번째로, 첫 만남에서 자신을 드러내고 표현하기 위해 대화가 필요하다. 대학은 학기제로 운영되기 때문에 다른 연령에 비해 더 자주 새로운 사람들과 만날 수밖에 없다. 대학생 126명에게 '새학기 증후군이 있는가?'라고 질문했을 때 75%가 '그렇다.'라고 응답한 조사 결과(김미선, 2016)만 봐도 낯선 사람과 환경에 대한 대학생들의 스트레스를 짐작할 수 있다. 구체적인 상황을 예로 든다면 수업시간이 임박하여 급하게 엘리베이터를 탔을 때 교수님과 단둘이 있는 상황이나 소개팅 자리에 나가 처음 이성과 만났을 때의 어색한 상황, 신입생 환영회에서 낯선 동기들과 인사해야 하는 상황, 동아리방에서 제대한 낯선 선후배를 만나 통성명을 해야 하는 상황 등 대학생활을 하다 보면 어느 때라도 내가 원하든 원치 않든 첫 만남의 순간이 찾아오게 마련이다. 이런 상황에서 우리는 관계를 맺기 위해 각자가 지금까지 사용해 왔던 나름의 방식을 사용하여 첫 대화를 시도하게 된다. 이럴 때 가벼운 인사말을 덧붙여 자신이 어떤 사람이고 어떤 것을 좋아하고 싫어하며 관심이 있는지에 대해 대화라는 수단을 통해 자신을 개방할 수 있다면 다른 사람과의 관계를 부드럽게 시작할 수 있다.

두 번째로, 대화는 친해지고 싶은 누군가와 정서적으로 친밀한 관계를 유지하기 위해서도 필요하다. 첫 만남의 긴장되는 순간을 통과했다 하더라도, 상대와 발전된 관계를 만들기 위해서 우리는 서로의 마음을 이해하고 알아 가기 위해 대화가 필요하다. 진지하고 무거운 주제는 무조건 피하며 가벼운 주변 이야기만 주고받는 경우, 발표할 때에는 명료한 언변으로 내 이야기를 잘 전달하지만 정작 가까운 친구들에게는 직설적인 화법으로 상처를 주는 경우, 다른 사람의 관심사보다는 자신의 이야기만 퍼붓는 경우 등은 대화를 한다고 하지만 다른 사람과 교류하고 있다고 보기는 어렵다. 대화는 '소리'만 오고 가는 것이 아니라 서로의 느낌과 감정이 오가면서 대화를 나누기 전보다 대화 후에 좀 더 가까워지고 이해하고 있다고 느끼는 과정을 포함한다고 할 수 있다.

세 번째로, 누군가를 설득하고 이해시키기 위해서 대화가 필요하다. 예를 들어, 조 모임, 팀별 프로젝트를 할 때 안건에 대한 구성원의 의견이 다를 경우, 상대의 기분을 상하지 않으면서도 자신의 의견이 받아들여지도록 하고 서로 원만한 합의에 이르기 위해서는 적절한 대화가 이루어져야 한다. 서로가 공동의 목표를 위해 상대를 이해시키고 설득하는 대화능력은 졸업 후 직장생활에서도 관계의 윤활유 역할을 할 뿐 아니라 사회생활 적응에도 도움이 된다. 이 부분에 대해서는 제12장 '건강한 관계를 위한 갈등관리'에서 좀 더 자세하게 살펴보도록 하겠다.

2) 대화의 걸림돌

대화가 잘 안 되는 원인은 무엇일까? 우리는 대화를 통해 생각을 공유하고, 상대방과 나의 다른 점에 대해서 알아 간다. 그런데 서로 원활하게 소통하지 못해 내 의도가 상대에게 제대로 전달되지 않거나 아예 대화가 회피, 단절된다면 서로 오해가 쌓일 수 있다. 원활한 대화가 되지 않는 요인이 무엇인지 알아보고, 말하는 사람 입장에서와 듣는 사람 입장에서 몇 가지 점검해야 할 사항들을 살펴보자.

(1) 말하는 사람의 대화전달 방식

먼저 말하는 사람의 대화 내용 전달방식을 점검해 볼 필요가 있다. 다음 예시를 살펴보자.

〈예시 1〉

- 명확한 주제 없이 말하는 '산만형'

기범: 이번에 경주에 갔다 왔는데 말야. ktx 잡지에서 봤던 곳을 갔다 왔거든. (갑자기 ktx 잡지가 떠오름) ktx 잡지는 나 열차 탈 때마다 재밌게 보는데. (잠시 생각하는 듯하다가) 근데 경주에 유명한 제주도식 빵집이 있는데, 거기서 파는 게……. (불현듯 빵이 떠오름) 부산 남포동에 일본식 빵집 생겼더라.

민희: (얘 지금 무슨 말 하는 거지? 하고 싶은 이야기가 뭐야?)

- 자기 이야기만 하는 '독점형'

서영: 내가 저번에 동아리 모임 갔다가 누굴 만났는데~ (동아리 모임 이야기 5분 소요) 내 친구가 있는데, 걔가 어떠냐 하면~ (친구 이야기 3분 소요) 내가 이번에 인터넷 쇼핑에서 아이템을 몇 개 샀는데~ (인터넷 쇼핑 이야기 2분 소요)

미나: (10분이나 기다렸는데 내 이야기는 언제 하지?)

- 자신의 말을 지나치게 확신하는 '과신형'

민수: 어제 여자친구랑 블로그 맛집에 갔는데 되게 맛있더라.

기란: 뭐야? 그 집 정말 별로야! 너는 음식 맛을 잘 모르는구나!

민수: 인테리어도 괜찮고 여자친구도 좋아했는데…….

기란: 그래도 거긴 별로야. 분위기는 ○○가 더 좋지. 여자친구도 센스가 없네!

민수: (너는 다 맞고 나는 다 틀렸단 말인가?)

이와 같이 명확한 주제 없이 떠오르는 생각을 산만하게 말하는 경우, 상대방의 관심사와 상관없이 자신의 이야기만 내뱉으며 대화를 독점하는 경우, 지나치게 자기 주장에 확신에 차서 이야기하는 경우, 듣는 사람이 말하는 사람의 의도를 잘 파악하기 어렵거나 대화에서의 흥미를 얻기 어렵다. 말을 할 때 자기 의도를 절반 정도밖에 표현하지 못하거나 자신의 이야기를 추상적으로 말하는 경우, '상대방이 이해하겠지.'라는 막연한 가정 아래 상황을 요약해서 말하는 경우에도 말하는 사람의 의도를 정확하게 전달하기가 어렵다. 대화는 일방향이 아닌 쌍방향의 교류이기 때문에 말하는 자가 자신의 의도를 '언어'라는 매체를 통해 명확하게 전달하되, 상대방의 관심사나 반응을 고려할 필요가 있다.

(2) 듣는 사람의 듣는 태도와 방식

두 번째로는 듣는 사람이 말하고자 하는 사람의 메시지를 파악하고자 노력하며 듣는 것도 필요하다. 다음 예시를 살펴보자.

〈예시 2〉

• 다른 일과 비교하기: 상대의 말을 내 자신의 경험에 비추어서 듣는 것

선민: 나 어제 군대 신체검사 받았는데 현역으로 가지 못할 수도 있을 것 같아…….

준범: 뭐야? 남자는 무조건 군대를 다녀와야 돼! 내가 제대해서 사회생활을 해 보니까 남자가 군대를 안 가면 사회에서 인정을 안 해 줘. 복학해서도 복학생 선배들한테도 따돌림 당하고.

- 지레짐작하기: 상대의 말을 전체적 맥락 안에서 듣기보다 자기의 생각에 들어맞는 단서만을 찾아 자신의 생각을 확인하는 것

> 영지: 이번 학회장 선거에 나는 A팀 선배를 지지했는데…… 성실하고 포용력 있어 보여서 학회장 일도 잘할 것 같았거든. 근데 상대편 B팀 후보도 자원봉사 경력을 들어 보니 사람이 나쁘지 않아 보여.
>
> 수민: 나는 B팀 후보 지지자인데 A팀을 지지하는 거 보니 우린 같이 할 수 없는 사이군.

- 듣기 싫은 얘기 걸러 내기: 상대의 감정을 인정하고 싶지 않거나, 회피하고 싶거나, 무시하고 싶을 때 상대의 말을 막아 버리는 것

> 은혜: 지난번에 네가 여행한 이야기했을 때…… 사실 네가 무슨 이야기 하는지 제대로 알아들을 수 없어서 답답했어.
>
> 주영: 내 여행 이야기가 너무 재미있었다고 너도 생각한 거지? 네가 내 이야기가 정보가 되었다는 말이구나.

만약 듣는 사람이 이야기하는 사람의 말을 다 듣기도 전에 그 뜻을 미리 짐작해 버리거나, 상대의 이야기 중 이해하지 못한 것은 그냥 무시하며 그 말의 뜻이 담고 있는 바를 알려고 하지 않는 태도는 서로 간의 오해를 불러일으킨다. 또 듣는 사람이 본능적으로 자기에게 유리한 것을 위주로 듣거나(선택적 청취), 자기 기준으로 자기가 원하는 것은 수용하고 원하지 않는 것은 무시한다면 대화에서 서로 오해를 불러일으킬 수 있다. 이 외에도 처음에만 상대방의 말을 듣고 곧 자신이 다음에 할 말을 생각하기 바빠서 상대방의 말을 잘 듣지 않는 것이나 다른 사람이 말을 하는 동안 멍하니 다른 생각을 하는 것 또한 듣는 사람의 태도로 바람직하지 않다.

(3) 대화하는 사람 간의 성격차이

세 번째로는 대화하는 사람 간의 성격차이가 대화의 걸림돌이 될 수 있다. 제5장 '심리검사를 통한 자기이해'에서 살펴보았듯이, 성격에 따라 표현방식이 다르므로 대화 패턴도 다르게 나타난다. 예를 들어, MBTI 유형에서 외향형과 내향형을 살펴보자. 외향형이 내향형과 대화할 때는, 내향형이 생각할 시간을 가질 수 있도록 배려해 줘야 한다. 또한 대화에 들어가기 전에 내향형에게 필요한 정보와 그것을 이해할 수 있는 시간을 미리 주고 대화를 시작하는 것이 좋다. 따라서 중요한 사항은 이메일로 미리 보내 상대가 생각을 정리할 시간을 충분히 주는 것이 도움이 될 수 있으며, 상대방이 말할 때까지 기다려 주고 잘 들어 주는 것을 연습하는 것도 필요하다. 내향형이 외향형을 대할 때는 상대에게 최대한 빠르고 크게 반응을 보이는 게

에너지 방향이 다른 외향형과 내향형

좋다. 외향형은 터놓고 이야기하는 것을 좋아하는 사람이라는 것을 기억하고 그들이 원하는 만큼의 반응을 보일 수 있도록 노력해야 한다. 필요하다면 대화할 때 제스처를 적극적으로 활용하는 것도 좋다. 대화 중 정리가 필요할 때는 외향형에게 생각을 정리할 시간을 달라고 미리 요청하고 대화를 시작하는 것도 방법이다. 따라서 촉진하는 대화를 위해 서로 간의 성격차이가 걸림돌이 되는지를 점검할 필요가 있다.

(4) 부적절한 비언어적 태도

마지막으로, 말하는 사람과 듣는 사람 모두 언어적 대화뿐 아니라 비언어적 대화에 대한 점검이 필요하다. 대화의 유형은 크게 언어적 대화와 비언어적 대화로 나눌 수 있다. 비언어적 대화에는 몸의 움직임, 표정, 눈 맞춤, 자세, 손짓이 포함되며, 목소리의 고저, 속도, 질, 리듬, 강조, 억양 또한 대화를 이해하는 데 큰 영향을 미친다. 비언어적 대화는 대화의 대부분을 차지하는데, 언어적 대화보다 사회적 의미와 정서적 의미를 전달하는 데 효과적이며 더 신뢰할 만하다. '커뮤니케이션=말(10%)+목소리(30%)+표정(60%)'이란 공식이 있다(Mehrabian & Ferris, 1967). 이 공식의 의미는 대화에서 가장 먼저 상대방의 시각적인 요소(표정)에 집중하고 그다음에 음성적

요소(목소리)에 주의를 기울인다는 것이다. 말하는 사람의 입장에서 가장 중요하다고 생각하는 메시지(말)는 의외로 상대방이 가장 마지막에 주의를 기울이는 부분일 수 있다. 실제로 사람들은 상대방의 표정과 몸짓 속에서 표면적으로 말한 내용 이상의 의미를 발견하곤 한다. 예컨대, 상대의 말이 진심을 담은 말인지, 거짓된 말인지, 얼마나 심각한 상황인지 등은 말 자체보다 말과 함께 전달된 표정과 행동을 통해 더 잘 파악된다. 따라서 듣는 사람과 말하는 사람 모두 자신의 비언어적인 태도가 대화의 걸림돌이 되고 있지는 않은지 주의를 기울일 필요가 있다.

3) 관계를 촉진하는 건강한 대화를 위한 비결

우리는 대화의 걸림돌을 살펴봄으로써 우리의 말과 비언어적 태도와 행동이 가져올 영향을 이해할 수 있었다. 다른 사람과 대화를 나누다 보면, 비록 같은 단어라도 내용이 완전히 다르게 받아들여질 수 있다. 그러면 이번에는 관계를 촉진하는 대화를 위해 무엇을 어떻게 할지 건강한 대화 비결을 살펴보도록 하자.

(1) 나의 말 습관을 점검해 보자

대화를 잘하는 데 있어 화려한 수식과 명료한 논리가 필요한 것만은 아니다. 대화란 상대 이야기를 끌어내고 내 이야기를 전달하는 것으로, 서로 말하는 순간이 즐겁고 마음이 통한다는 느낌이 들게 만드는 것이 중요하다. 나의 말하기 유형이 관계를 촉진하는 데 걸림돌이 되지는 않는지 점검해 보고, 다음과 같이 변화시키도록 노력해 보자.

〈예시 3〉

- **말하기 방식이 산만형이라면?**

  대화할수록 내용이 산만해지는 사람이 있다. 머릿속에서 떠오르는 대로 말해서 양쪽 모두 대화에 집중하지 못하게 된다. 하나의 주제를 마무리 지은 다음 다른 주제로 건너가라. 무엇보다 의식적으로 대화의 흐름을 잡아 나가야 한다.

- 말하기 방식이 독점형이라면?

  자기 이야기를 퍼붓는 친구가 주변에 한 명쯤은 있다. 사람은 누구나 자기 이야기를 하고 싶어 한다. 조금만 편한 사이에선 자기도 모르는 사이에 내 이야기만 일방적으로 하게 된다. 친한 친구가 있다면 "혹시, 내가 내 이야기만 하는 스타일이야?"라고 한번 물어보라. 평소에도 대화 중 나만 말하는 것 같은 느낌을 받으면 자연스럽게 말을 마무리 짓고 상대에게 대화의 키를 넘기면 좋다.

- 말하기 방식이 과신형이라면?

  생각을 나누려면 마음이 열려 있어야 한다. 사소한 일에도 확신에 찬 사람과의 대화는 상대방에게 피로감을 줄 수도 있다. "저는 잘 모르지만"으로 조심스럽게 자신의 이야기를 꺼낸다면 상대방도 열린 마음으로 부담 없이 나의 이야기를 들어 줄 것이다.

[Tip] 좋은 대화를 위한 비결

좋은 대화를 위해선 처음부터 상대의 소재에서 함께 이야깃거리를 찾아내는 게 좋다. 영화를 좋아하는 사람이라면 영화, 스타일이 좋은 사람이라면 패션과 같이 상대의 소재와 내 관심사의 중간 지대를 찾아보는 것이다. 의외로 공통 관심사는 제법 있다.

---

(2) 들을 땐 소리보다 마음을 깊이 들으라

'신이 인간에게 두 개의 귀와 하나의 혀를 주신 것은 인간이 말하는 것의 두 배만큼 들을 의무가 있다는 뜻이다.'라는 문구는 대화에서 듣는 것이 매우 중요함을 말해 준다. 흔히 사람들은 자신의 이야기를 잘 표현하고 대화기술을 익히기를 원한다. 그러나 서로 소통하는 건강한 대화는 말을 잘하는 것이 아니라 듣는 데 비법이 있다. 대화에서 듣는 것은 단순히 소리를 듣는 것이 아니라 상대의 말을 듣고 이해하고 반응하는 것, 즉 상대방의 이야기를 귀 기울여 진심으로 듣고자 하는 경청(傾聽)의 태도이다. 잘 듣는 것은 상대에게 관심을 가지고 집중하면서 상대방의 감정을 읽고 반응해 주는 것이다. 상대방의 말을 경청하는 방법에는 귀담아들을 것, 이야기 도중에 차단하지 않을 것, 이야기를 들으며 판단하지 않을 것, 상대의 반응을 보며 들을 것, 편안한 분위기를 조성할 것의 다섯 가지 방법이 있다.

하나, 귀담아듣는다.

둘, 도중에 차단하지 않는다.

셋, 판단하지 않는다.

넷, 반응을 하면서 듣는다.

다섯, 편안한 분위기를 만든다.

[그림 10-1] 잘 듣는 방법 다섯 가지

출처: 박민수(2014).

　경청하는 방법뿐 아니라 듣는 태도도 중요하다. 태도는 사람의 마음가짐을 함께 드러낸다. 다른 사람의 말을 잘 들으려면 상대에게 관심을 갖고 집중하는 태도를 보일 필요가 있다. 사람들과 대화할 때 상대의 이야기를 듣고 있지만 동시에 머릿속에 떠오르는 자신의 생각과 감정에 집중할 경우, 상대방은 이야기가 잘 전달되고 있다는 느낌을 받지 못할 수 있다.

표 10-1 경청의 자세

관심의 자세	무관심의 자세
거리는 적당한가요?	팔짱을 끼거나 다리를 꼬았나요?
몸을 살짝 기울인 채 마주 보거나 사선으로 앉았나요?	중간에 말을 자르고 있나요?
눈을 적절히 맞추고 있나요?	상대 이야기에 답을 주려 하나요?
적당히 고갯짓과 끄덕임으로 반응하나요?	자신의 경험이나 이야기를 더 많이 하고 있나요?
적절한 표정으로 반응하고 있나요?	너무 긴장하거나 대화 내용과 맞지 않는 표정을 짓고 있나요?

(3) 대화를 이어 나갈 수 있는 질문을 하라

적절하게 질문만 잘해도 대화는 훨씬 자연스럽고 쉬워진다. 먼저, 열린 질문을 할 필요가 있다. "예." "아니요."의 대답이 나올 질문보다 "뭘 하고 싶은 거야?"와 같이 개방형으로 물으면 상대에게 더 많은 정보를 얻을 수 있다. 열린 질문이란 결국 "좀 더 이야기해 줘. 내가 ~에 대해 더 잘 이해할 수 있도록 도와줘."라는 말을 변형시킨 표현이라 할 수 있다. 또한 상대방의 사고과정에 대해 더 확실하게 얘기해 달라고 요청하는 질문도 유용하다. "네 생각에 대해 좀 더 이야기해 주겠니?" "그건 어떻게 다르다고 생각하니?" "내가 뭘 잘못 말한 건지 구체적으로 말해 줄래?" "너는 이걸 듣고 어떤 감정이 들었니?" 등 대화의 장에 상대를 초청하는 질문을 통해 상대를 안심시키고, 대화를 이어지게 할 확률도 높일 수 있다.

(4) 반응할 땐 촉진적 공감을 하라

고민이 있을 때 가장 먼저 찾아가고 싶은 사람이 누구인지 떠올려 보자. 그 사람들은 자신의 말을 잘 들어 주거나, 함께 문제에 대해 진지하게 이야기해 주는 사람일 것이다. 공감은 상대방이 지니고 있는 생각의 틀을 이용하여 상대방의 감정과 생각을 이해하는 것이다. 공감은 다른 사람의 내면에 들어가는 것으로 상대방의 관점을 통해 사물을 보는 것, 그들이 세상을 보는 방식에 입각하여 세상을 보는 것이다. 일체의 판단을 유보하는 공감은 상대방으로 하여금 방어벽을 허물고 신뢰와 친밀감을 갖도록 하는 데 매우 중요하다. 하지만 공감 차원에서 상대방의 말을 들어 준다는 것이 상대방이 느끼는 것과 똑같은 감정을 갖는다는 것을 의미하지는 않는다. 단지 상대방의 처지나 입장에서 그가 가질 수 있는 생각이나 감정을 최대한 인정해 주고 수용하려는 자세와 노력을 보이는 것이 중요하다. 공감은 타고나는 것이 아니라 기술이고 훈련이다. 의지가 있다면 훈련으로 길러질 수 있는 능력이다.

공감은 크게 표면적 공감과 촉진적 공감으로 나눌 수 있다. 표면적 공감은 표면적으로 드러나는 상대방의 감정을 알아주고 이해하는 것이다. 여기서 더 나아가 촉진적 공감은 상대방이 스스로 표현한 것보다 더욱 내면의 감정을 표현하면서 소통하는 수준의 공감이다. 촉진적 공감을 통해 상대는 이전에 표현할 수 없었던 감정을 표현하는 경험을 할 수 있고 대화는 더욱 촉진될 수 있다. 상대가 말하는 것 속에 들어 있는 스스로가 알아차릴 수 없었던 기대나 욕구를 잘 살펴 읽어 주는 사람에게는

표 10-2 촉진적 공감 어구

원함	현재 상황	감정
당신은 ~하기를 원했는데	~하여서	~한 것 같네요. ~라고 느끼는 것 같네요.

자신을 깊이 이해하고 있다는 느낌을 받을 수 있다. 촉진적 공감을 위해서는 먼저 상대방의 이야기 속에서 그 사람이 진정 원하는 것이 무엇인지 파악하고 말하는 사람의 현재 상황을 고려해야 한다. 그리고 마지막으로 그 사람이 원하는 대로 이루어졌을 때 느끼는 감정과 원하는 대로 이루어지지 않았을 때 느끼는 감정을 읽고 표현해 주는 것이 중요하다.

사례 1

시험을 앞두고 불안해하는 친구에게

수민: 공부 좀 했어?

선민: (손을 맞잡았다 놨다 하면서 불안한 기색으로) 아니, 하나도 못했어. 어쩌지?

수민: 선민아, 이번 시험에서 학점을 잘 받아야 장학금을 받을 수 있는데 시험 준비를 제대로 하지 못한 것 같아 많이 걱정되고 불안하구나. 손 좀 줘 봐. 내가 좀 따뜻하게 해 줄게.

사례 2

남자친구와 헤어져 힘들어하는 친구에게

태리: 우리 사이가 그것밖에 안 된 걸까? 그동안 우리가 사랑한 시간은 무엇이란 말이야. 내가 더 좋은 사람 만나길 바라는 마음에서 헤어지자 한다는 게 무슨 말도 안 되는 말이니? 난 받아들일 수가 없어.

유진: 태리야, 넌 ○○이와 더 잘 지내려고 노력하려고 했는데 갑작스럽게 헤어지자고 했구나. 나라도 당황스러웠을 것 같아. 그동안 함께한 시간은 뭐였나 싶을 거야. 지금은 네가 너무 혼란스러워 헤어지자는 말을 받아들이기도 힘들 것 같아. 네가 너무 힘들 것 같아 나도 걱정되고 마음이 아파.

앞에서 살펴본 방법으로 한 단계씩 밟아 가다 보면 주변 사람들과 이전보다 훨씬 가까워진 관계를 경험하게 될 것이다. 궁극적으로 우리가 서로 대화를 하는 이유는 무엇일까? 사람들이 대화를 통해 원하는 것은 결국 상대방의 관심이다. 관심(關心)은 어떤 것에 주의를 기울이는 마음이다. 진심에서 우러나오는 관심은 그 어떤 대화 방법보다 더 많은 것을 전달할 수 있다. 〈표 10-2〉에 제시된 세 가지를 지나치게 방법론적으로 생각하지 않았으면 한다. 연애할 때를 생각해 보라. 온통 나의 모든 관심이 그 사람의 손짓 하나, 눈빛 하나, 행동 하나에 있어 그 사람이 원하는 게 도대체 무엇일까에 골몰하게 된다. 이렇듯 말하는 화법, 경청, 공감의 바탕에는 반드시 상대의 작은 표정과 말 한마디에도 집중하고 그 사람에 대해 진지하게 알고자 하는 진심 어린 관심이 깔려 있어야 한다. 관심은 표현하는 데 특별한 공식이 있지 않으며, 대체로 비언어적인 동작으로 표현된다. 비언어적 동작은 팔, 다리, 고개 끄덕임과 같은 몸의 움직임뿐 아니라 그 사람의 시선 접촉, 표정, 자세, 습관적으로 사용하는 제스처, 음정, 음색이 포함된다고 할 수 있다. 누군가를 만났을 때 건네는 부드러운 시선, 자연스럽고 온화한 미소, 상대방이 말할 때 고개를 끄덕이는 반응과 간단한 응대의 말 그리고 편안하고 자연스러운 자세를 보일 수 있다면 내가 상대에게 충분히 관심을 갖고 있다는 것을 표현할 수 있다.

2. 관계를 촉진하는 대화의 실제

건강한 인간관계를 유지하기 위하여 상대의 마음을 열어 자신이 진정으로 나누고 싶은 이야기를 주고받을 수 있도록 관계를 촉진할 수 있는 대화는 인간관계의 시작이자 끝이라 할 수 있다. 그동안 배운 말하는 화법, 공감, 경청, 관심의 단계들을 활용하여 일상생활에서 습관적으로 사용하고 있는 나의 대화 패턴을 점검하고, 관계를 촉진하는 대화를 실천하기 위한 연습을 해 보도록 하자.

활동 10-①

● 말 이전에 나의 표정과 행동에 주목하라 ●

1. 대화 시 자주 쓰는 자신의 표정과 비슷한 것에 동그라미 표시하고, 예시에 원하는 그림이 없다면 빈칸에 그려 보세요.

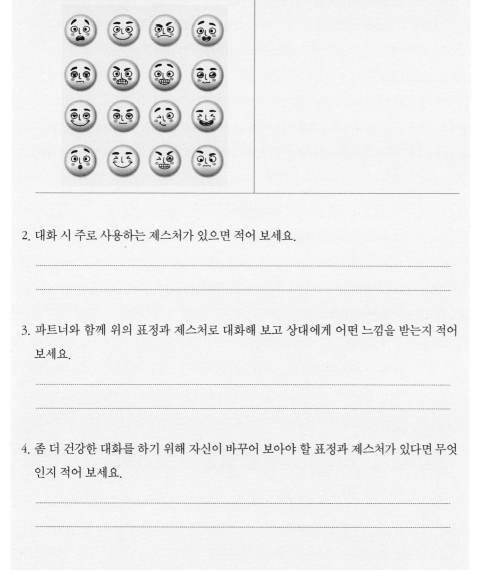

대화 시 자주 쓰는 나의 표정

2. 대화 시 주로 사용하는 제스처가 있으면 적어 보세요.

------

3. 파트너와 함께 위의 표정과 제스처로 대화해 보고 상대에게 어떤 느낌을 받는지 적어 보세요.

------

4. 좀 더 건강한 대화를 하기 위해 자신이 바꾸어 보아야 할 표정과 제스처가 있다면 무엇인지 적어 보세요.

관계를 촉진하는 공감반응

다음 제시된 사례를 읽고 듣는 사람의 공감반응 예시를 잘 살펴보세요.

〈사례 1〉

민지는 약속시간에 서둘러 출발하려 했는데 현관 앞에서 강아지와 장난을 치는 바람에 약속에 늦었다. 헐레벌떡 약속장소에 갔지만 결국 약속한 시간보다 30분이나 늦어 버렸다. 친구는 "늦는다는 연락도 없이 이렇게 30분이나 늦으면 어떡하니?"라고 물었다.

- 듣는 사람의 공감반응 예시
  -예 1: 뭐 오다 보면 늦을 수도 있지.
  -예 2: 갑자기 일이 생겨서 늦었어. 미안해.
  -예 3: 연락도 없이 늦게 와서 네가 많이 서운하고 화가 났겠다. 미안해.
  -예 4: 연락도 없이 늦어서 네가 기다리는 동안 걱정도 되고 초조했겠구나. 그리고 내가 무심해서 서운하고 화가 났겠다. 미안해.
  -예 5: 너한테 미처 연락하지 못한 것에 대해 네가 무시당했다는 생각이 들어서 서운했겠구나. 다음에는 네가 걱정하지 않고 그런 서운함 느끼지 않게 신경 쓸게. 미안해.

1. 〈사례 1〉에서 듣는 사람이 할 수 있는 반응 중 가장 공감 수준이 높은 반응은 몇 번일까요? 그 이유는 무엇인가요?

_____

_____

2. 〈사례 1〉에서 친구의 질문에 대해 앞에서 익힌 촉진적 공감반응을 토대로 반응한다면 어떻게 하면 될까요?

원함	현재 상황	감정
당신은 ~하기를 원했는데	~하여서	~한 것 같네요. ~라고 느끼는 것 같네요.

_____

_____

〈사례 2〉

> 과 대표 선배가 집행부에 다른 부원이 많음에도 민지에게 과 MT 물품 구매는 물론 차량 섭외,
> 행사 프로그램 기획까지 부탁을 하는 일이 잦아지고 있다. 처음에는 웃는 얼굴로 받아 주던 민
> 지가 더 이상 못하겠다며 "저 선배는 자꾸 나에게만 이것저것 시켜."라고 불만을 토로한다.

3. 〈사례 2〉에서 불만을 토로하는 민지에게 표정, 제스처, 촉진적 공감반응까지 써서 함께
   반응해 보세요.

- 표정: _____

- 제스처: _____

- 촉진적 공감반응: _____

공감의 배를 타는 대화 실전!

　최근 있었던 일 중 기억에 남는 일이나 힘들었던 일에 대해 파트너와 함께 자유롭게 이야기해 보세요. 앞에서 익힌 단계를 최대한 활용하여 공감 수준을 높이는 반응으로 대화해 보고 느낌이 어떤지 논의해 봅시다.

1. 상대방이 성의 없게 느껴지거나 부족하게 느껴진 부분은 어디인지 적어 보세요.

　예: 내가 ~ 말을 할 때 네가 ~해 주니(말, 표정, 제스처) 내 말에 관심이 없다는 느낌이 들었어.

_____

_____

_____

_____

2. 상대방이 잘 들어 줄 때 어떤 느낌과 감정이 들었는지 구체적으로 적어 보세요.

　예: 내가 ~ 말을 할 때 네가 ~해 주니(말, 표정, 제스처) 공감받고 위로받는 느낌이었어.

_____

_____

_____

_____

제11장

효과적인 스트레스 관리

삶이란 우리 인생 앞에

어떤 일이 생기느냐에 따라 결정되는 것이 아니라

우리가 어떤 대처를 하느냐에 따라

결정되는 것이다.

—John Homer Mills

1. 건강한 관계의 기초가 되는 스트레스 관리

청년실업 및 가족, 친구, 이성과의 문제 등 대학생의 스트레스는 더욱 증가하고 있는 실정이다. 또한 고등학교 때의 획일적이고 타율적인 생활과 달리 대학생활은 무제한 '자유'가 허용되므로 학습과 성적 관리도 스스로 해결하고 책임져야 하기에 학업 스트레스 또한 대학생들이 자주 호소하고 있는 문제이다. 이처럼 대학생뿐 아니라 인간이라면 스트레스 없는 삶을 사는 것이 불가능하며 스트레스가 반드시 부정적인 것만은 아니다. 오히려 적절한 스트레스는 성취에 긍정적인 영향을 미칠 수도 있다(박미진, 김진희, 정민선, 2009). 그러나 장기간 지속되는 스트레스로 인해 부적응 상태가 계속되면 개인의 건강이 위협받고 질병이 발생하기도 하며, 인간관계에서도 부정적 영향을 미치게 된다. 이 장에서는 건강한 관계의 기초가 되는 스트레스 관리의 필요성과 함께 스트레스가 발생하는 원인과 증상, 스트레스 대처법에 대해 알아보고자 한다.

1) 스트레스 관리의 필요성

　스트레스가 생길 시 우리 몸과 마음에는 어떤 반응이 일어날까? 스트레스 반응은 생리적·정서적·인지적·행동적인 다양한 증상을 유발한다. 먼저 일반적인 생리적 증상으로는 혈압 상승, 맥박 증가, 호흡 증가 또는 호흡곤란, 감각 이상, 근육의 긴장, 통증 지각의 증가, 위장 관련 증상, 알레르기 등을 들 수 있다. 정서적으로는 분노, 불안, 공포, 우울, 짜증, 긴장 등이 나타나며, 인지적으로는 기억력, 주의력, 집중력 등에 장애가 나타난다.

　현대인들이 흔히 경험하는 두통, 소화기 장애, 위장관 계양, 요통, 만성피로, 불안증, 우울증, 생리불순 등도 스트레스와 관련되어 있는 경우가 많다. 1,155명을 대상으로 한 미국 UC어바인 연구팀의 연구에서는 분노, 불안, 두려움, 짜증 같은 부정적인 감정이 스트레스를 받은 다음 날까지 계속된 사람들은 10년 뒤 더 많은 종류의 만성질환을 앓는 것으로 나타났다. 가족의 사망과 같은 일시적인 강한 스트레스보다 사소한 스트레스가 계속되는 것이 건강에 더 해롭다는 것을 보여 준다. 이는 일상에서 일어나는 스트레스 요인을 잘 관리하는 것이 얼마나 중요한지를 보여 주고 있다.

표 11-1 나의 스트레스는 지금 어느 정도일까?

번호	상황	전혀 없다	거의 드물게 있다	가끔 있다	자주 있다	매우 자주 있다
1	지난 한 달 동안, 예상치 못한 일이 생겨서 기분 나빠진 적이 얼마나 있었는가?	0	1	2	3	4
2	지난 한 달 동안, 중요한 일들을 통제할 수 없다고 느낀 적은 얼마나 있었는가?	0	1	2	3	4
3	지난 한 달 동안, 초조하거나 스트레스가 쌓인다고 느낀 적은 얼마나 있었는가?	0	1	2	3	4

4	지난 한 달 동안, 짜증 나고 성가신 일들을 성공적으로 처리한 적이 얼마나 있었는가?	0	1	2	3	4
5	지난 한 달 동안, 생활 속에서 일어난 중요한 변화들을 효과적으로 대처한 적이 얼마나 있었는가?	0	1	2	3	4
6	지난 한 달 동안, 개인적인 문제를 처리하는 능력에 대해 자신감을 느낀 적은 얼마나 있었는가?	0	1	2	3	4
7	지난 한 달 동안, 자신의 뜻대로 일이 진행된다고 느낀 적은 얼마나 있었는가?	0	1	2	3	4
8	지난 한 달 동안, 매사를 잘 컨트롤하고 있다고 느낀 적이 얼마나 있었는가?	0	1	2	3	4
9	지난 한 달 동안, 자신이 통제할 수 없는 범위에서 발생한 일 때문에 화가 난 적이 얼마나 있었는가?	0	1	2	3	4
10	지난 한 달 동안, 어려운 일이 너무 많이 쌓여서 극복할 수 없다고 느낀 적이 얼마나 있었는가?	0	1	2	3	4

합계	0~12점	스트레스 정도는 정상적인 수준으로, 심리적으로 안정된 상태이다.
	13~19점	약간의 스트레스를 받고 있으나 심각한 수준은 아니다. 스트레스를 해소하기 위해 운동, 예술활동 등 자신만의 스트레스 해소 방법을 찾는 것이 좋다.
	20~25점	중간 정도의 스트레스를 받고 있는 것으로 보인다. 스트레스를 해소하기 위한 적극적인 노력이 필요하며, 예방과 성장적 차원에서 스스로 필요하다고 생각되면 학생 상담센터에 방문하여 전문가 상담을 신청해 보는 것이 좋다.
	26점 이상	심한 스트레스를 받고 있는 것으로 나타나고 있어 일상생활에서 어려움을 겪고 있을 것으로 판단된다. 가능한 한 빨리 전문가의 도움을 받기를 권유한다.

* 이 척도는 Cohen, Kamarck과 Mermelstein(1983)의 지각된 스트레스 척도를 한국 실정에 맞게 번안하여 한국 대학생을 대상으로 타당화한 것으로, 박준호, 서영석(2010)에서 일부 발췌한 것이다.

　앞에서 살펴보았듯이 스트레스 상황에 오랫동안 반복적으로 노출될 경우 대부분 신체기관에 부정적인 영향을 끼치며 심각한 경우 질병으로 이어질 수도 있다. 스트레스를 제때 처리하지 못하고 방치할 경우, 심해지면 심리적으로 공황장애, 강박장애, 외상후 스트레스 장애, 우울장애로 이어질 수 있기 때문에 스트레스를 잘 관리할 필요가 있다. 다음의 사례를 살펴보며 구체적으로 확인해 보자.

　　민기는 편입생이다. 이전 대학을 성적에 맞추어 입학하였으나 더 좋은 대학에 들어가기 위해 2학년 동안 하루 4시간씩 자면서 학점을 4.5 만점을 받았다. 편입을 하기 위해 학원을 다니고 토익 점수를 올리기 위해 방학에도 따로 특강을 찾아 들었다. 편입 시 자소서에 도움이 되기 위해 편입할 전공과 관련된 동아리 활동까지 하느라 24시간이 모자랄 정도로 스스로 생각해도 최선을 다한 한 해였다.

　　드디어 편입 시험 발표날! 민기는 그토록 원하던 대학에 3학년으로 편입하였다. 뛸 듯이 기쁜 것도 잠시, 민기는 중간고사를 준비하면서부터 집중이 되지 않고 이유 없는 불안과 초조가 밀려왔다. 시험에 몰입해도 모자랄 판에 불면증, 구토, 역류성 식도염, 장염, 설사까지 건강 이상으로 결국 한 학기 만에 휴학을 하게 되었다. 편입을 준비할 때 그렇게 집중도 잘되고 열심히 하던 자신이 왜 이렇게 변한 건지 민기 스스로 알 수가 없다. 휴학하고 부모님 눈치가 보여 '자격증 공부라도 해야겠다.' 싶어 매일 도서관에 가서 앉아 있으나 집중이 안 되기는 마찬가지였다. 이러다 다시 복학해도 취업도 못하고 낙오자가 될 것 같아 민기는 하루하루 너무 불안하다. 최근에는 친구들의 사소한 한마디에도 버럭 화가 나며, 민기 스스로 '내가 정신적으로 이상한가?'라는 생각까지 들어 용기 내어 상담센터로 내방하였다.

　　〈사례 1〉에서 민기는 열심히 노력해서 원하던 대학에 편입했지만, 과도하게 스트레스를 받고 있던 자신을 돌보지 못하고 편입 이후에도 더 잘하고 싶은 마음에 자신을 계속해서 몰아붙였던 것이 불안을 유발한 것으로 보인다. 결국 역류성 식도염, 장염, 설사 등 신체 질병까지 동반되면서 더욱 학업에 집중할 수 없게 된 것이다. 스트레스를 적절하게 해소하지 못하면 몸 안의 자원이 모두 떨어져 쉬어도 쉰 것 같지 않고 힘을 내려고 해도 도저히 몸이 따라 주지 않으며 건강에 문제가 생겨 여러 질병이 생길 수도 있다. 따라서 몸과 마음의 충분한 휴식을 취하면서 스트레스 대처능력을 잘 관리해야만 한다.

　　주희는 내향적인 성격으로 초 · 중 · 고 시절에 왕따 경험을 하여 사람들에게 다가서는 것이 어렵다. 대학 1학년 때 낯선 사람들에게 먼저 다가가는 법을 몰라 쭈뼛거리다 결국 신학기를 혼자 다닐 수밖에 없었다. 친구들도 늘 뾰로통한 얼굴에 먼저 말을 걸어도 "응." "아니." 하고 단답형 답만 하는 주희에게 다가가는 게 쉽지 않다. 주희는 학교 수업 외에는 거의 집에서 보낸다. 자신의 방에서 휴대폰을 새벽 2~3시까지 보다가 자는 것이 일상이다. SNS에 댓글을 달기도 하고, 게임을 하거나, 유튜브에 영상을 보거나 웹툰을 보는 것이 낙이다. 하루에 6시간 이상 휴대폰을 보는 주희에게 엄마는 늘 "제발 좀 나가라. 친구도 좀 만나고, 활동을 해야지." 하며 면박을 주신다. 주희는 중간고사도 공부해야 하고, 조별 모임도 챙겨야 한다는 것은 알지만 '뭔가를 해야 한다.'라고 생각이 드는 순간 오히려 아무것도 하기 싫은 마음이 든다. 휴대폰으로 멍하니 인터넷 세상에 있을 때만이 불안, 걱정, 학점, 엄마까지 모든 것을 잊을 수 있어 좋다. 그러나 밤마다 이유 없이 눈물이 나고 우울한 기분이 드는 것을 해결할 수가 없다. 교수님이 수업시간에 멍하게 있는 주희를 불러 무슨 일이 있냐고 물어볼 정도이다. 주희는 우울과 무기력함을 해결하고자 학생상담센터를 찾아왔다.

　　〈사례 2〉에서 주희는 '뭔가를 해야 한다.'는 생각이 드는 순간 휴대폰 게임이나 SNS를 하고 영상을 보며 현실을 도피해 보려 하지만, 결국 불안하고 초조한 마음을 잠깐 잊을 수 있을 뿐, 시험 및 과제 준비가 미뤄지면서 스트레스가 더욱 가중되어 힘들어하고 있다. 이제는 수시로 흐르는 이유 없는 눈물과 우울 증세를 보이고 있다. 대학교 1학년 첫 적응 시, 스트레스 상황을 제대로 관리하지 못한 것이 2학년인 지금까지도 영향을 주고 있는 것이다. 주희처럼 불편하고 긴장되는 상황을 방치하고 휴대폰과 같은 일시적 회피수단으로 방어하는 경우, 장기적으로 신경이 곤두서거나 집중력이 저하되어 무기력함을 호소할 수 있다. 스트레스의 경고를 무시하지 않고 적절하게 제때 관리하는 것은 대학생활 적응과 정신건강에 매우 중요한 일이라 할 수 있다.

2) 대학생의 스트레스 유발요인

〈사례 1〉과 〈사례 2〉에서 민기와 주희가 스트레스를 받기 시작한 이유는 무엇일까? 스트레스를 처음 정의한 Selye는 스트레스란 '신체에 가해진 어떤 외부 자극에 대하여 신체가 수행하는 일반적이고 비특징적인 반응'이라고 하였으며, 이후 스트레스에 대하여 다양하게 정의가 내려지고 있다. 그러나 일반적으로 우리는 정신적 압박감, 긴장 등이 오면 스트레스를 받는다고 하고, 심신에 불편함이나 불만족을 느끼는 모든 상황에서 스트레스라는 표현을 쓴다. 개인에게 내적인 요구와 외

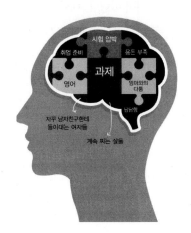

대학생 스트레스 요인

부적인 압력이 발생했지만 이를 해결할 수 없는 경우 스트레스를 받는다.

그러면 대학생들이 경험하는 스트레스 유발요인들에는 어떤 것이 있을까? 대학생들은 외부 또는 내부 요인에서 스트레스를 경험한다. 외부 스트레스는 경제난, 취업난, 청년실업, 가족갈등, 왕따나 대인관계 어려움, 학교생활 부적응 등 개인이 통제할 수 없는 외부의 압력에 의해 발생하는 스트레스이다. 반면, 내부 스트레스 요인은 불필요한 걱정, 우울, 비관적 생각, 자기비난, 흑백논리 등과 같은 심리적 요인에서 발생하기도 한다. 그리고 질병과 같은 신체적 요인에서 오는 스트레스도 내부 요인에 포함될 수 있다. 이 장에서는 우리가 통제관리를 할 수 있는 스트레스의 유발요인인 내부요인 중 몇 가지에 대해 좀 더 자세히 살펴보도록 하겠다.

(1) 부정적 자기상

마음속에서 오가는 부정적인 생각과 무의식중의 독백은 우리의 의지를 저하시킨다. "나는 하나도 제대로 된 것이 없어." "나는 항상 게을러." "나 정도로는 어림도 없을 거야." 등 자신에 대한 부정적 정서가 형성되면 주위에서 벌어지는 긍정적인 일보다 부정적인 일에 더욱 민감해진다. 이러한 사고가 심할수록 부정적 · 위협적 자극에 더욱 예민해지고 긍정적 · 호의적 자극에는 둔해져 스트레스가 더욱 증폭될 수 있다. 또한 나에 대한 부정적 생각은 '나'라고 느껴지는 경계를 강화하고 주위의

환경으로부터 자신을 분리하고 보호하려고 하기 때문에 사고가 편협해지거나 자기중심적으로 행동하게 된다.

(2) 경직된 사고

우리 마음을 들여다보면 합리적이지도 않고 논리적이지도 않으며 문제해결에 전혀 도움이 되지 않는 부적응적인 생각의 틀이 있다. '나는 반드시 ~해야 한다.' '세상은 항상 ~식이다.' '학점을 잘 받지 않으면 이번 학기는 완전히 실패한 것이다.'라는 식의 비합리적인 신념이나 경직된 사고방식은 자신에 대한 과도한 기대를 조절하지 못하고 스트레스를 더욱 가중시키게 된다. 〈표 11-2〉의 경직된 사고 예시를 보고 자신에게 해당되는지 체크해 보자.

표 11-2 경직된 사고의 예시

유형	상황	해당 여부 (V 표시)
과잉일반화	한두 차례의 경험이나 증거에 비추어 모든 상황에서 그러할 것이라고 과도하게 일반화하여 결론 맺는 오류 예: 두 번이나 ppt 발표를 버벅거리다니 내가 하는 일은 제대로 되는 게 없어!	
이분법적 사고	완벽주의자들의 인지에서 주로 나오는 오류로, 연속적 개념보다 두 가지 범주로 나누어 상황을 보는 것 예: 이번 학기 학점은 목표를 100% 달성하지 못했으니 실패한 것이다.	
재앙화	미래에 대한 현실적 고려 없이 부정적으로 예상하는 것 예: 공무원 시험에 떨어졌으니 내 인생은 이제 끝이다.	
감정적 추론	사실의 어떤 측면보다 감정적으로 너무 강하게 느끼기 때문에 그와 반대되는 증거는 무시하거나 고려하지 않고 자신의 생각이 틀림없는 사실이라고 생각하는 것 예: 친구가 약속에 늦는 것을 보니 날 싫어하는 것이 분명해.	

(3) 성격

어떤 사람에게는 스트레스인 것이 다른 사람에게는 스트레스가 아닐 수도 있다. 『삶을 만점으로 만드는 스트레스 관리』(신경희, 2017)에 따르면 네 가지 스트레스 행동 유형이 안내되어 있다.

A형 행동 유형은 1970년대 미국의 심장내과 전문의인 Meyer Friedman이 정립한 개념이다. A형 행동 유형의 사람들은 경쟁심, 성취욕, 공격성, 조급함, 도전성, 적개심, 분노 등과 관련된 행동 특성을 보이는 사람으로 긴장, 초조, 불안한 정서를 보인

같은 스트레스 자극에도
성격에 따라 반응이 다를 수 있다.

다. 반면, B형 행동 유형의 사람들은 A형과 모든 면에서 상반되는 유형의 사람들로 매사에 서두르지 않으며 여유가 있다. 일이나 목표에만 몰두하기보다는 자기만족감이나 사람들과의 관계를 중요하게 생각하기 때문에 경쟁심이나 적개심이 상대적으로 낮다. 주위와의 관계가 원만하므로 사회적 관계도 비교적 양호하여 상대적으로 스트레스를 덜 경험하게 된다. 이후 다른 연구에서 밝혀진 C형 행동 유형은 참을성이 많고 잘 양보하고 자기주장을 하지 않는 편이다. 다른 사람들이 보기에는 희생적이며 협조적이므로 주변에서 좋은 평판을 얻지만 부정적 감정을 억누르면서 쌓아 두고 계속 곱씹어 생각하는 경향이

있다. D형 행동 유형은 억눌린 A형 행동 유형이라고 할 수 있는데 이 유형의 사람들은 A형 행동 유형이 가진 분노, 적개심, 조급함과 C형 행동 유형의 불리한 특성들을 조합해서 가지고 있는 것이다. 이들은 자신의 주관과 내적 기준에 따라 독립적으로 행동하는 경향이 강하기 때문에 인간관계가 원만한 C형 행동 유형에 비해서는 사회적 관계가 경직되어 있을 가능성이 높다. 이처럼 행동 유형에 따라 같은 스트레스 자극이 발생하여도 스트레스를 받는 사람이 있고 그렇지 않은 사람이 있을 수 있는 것이다.

3) 효과적인 스트레스 관리란

앞에서 살펴보았듯이 스트레스를 유발하는 요인은 다양할 뿐 아니라 스트레스

를 피한다는 것은 거의 불가능하다고 볼 수 있다. 그러므로 불가피한 스트레스를 어떻게 잘 대처하느냐가 중요하다. 스트레스 상황을 다룰 때 개인이 쓸 수 있는 경제적·시간적·심리적 자원이 제한되어 있으므로 자신이 가진 자원을 잘 파악하고 활용할 수 있어야 한다. 스트레스 관리의 궁극적 목표는 스트레스의 본질을 제대로 파악하고 우리의 내재된 자원을 활용해 스트레스 자극에 제대로 대응함으로써 건강하고 행복한 삶을 유지하는 데 있다. 대표적인 스트레스 대처 전략으로는 문제중심 대처와 정서중심 대처가 있다.

(1) 문제중심 대처

문제중심 대처는 스트레스를 일으키는 상황을 평가하고 불편한 상황을 변화시키려는 어떤 행위이다. 문제중심 대처 전략은 환경적 전략과 내부 지향적 전략으로 나눠 볼 수 있다. 환경 지향적 전략은 주로 환경에 초점을 두는 객관적·분석적 과정으로 환경적 압력, 장애물, 자원, 절차 등을 바꾸기 위한 전략이다. 반면에, 내부 지향적 전략은 열망 수준을 변화시키거나, 자아 관여를 낮추어 대안적인 만족의 통로를 모색하거나, 새로운 행동 기준을 개발하거나 또는 새로운 기술을 익히는 것과 같이 동기적·인지적 변화를 지향하는 전략이라고 할 수 있다. 그 외에도 처한 상황에 대한 정보를 찾아보고 주변에 나의 상황을 알리고 문제를 해결하기 위한 행동을 계획하여 실행하는 것 등이 포함된다. 문제중심 대처는 다음과 같이 진행된다. 먼저 목표가 일치하지 않는 조건들을 통제하여 부정적 감정을 줄인다. 이렇게 되면 목표와 일치해서 긍정적 감정을 갖게 되고 자기평가를 하게 된다. 예를 들면, 컴맹인 준수가 컴퓨터를 배우기 위해 아르바이트를 열심히 해서 노트북을 마련하고(환경 지향적), 컴퓨터 학원에 등록하여 시간과 노력을 투자하여 컴퓨터 프로그램을 다루는 능력을 높이기 위해 노력하는 것(내부 지향적)이 문제중심 대처의 예가 될 수 있다.

(2) 정서중심 대처

정서중심 대처는 스트레스를 일으키는 상황을 직접 다루기보다는 그 당시에 경험하는 정서적 고통을 조정하여 삶과 환경의 관계에 변화를 가져오는 것이다. 자신의 힘으로는 상황을 변화시킬 가능성이 적다고 인식될 때 사용하는 대처방식으로, 문제 자체가 아니라 문제 상황에서 발생하는 부정적인 마음 상태를 완화하려는 노력으로 자신의 생각이나 감정을 바꾸는 것을 말한다. 회피, 최소화, 거리 두기, 선택적 주의, 긍정적 비교, 사건의 의미 재해석, 사건의 긍정적 의미 찾아내기 등의 인지적 전략을 사용한다. 정서중심 대처는 사람과 환경의 관계에서 실제의 변화보다 문제를 받아들이는 개인의 주관적인 생각과 감정의 변화를 도모한다. 예를 들어, '이 정도인 게 다행이지 더 나쁜 상황이었으면 어쩔 뻔했어?'처럼 상황의 의미를 바꾸어 보는 것이다. 이것을 '방어적 재평가'라고도 하며, 상황을 객관적으로 바꾸지 않고 상황의 의미를 바꾸는 인지적 전략에 속하므로 '인지적 재평가'라고도 한다.

앞에서 살펴본 문제중심 대처와 정서중심 대처는 각각 사용되기보다 함께 사용되며 서로의 효과를 증진시킨다. 어떤 대처방법이 더 좋고 어떤 대처방법이 더 좋지 않은 것이 아니다. 상황에 따라 다양한 대처방법을 골고루 사용한다면 스트레스에 관한 유능한 사람이 될 수 있다. 최선을 다해 문제중심 대처를 하더라도 처한 상황이 달라지지 않는다면, 객관적 상황의 변화 여부와 무관하게 자신의 내적 태도를 바꿈으로써 스트레스 경험 자체를 다르게 바라보는 정서중심 대처로 스트레스에서 벗어날 수 있는 것이다.

[활동 1] 생각해 보기

지금까지 사용했던 자신의 스트레스 대처법이 문제중심 대처에 가까웠는지 정서중심 대처에 가까웠는지 확인해 보고 서로 이야기를 나눠 봅시다.

(3) 나를 지킬 수 있는 스트레스 관리 비결

① 내 스트레스의 생김 알기

꽉 막힌 느낌, 짜증, 감정기복, 자신감이나 자존감 저하, 좌절, 긴장, 불특정 다수에 대한 분노가 일어나고 있는 상황에서 여러분은 "나는 스트레스를 받고 있다."라고 말하고 있을지 모른다. 과연 내가 무엇 때문에 얼마나 스트레스를 받고 있는지 점검해 보자. 현재 내가 받고 있는 스트레스가 어떻게 생겼는지 한번 확인해 보라. 혹시 정확한 원인을 찾아보지 않은 채 증상만 두고 스트레스를 받고 있다고 생각하는 건 아닌가? 나에게 어떤 것들이 스트레스인지, 그것들이 얼마나 스트레스가 되고 있는지, 혹시 받지 않아도 될 스트레스를 받고 있는 건 아닌지 확인한 이후 스트레스 관리를 시작할 수 있다. 자신이 스트레스를 받고 있는 상황을 목록으로 적어 보자. 각 목록에서 점수를 매겨 가장 스트레스를 받고 있는 요인이 무엇인지 확인해 보자(이 장 활동 11-① 참조). 작성이 끝났으면 가장 많은 점수를 받은 부분 항목부터 살펴보자. 인간관계가 제일 힘들다고 생각했는데 의외로 경제적인 부분에 더 많은 점수를 주지는 않았는가? 5점 이상 점수를 선택한 항목부터 어떻게 스트레스 강도를 줄일 수 있을지 고민해 보자. "피할 수 없으면 즐겨라."라는 말이 있지만 피할 수 있는 스트레스는 피할 수 있는 방법을 적극 모색하는 것이 좋다. 만약 피할 수 없는 것이라면 다음 단계로 가 보자.

② 스트레스 반응고리를 끊으라

[그림 11-1] 스트레스 반응양식

출처: 신경희(2017).

스트레스 관리란 스트레스 반응의 연결고리를 끊고 스트레스성 자극의 독소를 해독하는 과정이다. 셰익스피어는 『햄릿』에서 "이 세상에는 선한 것도 없고, 악한 것도 없고, 다만 생각이 그렇게 만들 뿐이다."라고 하였다. 우리가 경험하는 세상은 결국 우리의 생각이 만드는 것이라는 불교의 일체유심조라는 말에도 잘 나타난다. [그림 11-1]은 스트레스 상황에서 짜증이 나오는 상황을 설명한다. 스트레스를 일으키는 자극을 피할 수 없다면 다음 단계로 취할 수 있는 방법은 그 자극이 기분 나쁜 생각을 만드는 자신의 인지적 반응고리나 자극이 일으키는 부정적 정서를 일으키는 과정을 제어할 수 있도록 하는 것이다.

〈사례 1〉에서 민기의 경우처럼 다가오는 시험과 평가에 스트레스를 받으며 "이번 시험에서 좋은 성적을 받지 못하면, 이 과목 학점을 못 받게 될 거야. 학기를 완전히 말아먹을 수도 있지. 그렇게 된다면 장학금을 받지 못하게 될 거고, 대학을 다니지 못할지도 몰라. 그럼 돈도 없고 직업도 못 가지고 평생 불안해하며 살 거야."라며 극단적인 상황을 연상하며 불안해하는 경우를 생각해 보자. 민기 입장에서 막연히 불안해할 것이 아니라, 일어날 수 있는 최악의 일을 상상해 보는 것이다. 예를 들어, 민기의 사례에서 최악의 상황은 계속 시험에 집중하지 못하여 낮은 성적을 받게 되는 것이다. 그다음 민기가 대처할 수 있는 게 없는지 생각해 보자. 재수강을 할 수도 있고, 다음 시험 혹은 다른 과목에서 학점을 보완할 수도 있다. 생각나는 최악의 가정마다 멈춰서 그것을 논리적인 증거와 대조해 봄으로써 스트레스에 대응해 볼 수 있다.

[활동 2]   **스트레스에 반응하는 인지적 과정 바꾸기**

과정	예	나의 사례
나에게 일어난 일	중요한 과목 ppt 발표에서 실수를 했다.	
나의 핵심적 믿음	교수님 앞에서 실수하면 끝장이라고 생각한다.	
내게 나타난 결과	창피하고 실망스러워 수업에 집중이 안 된다.	

| 천사의 논박 | 실수 안 하는 사람도 있어? 지난번에 교수님도 내용을 잘 몰라 우리 앞에서 실수했잖아. 교수님이 준비가 덜 되었다고 미안하다고 솔직하게 말해 주시니 더 멋져 보이던 걸. 나도 실수를 당당하게 받아들이자. | |
| 변화의 효과 | 자신감을 회복하고 수업에 집중한다. | |

　앞에서 살펴본 인지적 반응과정을 점검했다면 다음에는 스트레스를 받는다고 생각이 드는 순간 나의 정서를 알아차려 보자. 수업 전, 지각 직전에 강의실 입구로 헐레벌떡 뛰어 들어올 때 얼굴의 근육, 빨라지는 심장, 가빠지는 호흡과 정서를 함께 관찰해 보라. "아우, 스트레스!"라고 내뱉은 말이 사실은 '답답하다'인지, '난처하다'인지, '두렵다'인지, '불안하다'인지 확인해 보는 과정만으로도 마음의 긴장이 다소 감소할 수 있다. 수시로 자신의 미묘한 정서를 확인하고 그것을 긍정적 정서로 바꿀 수 있는 방법을 찾는 것(정서조절 기르기에 관한 제14장 참조)도 방법이 될 수 있다.

[활동 3]　나의 정서를 스위치할 수 있는 시크릿 리스트

일상의 사소한 일 목록	
불쾌하고 짜증스러운 일	마음이 가볍고 여유롭게 되는 일
예: 늘어난 체중, 이기적인 조원, 많은 과제, 자격증 시험, 면접 준비	예: 좋아하는 노래 듣기, 부모님께 전화하기, 친구와 카페 가서 수다 떨기, 산책하기

③ 바꿀 수 있는 자신의 행동에 작은 변화를 주라

바쁜 일과로 인해 스트레스를 자주 받는다면, 포기할 일에 대해 생각해 볼 수도 있다. 요청에 대해 "하기 싫어요."라고 거절하거나, 도움을 구할 수도 있다. 수동적 공격성을 보이는 대신 직접적으로 자신의 감정을 전달하는 것처럼 바꿀 수 있는 자신의 행동에 변화만 주어도 스트레스는 감소할 수 있다. 어떤 일이 미뤄지고 추진이 되지 않아 스트레스를 받고 있다면, 실행할 수 있는 목표와 달성에 필요한 기간을 쓰고, 열심히 노력해도 원하는 바를 얻을 수 없다면 시기를 다시 고려해 보거나 기대치를 낮춰 보는 것도 방법이 될 수 있다. 또한 해야 할 일을 미루는 습관은 공포와 긴장에 의해서이거나 완벽주의가 원인일 수 있다. '(주관적이고 얻기 힘든) 완벽'에 대한 생각에 사로잡혀 결과가 바라는 대로 나오지 않아서 실제로 실행에 옮기는 일을 할 수 없게 되기 때문이다. 다른 사람들에게는 매우 성공적인 점수임에도 불구하고, 비현실적인 완벽주의자는 다른 과목이 모두 A$^+$이라도 한 과목에서 B$^+$를 받았기 때문에 실패했다고 여길 것이다. 이런 경우에는 도달하기 어려운 자신의 완벽의 기준을 완화함으로써 스트레스를 감소시킬 수 있다. 이처럼 자신이 변화할 수 있는 작은 부분부터 생각과 행동을 변화하는 것이 스트레스 관리의 시작이 될 수 있다.

바꿀 수 있는 자신의 행동에 작은 변화만 주어도 스트레스는 감소한다.

2. 효과적인 스트레스 관리의 실제

　대학생은 경쟁적이고 빠른 변화가 요구되는 현대사회를 살아가면서 취업, 스펙, 대인관계 등에서 많은 스트레스에 노출되고 있다. 스트레스는 대학교와 가정에서 발생하는 필연적인 결과라기보다는 학생이 자기에게 부과되는 스트레스를 적절히 관리하는 데 실패함으로써 일어나는 것이다. 스트레스 자체를 피할 수 없는 상황이라면 내 앞에 닥친 스트레스를 어떻게 다룰지가 중요한 문제인 것이다. 이 장에서는 현재 나의 스트레스 관리 현황을 점검하고, 스트레스를 어떻게 관리하고 다룰 수 있는지, 자신만의 스트레스 관리 전략을 어떻게 수립할 수 있을지 알아보도록 한다.

효과적인 스트레스 관리가 필요하다.

내 스트레스 관리는 지금 어디쯤?

1. 내 스트레스 생김표를 작성해 봅시다. 무엇 때문에 얼마나 스트레스를 받고 있는지 적고 옆 칸을 이용하여 점수로 매겨 봅시다. 그 스트레스로 인하여 현재 증상이 어떠한지, 어떤 감정이 드는지도 작성해 봅시다.

내 스트레스 생김표												
무엇 때문에 얼마나 스트레스를 받고 있나?	경제적 문제(빈곤, 학비 마련, 부채 등)	0	1	2	3	4	5	6	7	8	9
	시간에 대한 압박(시간 부족, 지연행동, 마감 기한에 쫓김)	0	1	2	3	4	5	6	7	8	9
	인간관계(외로움, 소외감, 다툼)	0	1	2	3	4	5	6	7	8	9
	미래에 대한 걱정(취업, 진학, 진로결정)	0	1	2	3	4	5	6	7	8	9
	내적 요인(비관적 사고, 부정적 생각, 자신감 상실, 자존감 부족, 강박적 성향, 어떤 대상에 대한 집착)	0	1	2	3	4	5	6	7	8	9
	기타( )	0	1	2	3	4	5	6	7	8	9
그래서 어떤 증상이 나타나고 있나?	**심리적 증상:** 눈물, 짜증, 감정기복, 자기부정, 자존감 저하, 좌절, 긴장, 불특정 대상에의 분노, 부정적 생각 **신체적 증상:** 통증, 면역력 저하, 체중과 수면 패턴 변화, 쉽게 지침, 성욕 저하 **행동 증상:** 쉽게 잊음, 자기부정, 사회적 분리, 수면장애, 인간관계에 어려움, 알코올, 폭식, 동기 저하, 미룸, 집중력 저하, 기억력 저하, 주의 산만, 결단력 저하	⇒ 심리적 증상, 신체적 증상, 행동 증상 중 해당하는 것에 ○로 표시해 보세요.									
현재 내 감정은 어떠한가?	불안, 우울, 긴장, 초조, 무기력, 좌절, 분노, 기타( )	⇒ 해당하는 것에 ○로 표시해 보세요.									

2. 1번에서 작성한 것을 바탕으로 나의 스트레스 목록을 더 구체적으로 작성해 봅시다.

나의 스트레스 목록										
스트레스 상황	힘든 정도									
1.	0	1	2	3	4	5	6	7	8	9
2.	0	1	2	3	4	5	6	7	8	9
3.	0	1	2	3	4	5	6	7	8	9
4.	0	1	2	3	4	5	6	7	8	9
5.	0	1	2	3	4	5	6	7	8	9
6.	0	1	2	3	4	5	6	7	8	9

3. 2번에서 작성한 것을 바탕으로 내가 그동안 스트레스를 어떻게 대처했는지 나의 스트레스 대처법에 대하여 작성해 봅시다. 파트너와 함께 각자의 대처법에 대해 나누고 더 좋은 대처법을 서로 제안해 봅시다.

스트레스 상황	대처행동	행동의 결과는 긍정적인가, 부정적인가? 왜 그런가?	끝냈을 때 기분은 부정적인가? 왜 그런가?	계속하고 싶은가, 그만하고 싶은가?
예: 이번 주에 제출해야 할 과제만 네 개인데 아직 하나도 손을 못 대고 있을 때	예: 해야지 생각은 하는데 몸은 움직이지 않고, 손은 계속 과자나 빵을 먹고, 귀는 아이돌 가수 음악을 듣는다.	예: 부정적이고, 그 이유는 체중이 늘기 때문이다.	예: 부정적이고, 그 이유는 먹을 때는 좋지만 금방 후회하기 때문이다.	예: 그만하고 싶다.

스트레스를 날리는 나만의 비법

[활동 1]에서 친구들과 나눈 스트레스 관리법을 추가하여 나만의 스트레스 관리비법을
정리해 봅시다.

제12장

건강한 관계를 위한 갈등관리

갈등이란 가까워지는 과정에서 어쩔 수 없이
지불해야 하는 '친밀함의 수업료' 같은 것이다.
갈등을 만들지 않는 것보다 중요한 것은 갈등 회복력이다.

－문요한 『관계를 읽는 시간』 중에서

1. 건강한 인간관계와 갈등관리

현대사회를 살아가는 우리는 타인과의 관계에서 자유로울 수 없다. 얽히고설켜 살아가는 이 사회에서 여전히 많은 사람이 인간관계에서 오는 스트레스로 힘들어 하고 있다. 고등학교 때까지 주로 학교 내 구성원, 가정 내 구성원 등과의 고정된 관계망에서 관계를 하다가 대학생은 선후배, 교수, 동아리, 아르바이트, 군대 내 구성원들과의 더 넓어진 관계망에서 다양한 사람과 관계를 맺고 때로는 갈등을 빚기도 한다. 하지만 전통적으로 조화를 중시하고 집단주의적 성향이 강한 우리나라에서는 갈등이 부정적으로 인식되어 갈등을 최소화하는 것이 미덕이라는 생각이 지배적이었다. 그렇지만 가치관과 생각이 다른 다양한 구성원 사이에서 갈등은 필연적이다. 그러므로 갈등은 '피하는 것이 상책'이란 부정적이라는 시각에서 벗어나 갈등을 긍정적 인간관계 수립이나 개인의 발전도구로 활용할 수 있다는 사고의 전환이 필요하다. 건강한 인간관계를 위해서는 갈등을 줄이거나 없애려는 노력에만 그치는 것이 아니라 갈등을 적극적으로 해결하고 관리하는 법을 익히는 것이 도움이 될 수 있다. 이 장에서는 갈등관리의 개념, 대학생에게 갈등이 발생하는 원인과 갈등대처 양식, 갈등관리법에 대해 알아보고자 한다.

1) 갈등관리란

(1) 갈등의 정의

갈등의 어원은 갈(葛)을 뜻하는 칡나무와 등(藤)을 뜻하는 등나무가 덩굴이 도는 방향이 서로 반대라 마치 매듭처럼 얽혀 있는 모습에서 비롯됐다. 갈등(葛藤)은 의지를 지닌 두 성격의 대립현상이며, 차이 또는 불일치에서 비롯되는 것이다. 따라서 이 차이를 어떻게 보느냐에 따라 갈등은 순기능적인 요소로 작용할 수도 있고 역기능적인 요소로 작용할 수도 있다. 서구에서는 갈등에 대해 자연스럽게 인식하고 적극적으로 해결하려는 태도가 일반적이라면, 우리나라는 전통적으로 조화를 중시하고 집단주의적 성향이 강하여 갈등이 부정적으로 인식되어 온 것이 사실이다. 갈등을 최소화하기 위해 아랫사람의 양보 또는 포기, 동료 간에는 타협과 같은 갈등을 이슈화하지 않는 소극적인 방식이 주로 사용되어 왔다. 그러다 보니 이러한 갈등이 잘 해결되지 못하고 심화될 때는 돌이킬 수 없는 결과를 가져오기도 한다. 하지만 갈등은 긍정적 측면도 포함한다. 영어로 갈등은 conflict로 '함께 충돌'하는 상황을 말하며, 이때의 갈등은 '싸움, 대립, 분쟁, 경쟁 등에서 상대가 서로 맞선다.'라는 충돌된 상태보다는 대립과 싸움을 풀어 나가는 과정의 의미가 더 크다고 할 수 있다. 서로의 방향을 고집하는 칡과 등나무처럼 고집스러움이 아닌 각각이 가지고 있는 생태적 특성을 고려하여 감아 올라가는 방향을 알고 잘 엮으면 갈등은 오히려 새로운 기회가 될 수도 있다.

(2) 갈등관리의 필요성

다양한 구성원이 함께 존재하는 대학 공동체에서 갈등은 피할 수 없다. 친구와의 관계, 교수님과의 관계, 학과나 동아리 선후배와의 관계, 가족 구성원과의 관계를 살펴보라. 각 구성원들의 성격, 행동, 사고방식이 모두 다르기 때문에 갈등은 필연적이다. 갈등은 해결의 대상이 아닌 관리의 대상이다. 그래서 우리는 갈등관리(conflict management)라는 말을 쓴다. 갈등이 심화되거나 적절한 시기에 해결되지 못하면 대학생 개인의 육체적·정신적 소모(burn-out)를 초래하고 건강한 인간관계를 저해할 수 있다.

피할 수 없는 갈등은 해결의 대상이 아니라
관리의 대상이다.

2) 갈등을 유발하는 요인

인간관계 갈등의 핵심은 타인을 얼마나 받아들일 수 있느냐이다. 이 '타인 받아들이기'는 타인에 대한 자신의 '태도'를 의미하며, 이 '태도'가 곧 관계에서의 질적 수준을 결정한다. 인간관계에 있어서 갈등의 원인 또한 바로 이 태도에 달려 있다고 할 수 있다. 타인과의 관계에서 갈등이 일어나는 요인은 크게 두 가지로 볼 수 있다.

(1) 차이에 대한 이해 부족

갈등을 유발하는 첫 번째 요인은 개인 간 서로 다름을 인정하지 않거나 서로가 다르다는 사실을 잊어버리는 것이다. 현재 지구에 사는 70억이 넘는 사람 중 같은 사람은 단 한 명도 없다. 생김새도 다르지만 지니고 있는 성품이나 기질, 생각과 관심사, 좋아하는 것이나 싫어하는 것도 완전히 다르다. "어떻게 그렇게 느낄 수 있지?" "어떻게 그런 말을 할 수 있어?" "난 그런 네가 이해가 안 돼!"라고 할 수 있다. 과연 두 사람 사이에서 이러한 갈등에서 시시비비를 가를 수 있을까? 삶에서 반드시 옳고 그른 것은 없다. 다만 각자의 삶에서 서로 다른 방향과 초점을 가지고 있을 뿐이다. 관계에서의 갈등은 이러한 차이로 인해 상대방을 부정하거나 판단하는 것과 같은 비수용적 태도에서 일어난다. 비수용적 태도는 각자의 입장만을 고수하고 의사소통의 폭을 줄이며 서로 접촉하는 것을 말한다. 자신은 그대로 있으면서 상대방이 바뀌기를 바라거나 상대방을 바꾸려 드는 데서 비롯된다. 상대방을 내 마음대로 바꾸려 하는 생각의 바탕에는 '내 생각이 옳다는 믿음'이 깔려 있다. 내 생각과 판단에 일치하지 않으면 다른 게 아니라 '틀렸다.'고 생각한다. 그러나 나와 상대방은 단지 다를 뿐, 결코 틀리지 않다는 것을 잊지 않아야 한다.

(2) 의사소통능력의 한계

갈등을 유발하는 두 번째 요인으로는 의사소통능력의 한계를 들 수 있다. 제10장의 관계를 촉진하는 대화에서 살펴보았듯이 말하는 사람과 듣는 사람이 각자의 인식의 틀을 통해 나누는 대화는 구조적으로 서로에게 오해를 불러일으킬 수 있는 형태를 가지고 있다. 이에 상대가 이해할 수 있도록 소통할 수 있는 대화나 표현능력의 부재는 일방향적인 대화로 인해 서로 간의 소통을 어렵게 만들고, 소통되지 못한 관계는 갈등을 유발할 수 있다. 더군다나 대화 도중에 협박, 비난, 욕설, 조롱, 명령, 경고, 분노 표출 등의 방식으로 상대를 자극할 경우 갈등은 필연적이게 된다.

3) 건강한 관계를 위한 갈등관리법

갈등의 유발요인에서 살펴보았듯이 사람은 서로 차이가 있기 마련이고, 각자가 원하는 것이 서로 다를 수 있지만 쌍방의 욕구 모두 존중되어야 한다. 갈등이 일어났을 때 한 사람만 원하는 것을 취한다면 어느 한쪽이 이기게 되지만 실상 두 사람 모두 지는 것과 같다. 자기 것이 받아들여지지 않은 사람은 불만을 품게 되고 불만은 관계를 손상시키기 때문이다. 그러면 건강한 관계를 위한 갈등관리 유형과 갈등관리를 할 수 있는 구체적인 의사소통 전략에 대하여 알아보도록 하자.

(1) 갈등관리 유형

독일의 심리학자인 Thomas와 Kilmann은 협조성(타인의 관심을 만족시키고자 노력하는 정도)과 공격성(자신의 관심을 만족시키고자 노력하는 정도)의 두 차원을 중심으로 갈등관리 유형을 타협, 순응, 회피, 협력 그리고 경쟁의 다섯 가지로 구분하였다.

① 경쟁형

자신의 목표만을 배타적으로 추구하는 유형으로서 신속하고 결정적인 행동이 필요할 때 나타나는 유형이다. 이러한 유형에 속하는 사람은 중대사안이나 조직 전체에 영향력이 있는 긴요한 사안에서 자신의 입장만을 고수하는 경향이 강하다. 그렇기 때문에 대화보단 힘에 의존하는 경우가 많으며 이로 인해 상대방과의 관계가 어긋나기도 한다. 대표적인 예로 체육대회 동아리 티셔츠를 결정하는데 동아리 장이 독단적으로 결정을 내렸다면, 이 동아리장의 갈등관리 유형은 경쟁형이라고 볼 수 있다. 경쟁형은 상대의 입장보다 자신의 이익을 먼저 취하기 위해 갈등을 해결하려는 모습을 보여, 커뮤니케이션 기능이 감퇴하거나, 상대방의 참여기회가 상실되거나, 타인의 욕구가 무시되는 상황이 생길 수 있다.

② 회피형

갈등 상황이 발생했을 때 이를 회피하거나 보류하는 유형이다. '회피형'은 갈등 상황에서 자신에게 이득이 없다고 판단되거나, 다른 사람들이 그 갈등을 보다 효과적으로 해결할 수 있음을 직감할 때 많이 나타날 수 있다. 예를 들어, 여동생이 같이 입기 위해 산 옷을 언니가 혼자 입겠다고 하거나 동생이 산 옷을 몰래 입고 가서 다투는 일이 발생했다. 이럴 때 언니가 먼저 큰 소리를 내면서 자신의 행동이 타당하다고 주장하였고, 반면에 동생은 그 자리를 피하거나 엄마에게 도움을 청하는 경우가 많았다. 여기서 동생에게 볼 수 있는 회피형은 자신의 이익이나 목표를 달성하려고 하지 않으며 당장의 문제해결은 피하는 모습을 많이 보인다. 이런 경우 오히려 갈등 상황이 해결되지 않고 서로의 신뢰성이 약화되는 모습으로 나타날 수도 있다.

③ 순응형

상대방과의 관계를 중시하기 때문에 상대의 요구에 맞추려는 경향이 강하고, 자기주장을 못 펼치거나 묵인하는 경우가 많은 유형이다. 자신보다 상대의 사안이 더 중요할 경우나 경쟁, 대립의 지속이 상호손상을 불러일으킨다고 생각하는 사람들에게서 많이 나타난다. 예를 들어, 친구들과 밥을 먹으러 간 A는 그날 베트남 음식을 먹으러 가고 싶었지만 같이 간 친구들은 일본 음식을 먹고 싶어 했다고 하자. 친구들 사이에서 점심을 두고 서로 원하는 음식만을 얘기하는 의견 대립이 일어났다. 사실 A는 전날 일본 음식을 먹었기 때문에 먹고 싶은 생각이 하나도 들지 않았지만,

향신료를 싫어하는 친구가 있었고 또 점심시간이 점점 끝나 갔기에 자신의 의견은 잠시 접어 두고 일본 음식을 먹으러 갔다면 여기서 A는 순응형이다. 순응형은 자신의 이익이나 목표보다는 상대의 요구에 맞추려는 경향, 관계를 더 중시하는 경향이 있기 때문에 자기주장을 잘 펼치지 못하며, 욕구불만이 심화될 수 있다.

④ 타협형

자신의 목표달성과 상대와의 관계를 적절히 조화시키려는 유형이며, 두 대립자가 상호 배타적인 목표를 강력하게 고집할 경우나 잠정적인 해결로 갈등을 마무리할 경우에 필요하다. 타협형의 예로 엄마와 용돈 인상을 두고 서로 갈등을 겪고 있는 B를 생각해 보자. 자신이 원하는 금액과 엄마가 생각하는 금액이 달라 서로 팽팽하게 의견 충돌이 일어났는데, 적정 수준에서 용돈 중 일부에 교통비와 책값을 포함시키는 조건으로 극적으로 타협하는 것에 성공했다. 자신의 용돈 인상의 목표와 엄마와의 관계를 더 악화시키지 않는 부분에서 갈등을 해결했다면 타협형이다. 서로 한발씩 양보하여 빠른 시간 내에 타협점을 찾았지만 서로에게 미해결된 불만족스러운 점이 남아 있을 수 있다는 점이 한계라 할 수 있다.

⑤ 협력형

내 이익뿐만 아니라 상대방의 이익도 중요하게 생각해 주는 유형이다. 따라서 나와 상대의 목표가 공동으로 실현될 수 있도록 추구하는 갈등해결의 유형이다. 두 주장이 너무 중요할 경우나 양자의 참여나 합의가 절대적으로 필요한 경우에 협력형의 갈등해결이 필요하다. 예를 들어, 영어수업의 조모임을 할 때 발표 아이템을 두고 서로 갈등이 발생했다. 시간이 흘러가도 의견이 좁혀지지 않았으며, 모두 영어점수를 잘 받는 것을 목표로 했다. 그래서 C는 조원들과 의논하여, 조원 모두 잘할 수 있는 아이템을 정하고, 의견을 조율하여, 아이템을 하나로 만들었다. 그 후 나쁘지 않은 팀워크로 또 다른 갈등 상황 없이 서로 협력하며 조모임을 끝냈다면 C는 협력형이라 할 수 있다. 어느 한쪽이 일방적으로 하는 양보나 모두가 조금씩 손해 보는 타협이 아니라 서로 윈−윈(win-win) 할 수 있는 목표점을 잡는 것으로 조원 모두에게 만족할 만한 수준의 해결점을 찾았다고 할 수 있다.

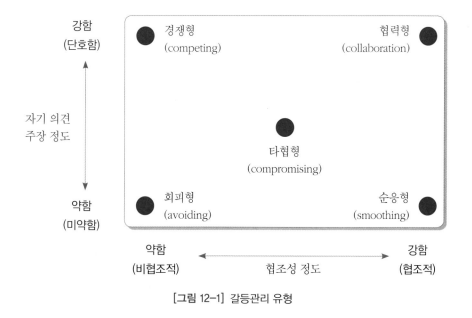

[그림 12-1] 갈등관리 유형

(2) 갈등관리 전략

갈등은 누구나 원하지 않는다. 하지만 그렇다고 언제까지 묻어 두고 지낼 수만도 없다. 결국 현재 자기 상태를 제대로 아는 것이 중요하다. 자신의 상황을 정확히 인식할 때 자신의 부족한 점을 깨닫고 행동을 바꿔 나갈 수 있기 때문이다. 갈등을 피하기만 하는 것이 능사는 아니다. 갈등이 발생할 시 그 원인이 무엇인지 먼저 확인하고 해결할 방법을 결정한 다음 상황을 어떻게 마무리할 것인가를 결정해야 한다. 그러기 위해서 상대를 먼저 이해하고, 서로가 원하는 것을 찾아가는 과정이 갈등관리이다. 〈사례 1〉을 통해 갈등관리 방법을 구체적으로 습득해 보자.

재석이는 부모님이 40대에 만나 늦둥이로 낳은 외동아들이다. 친구들은 외동아들이라 좋겠다고 하지만 그런 말을 들을 때마다 재석이는 화가 난다. 하나밖에 없는 자식이라 관심을 많이 받은 것은 사실이지만 그만큼 간섭도 많았다. 전문직에 종사하는 아버지에게는 재석이가 학교에서 시험을 잘 치거나 칭찬을 받는 것이 당연한 일이었다. 중·고등학교 시절, 시험기간이 되면 재석이는 방문을 열어 놓고 늦은 밤까지 아버지의 감시 속에서 공부를 해야 했다. 대학에 와서도 사정은 마찬가지이다. 지금 전공도 아버지가 원해서 한 전공이었으며 친구들끼리 술이라도 한잔하려면 어김없이 빨리 들어오라는 아버지의 전화를 받아야 했다. 아버지와의 대화는 "학점관리는 어떻게 되고 있냐?" "중간고사 준비는 하고 있냐?" "졸업 후 뭐 할 거냐?" "자격증 준비는 하고 있냐?" 등 재석이의 진로에 관한 내용이 전부이다. 재석이는 집에만 가면 숨이 탁탁 막힌다. 집에서는 밥 먹을 때 빼고는 거실에도 잘 나오지 않는다. 방문을 잠그고 휴대폰을 보며 빈둥거리는 시간이 편하지만 방문 앞에 누가 들어오지 않나 발자국 소리에 촉각이 곤두서 있다. 지금 재석이가 어떤 것을 고민하고 있고 어떻게 준비하는지 말해 보고 싶다가도 눈살을 찌푸리시는 아버지 얼굴을 떠올리면 말문이 막히고 더 이상 이야기하고 싶지 않은 마음이 든다.

① 서로의 드러난 욕구와 드러나지 않은 욕구를 파악하라

〈사례 1〉에서 내가 원하는 욕구가 무엇인지 먼저 적어 보자. 내가 원하는 것이 무엇이고 왜 그것을 원하는지 자신의 want를 알아보는 것이 첫 번째이다. 또한 상대가 겉으로 드러낸 입장과 드러내지 않은 욕구는 무엇인지 적어 보자. 〈사례 1〉에서 재석이의 욕구는 '간섭받지 않고 자유롭게 있고 싶다.'는 것과 '진로에 대한 자신의 고민을 일방적인 지시가 아닌 상의를 하고 나누고 싶다.'라는 것이다. 그렇다면 아버지의 드러내지 않은 욕구는 무엇인가? '하나밖에 없는 아들이 성실하게 학점관리를 잘하여 취업해서 안정적인 직장을 얻는 것'이라 할 수 있다. 이처럼 각자 표면적으로 보인 욕구 이면의 기대와 바람을 파악하는 것이 합의를 끌어내며 갈등을 조정할 수 있는 첫 번째 단계라 할 수 있다.

② 긍정적인 접근을 하라

두 번째는 상대방이 필요로 하는 것에 대해 긍정적으로 생각해 보았다는 점을 어

필할 필요가 있다. 〈사례 1〉에서 재석이가 아버지에게 "아버지가 걱정하시는 게 뭔지 곰곰이 생각해 보았습니다. 아버지는 제가 안정된 직장을 얻기 위해 지금 성실하고 열심히 하길 바라시는 거 같은데 제가 이해한 게 맞나요?"라고 묻는 과정이 될 수 있다. 그리고 재석이 자신과 아버지가 함께 좋은 윈-윈 의도를 설명해 볼 수 있다. "저는 아버지의 목표와 저의 목표가 크게 다르지 않다고 생각합니다. 도달하기 위한 방법이 다를 수 있지만 서로에게 만족스러운 방법을 찾아보고 싶어요."라고 할 수 있는 것이다. 그리고 함께 방법을 찾아갈 의향이 있는지 알아보는 것도 필요하다. "아버지도 제 의견을 귀를 기울여 주셔서 함께 방법을 찾아보았으면 해요."라고 표현함으로써 상대도 갈등의 조정 테이블에 함께 앉을 수 있도록 노력할 필요가 있다.

③ 두 사람의 입장을 명확히 하라

세 번째로는 어떤 부분이라도 동의하는 것이 있으면 인정해 보는 과정이 필요하다. 〈사례 1〉에서 재석이는 "아버지의 의견에 동의하는 부분이 저도 있습니다. 학점을 잘 받아야 취업할 때 유리하다는 것에 동의합니다. 아버지도 학점을 잘 받기를 바라시는 거잖아요."라고 말해 볼 수 있다. 그리고 기본적으로 다른 부분도 인정해 볼 필요가 있다. "그렇지만 서로 다른 부분도 있는 거 같아요. 아버지는 제가 수업 후에 바로 도서관에 가서 그날 배운 걸 복습하고 다음 수업 준비나 과제를 하기를 바라시고, 또 아버지가 지켜보고 있어야 제가 딴짓을 안 한다고 생각하시는 거 같아요. 저는 수업 후에 산책을 하거나 운동을 통해서 기분 전환을 하고 나야 공부에 집중이 더 잘됩니다. 그리고 누군가가 지켜보고 있다는 생각이 들면 더 집중이 안되고 공부에 의욕이 생기지 않아 다른 생각을 더 많이 하게 돼요."라고 자신의 입장을 명확히 하고 상대방의 입장을 확인할 필요가 있다.

④ 윈-윈을 목표로 기준을 제시하고 상대의 동의를 끌어내라

상대방에게 중요한 기준을 다시 한 번 명확히 하고 자신에게도 어떤 기준이 중요한지 말할 필요가 있다. 〈사례 1〉에서 "저에게 중요한 것은 제가 원하는 시간에 원하는 방식으로 공부할 수 있도록 아버지가 믿어 주시고 지켜봐 주시는 겁니다. 저에게 맞는 공부방법으로 준비해서 이번 중간고사를 3.5점 이상 받으면 존중해 주시겠어요?"라며 자신이 제시한 기준이 상대도 동의할 만한 수준인지 확인하고 설득하는 과정이라 할 수 있다.

⑤ 몇 가지 해결책을 생각해서 합의하여 선택하라

해결책에 대해 함께 브레인스토밍해 본 후, 최종 해결책을 선택하고 실행하는 것에 서로 동의하는 것이다. 〈사례 1〉에서 아버지와 재석이는 학점과 공부방식을 서로가 원하는 방식으로 합의하는 과정에서 학점의 수준이나 귀가시간 혹은 주말 또는 평일에서의 공부방식에 대한 여러 가지 대안을 만들 수 있다. 그중 서로의 욕구를 가장 잘 충족시키는 쪽으로 선택해 볼 수 있는 것이다.

지금까지 관계에서 갈등 상황 시 갈등을 관리할 수 있는 방법을 알아보았다. 앞에서 배운 갈등관리 전략을 실행하기에 앞서 먼저 점검해야 할 것이 있다. 먼저 솔직하되 공격적이지 않은 태도로 의견을 나누는 것이다. 상대방의 생각을 충분히 고려하면, 의견 충돌이 단순한 오해에서 비롯되었다는 것이 밝혀지면서 문제가 해결되기도 한다. 또한 문제를 충분히 살펴볼 필요가 있다. 이 경우에 서로 세심하게 감정을 표현하고 대립이 협조로 바뀔 만한 분위기에서 반드시 서로 배려하는 대화를 나누는 것이 효과적이다. 그리고 마지막으로 문제를 해결하기 위해 상대가 무엇을 할 수 있는가가 아니라 자신이 무엇을 할 수 있는가에 집중하는 것이 갈등관리에 도움이 될 수 있다.

2. 건강한 관계를 위한 갈등관리의 실제

갈등관리 전략을 실천하기 전에 먼저 다음 활동을 통해 나의 갈등관리 유형과 갈등대처 전략을 확인해 보자.

활동 12-①

나의 갈등관리 유형은

1. 다음은 Thomas-Kilmann의 갈등관리 유형 검사지입니다. 다른 사람과 의견이 다른 갈등 상황이라고 가정하고 작성해 보십시오. 그리고 자신의 행동을 비교적 특징적으로 나타내 주는 문항 A 혹은 B에 동그라미로 표시해 봅니다. A나 B 어느 것도 자신의 행동을 잘 나타내 주지 못하는 경우도 있겠지만, 상대적으로 비교했을 때 자신을 더 많이 나타내는 문항 하나를 선택하면 됩니다.

번호	문항	○표시
1	A: 나는 가끔 문제해결의 책임을 상대방이 지도록 내버려 두곤 한다.	
	B: 나는 서로가 동의하지 않는 일들에 대해 협상하기보다 서로 동의하는 일들에 대해서 강조한다.	
2	A: 나는 타협적인 해결책을 모색해 본다.	
	B: 나는 상대방과 나의 관심사를 모두 충족시키려고 시도한다.	
3	A: 나는 대체로 내 목적을 달성하기 위해 끝까지 밀고 나간다.	
	B: 나는 상대방의 감정을 상하지 않게 하고 서로 간의 관계를 유지하려고 노력한다.	
4	A: 나는 타협적인 해결책을 모색해 본다.	
	B: 나는 때때로 상대방이 바라는 바를 위해서 내 자신이 바라는 바를 희생한다.	
5	A: 나는 해결책을 찾아내기 위해서 끊임없이 상대방의 도움을 요청한다.	
	B: 나는 불필요한 긴장상태를 피하려고 한다.	
6	A: 나는 나에게 불편한 자리는 회피하려고 한다.	
	B: 나는 내 직위를 확보하려고 애쓴다.	
7	A: 나는 어떤 문제에 대해서 충분히 숙고할 시간이 있을 때까지 그것을 미루어 두려고 한다.	
	B: 나는 어떤 점을 얻는 대가로 다른 점을 포기한다.	
8	A: 나는 대체로 내 목적을 추구함에 있어 남에게 양보하지 않는 편이다.	
	B: 나는 모든 관심사와 문제들을 곧바로 터놓고 이야기하려고 시도한다.	
9	A: 나는 서로 간의 견해 차이에 대해서 고민할 가치가 없다고 느낀다.	
	B: 나는 내 방식대로 일을 처리하기 위해서 어느 정도 노력을 한다.	
10	A: 나는 대체로 내 목적을 달성하기 위해 끝까지 밀고 나간다.	
	B: 나는 타협적인 해결책을 모색하여 본다.	

11	A: 나는 모든 관심사와 문제들을 곧바로 터놓고 이야기하려고 시도한다.	
	B: 나는 아마 상대방의 감정을 상하지 않게 하고 서로 간의 관계를 유지하려고 노력한다.	
12	A: 나는 때때로 논쟁을 야기하는 입장을 취하게 되는 일을 피한다.	
	B: 나는 만약에 상대방이 나의 입장을 어느 정도 존중해 준다면 나도 그 사람이 자신의 입장을 어느 정도 견지하도록 허용한다.	
13	A: 나는 중간적인 입장을 제안한다.	
	B: 나는 내 의견을 관철시킨다.	
14	A: 나는 상대방에게도 내 생각을 말해 주며 그 사람의 생각도 물어본다.	
	B: 나는 상대방에게 내 의견의 논리적 근거와 장점을 설명해 주려고 한다.	
15	A: 나는 아마 상대방의 감정을 상하지 않게 하고 서로 간의 관계를 유지하려고 노력한다.	
	B: 나는 불필요한 긴장 상태를 피하려고 한다.	
16	A: 나는 상대방의 감정을 상하지 않게 하려고 한다.	
	B: 나는 상대방에게 내 입장의 장점을 설득시키려고 한다.	
17	A: 나는 대체로 내 목적을 달성하기 위해 끝까지 밀고 나간다.	
	B: 나는 불필요한 긴장상태를 피하려고 한다.	
18	A: 나는 만약 상대방이 자신의 관점을 견지하는 데서 기쁨을 느낀다면 그렇게 하도록 한다.	
	B: 나는 만약에 상대방이 나의 입장을 어느 정도 존중해 준다면 나도 그 사람이 자신의 입장을 어느 정도 견지하도록 허용한다.	
19	A: 나는 모든 관심사와 문제들을 곧바로 터놓고 이야기하려고 시도한다.	
	B: 나는 어떤 문제에 대해서 충분히 숙고할 시간이 있을 때까지 그것을 미루어 두려고 한다.	
20	A: 나는 서로 간의 차이를 해소시키려고 시도한다.	
	B: 나는 이해 득실상 양자 모두에게 공정한 입장을 찾으려고 한다.	
21	A: 나는 협상해 나가는 과정에서 상대방이 바라는 바를 배려해 주려고 한다.	
	B: 나는 항상 문제를 직접 놓고 토론하는 편이다.	
22	A: 나는 상대방의 입장과 나의 입장 간에 중간지점을 찾으려고 한다.	
	B: 나는 내가 하고 싶은 바를 주장한다.	
23	A: 나는 우리 모두가 바라는 바를 만족시키는 데 항상 관심을 가진다.	
	B: 나는 가끔 문제해결의 책임을 상대방이 지도록 내버려 두곤 한다.	

24	A: 나는 만약 상대방의 입장이 그 사람에게 아주 중요하다고 보이면 그가 하고 싶은 바를 만족시켜 주려 한다.	
	B: 나는 상대방이 타협안에 만족하도록 한다.	
25	A: 나는 상대방에게 내 의견의 논리적 근거와 장점을 설명해 주려고 한다.	
	B: 나는 협상해 나가는 과정에서 상대방이 바라는 바를 배려해 주려고 한다.	
26	A: 나는 중간적인 입장을 제안한다.	
	B: 나는 항상 우리 모두가 바라는 바를 만족시키는 데 관심을 가진다.	
27	A: 나는 때때로 논쟁을 야기하게 되는 입장을 취하게 되는 일을 피한다.	
	B: 나는 만약 상대방이 자신의 관점을 견지하는 데서 기쁨을 느낀다면 그렇게 하도록 한다.	
28	A: 나는 대체로 내 목적을 달성하기 위해 끝까지 밀고 나간다.	
	B: 나는 해결책을 찾아내기 위해서 항상 상대방의 도움을 요청한다.	
29	A: 나는 중간적인 입장을 제안한다.	
	B: 나는 서로 간의 견해 차이에 대해서 고민할 가치가 없다고 느낀다.	
30	A: 나는 상대방의 감정을 상하지 않게 하려고 노력한다.	
	B: 나는 어떤 문제를 항상 상대방과 의논함으로써 우리가 그 문제를 해결할 수 있도록 한다.	

2. 1번에서 표시한 내용을 아래 채점지에 해당하는 A 혹은 B에 체크해 봅시다. 맨 하단에는 각 유형별로 체크한 개수의 합을 적어 봅시다. 가장 많은 개수가 나온 유형이 자신의 갈등관리 유형이라 볼 수 있습니다.

번호	경쟁	회피	순응	타협	협력
1		A	B		
2				A	B
3	A		B		
4			B	A	
5		B			A
6	B	A			
7		A		B	
8	A				B
9	B	A			

10	A			B	
11			B		A
12		A		B	
13	B			A	
14	B				A
15		B	A		
16	B		A		
17	A	B			
18			A	B	
19		B			A
20				B	A
21			A		B
22	B			A	
23		B			A
24			A	B	
25	A		B		
26				A	B
27		A	B		
28	A				B
29		B		A	
30			A		B
합계					

채점 결과 나의 갈등관리 유형이 무엇인지 적어 봅시다.

( ) 형

활동 12-②

● 갈등의 소용돌이를 관리하라 ●

다음의 사례를 읽고 질문에 답해 봅시다.

〈사례〉

민희는 조모임 때마다 무임승차하는 친구 때문에 스트레스를 받는다. 우빈이와 동기로 지낸 지 3년 동안 수강 과목마다 서너 번 같은 조를 한 경험이 있는데 늘 우빈이는 같은 패턴이다. "나는 ppt도 잘 못 만들고 글 쓰는 재주도 없으니 그냥 당일에 발표할게." 하며 빠져 버린다. 발표하는 것도 쉽지 않은 걸 알지만 준비하는 과정이 더 많은 에너지와 시간이 필요한데 그냥 쉬운 걸로 발표를 선택하는 거 같아 마음에 들지 않는다. 지난번 교양 수업에는 자기가 발표한다 해 놓고 발표 준비를 충분히 하지 못해 버벅거리고 질문에 대답도 잘못하는 바람에 우리 조 전체가 점수를 낮게 받은 적도 있다. 늘 무임승차를 하고 쉬운 것만 택하려는 우빈이에게 한마디하고 싶지만 학과 동기이고 계속 볼 사이라서 말을 하는 것이 망설여진다. 이번 수업만큼은 우빈이에게 그냥 발표를 하라고 하고 싶지 않은 마음인데 어떻게 하면 좋을지 모르겠다.

1. 민희와 비슷한 상황에서 그동안 어떤 유형의 갈등대처 전략(경쟁형, 회피형, 순응형, 타협형, 협력형)을 사용했는지 이야기하고, 그것이 가진 효과와 한계를 조원들과 나누어 봅시다.

2. 그동안 갈등 상황에서 내가 주로 썼던 갈등관리 유형은 무엇이었나요?

　　　————————————————————————————

　　　————————————————————————————

3. 해당 유형의 효과와 한계는 무엇이었나요?

　　　————————————————————————————

　　　————————————————————————————

4. 갈등관리 전략 5단계에 기반을 두고 민희가 우빈이에게 할 수 있는 말을 생각해 봅시다.

단계	민희가 우빈이에게 할 수 있는 말
1단계 서로의 드러난 욕구와 드러나지 않은 욕구를 파악하라.	
2단계 긍정적인 접근을 하라.	
3단계 두 사람의 입장을 명확히 하라.	
4단계 윈-윈을 목표로 기준을 제시하고 상대의 동의를 이끌어내라.	
5단계 몇 가지 해결책을 생각해서 합의하여 선택하라.	

자기표현을 통한 주장성 기르기

자기주장을 하는 것은 당신이 하는 일이 아니라
바로 당신 자신이다.

−Shakti Gawain

주장을 하는 것은 나 자신을 알리는 것임을 알아야 한다.

1. 건강한 인간관계와 주장성

인간관계를 하며 살아갈 때 서로 간의 관계를 위하여 나의 의견만을 주장하며 고집을 부리지 않고 스스로 의견을 접어야 할 때가 있다. 하지만 상대방의 수렴 여부를 떠나 내 생각과 느낌에 대하여 명료하게 전달하는 것이 관계 유지에 매우 중요한 요인이 되기도 한다. 그렇다면 어떨 때 나의 의견을 전달하는 것이 필요하고 어떤 방법으로 나의 의사를 표현하는 것이 적절한지에 대한 이해가 필요하다. 이 장에서는 인간관계에서 필요한 주장성이란 무엇이고 그것이 관계에서 어떤 영향을 주며, 적응적 관계를 위한 측면에서 어떻게 자기표현을 할 것인지에 대해 알아보고자 한다.

1) 주장성이란

그동안 내가 알고 있던 주장성의 개념은 어떠한지, 건강한 관계를 위한 주장성의 개념은 무엇인지 확인함으로써 나를 점검해 보자.

(1) 주장성의 정의

주장성이란 스스로를 알리는 행동 또는 느낌을 적극적으로 알리는 행동으로 (Fensterheim & Baer, 1975) 주장행동이라고도 말한다. 이는 대인관계에서 상대방을 존중하면서 자신의 생각이나 의견, 느낌 등을 솔직하게 표현하는 것을 의미한다(최은옥, 1996). 많은 사람이 주장행동의 의미를 나의 의사만을 강력하게 주장하는 것으로 오인하거나 갈등관계를 협상하기 위한 행위로만 인식하기도 한다. 하지만 주장성은 나의 의사를 적극적으로 잘 전달하여 타인으로 하여금 나를 알도록 도와주기 위한 목적을 포함한다. 다시 말해, 인간관계를 조율하기 위한 수단으로서의 전략과 함께 '나'라는 사람을 알리는 측면을 고려하는 것이다.

어떤 측면에서는 상대방의 입장을 고려하여 나의 주장행동을 조절한다는 점에서 갈등관리와 맥락을 함께한다. 하지만 갈등관리의 경우, 서로 간의 관계에서 갈등을 유발하는 요인을 해결하는 데 목적이 있다. 이와 달리 주장행동의 경우, 조율이 되지 않더라도 나의 의사를 표명함으로써 차후에 있을 또 다른 갈등 상황에서 이전에 표명하였던 나의 의사를 고려하여 대안을 찾도록 도울 수 있다는 점에서 차이가 있다. 예를 들어, 여러 명의 친구와 만나 오늘 저녁 메뉴를 고르는 순간을 떠올려 보자. 약속시간에 조금 늦게 나타난 '나'는 저녁 메뉴를 고를 때 의견을 이야기하는 것이 염치없이 느껴져서 말을 하지 못했다. 그래서 나머지 친구끼리 메뉴를 정했고 막상 그 메뉴는 내가 가장 꺼리는 메뉴였다. 결국 식당에 가서 제대로 음식을 먹지 못하였고 친구들은 잘 먹지 못하는 나에게 이유를 물었다. 친구들은 왜 진작 말을 하지 않았냐며 오히려 말을 하지 않은 나를 다시 책망하게 되었다. 만약 이때 "내가 늦은 것이 염치가 없어서 적극적으로 메뉴를 희망하는 것은 예의가 아닌 것 같아. 그렇지만 내가 ○○은 정말 먹기 어려워서 그런데 그것만 빼고 고려해 줄 수 있을까?" 하고 의사를 이야기했다면 어땠을까? 아마도 다 함께 어색하고 고역스러운 식사자리는 면할 수 있었을지도 모른다.

이뿐만 아니라 우리는 다양한 상황에서 품위 있게 요청하는 것과 정중하게 거절하는 것, 예의 있게 충고하는 것과 비평 또는 비판에 겸허하게 의사를 표명하는 것을 요구받는다. 이때 적절한 주장행동을 펼치지 못하였을 경우 따르는 불이익 또는 심리적 스트레스는 궁극적으로 건강한 인간관계를 해치는 길로 치닫게 만들기도 하므로 상황에 맞는 적절한 주장행동이 필요하다. 그러므로 주어진 상황에서 어떤 방식의 주장행동이 필요한지 판단하기 위하여 주장성이 필요한 순간에 대해 이해하는 것이 중요하다.

(2) 주장성의 필요성

적절한 자기표현을 전달해야 하는 여러 가지 상황을 토대로 주장의 필요성을 알아보고자 한다.

첫 번째로, 가까운 관계에서 부탁이나 요구를 받지만 거절을 해야 하는 순간들이 있을 수 있다. 친구 또는 연인이 돈을 빌려 달라고 하는 경우나 지금 당장 내가 해를 입거나 손해를 보는 것은 아니지만 상대방의 편의를 위하여 대신 행위를 요구받는 경우(과제 공유, 대리 출석 등), 부모님께서 정해 놓은 가족 내 규칙을 이행하라고 요구받는 경우(귀가시간, 가족활동 참여 등)가 이에 해당한다. 나와 가까운 관계에서는 서로 간의 믿음으로 인해 주장행동이 쉬운 경우도 있지만 반대로 가깝기 때문에 상대방과 나의 관계에 미칠 영향으로 인하여 주장행동이 쉽지 않은 경우도 많이 있다. 가까운 관계일수록 주장행동을 하지 못함으로 인해 생기는 부정적 감정(억울함, 서운함, 부담감 등)이 쌓이면 관계를 조금씩 해치는 방향으로 좀먹어 가면서 갈등이 깊어지기도 하므로 이에 대한 점검이 필요하다.

두 번째로, 적절한 주장행동을 해야지만 내가 손해받지 않을 합리적인 결론 도출이 가능한 상황이 있다. 나와 생각이 다른 부모님께 앞으로 나의 진로 방향에 대하여 논리적으로 설명하고 이해를 구해야 할 때, 학과나 동아리에서 특정 역할을 할 대상을 선정할 시 내가 하고 싶거나 피하고 싶은 역할에 대하

가까운 관계일수록 표현이 어렵다.

적절한 주장을 하지 못할 때 손해를 볼 수 있다.

여 피력해야 할 때, 졸업논문의 주제 선정과정에서 타당한 근거에 따른 주제 도출에 대하여 교수님께 프레젠테이션을 해야 할 때 등이 이에 해당한다. 이와 같은 상황에서 내가 생각한 바를 제대로 전달하지 못한다면, 자신의 진로 선택에 대한 확신을 가지지 못하게 되고, 학과나 동아리에서 내가 원치 않은 역할을 맡게 될 수 있으며, 졸업논문이 주체성을 읽고 방향성이 흐트러지는 등의 불이익이 따를 수 있다.

세 번째로, 단체 또는 다수의 의견과 나의 의견이 다른 상황이 있을 수 있다. 첫 번째와 두 번째 상황은 '나'의 주장을 제대로 전달하지 않았을 때 생길 '나'의 불이익에 대한 비중이 크다면, 세 번째 상황은 '나'의 주장으로 인하여 '다수' 또는 '타인'의 불이익까지도 고려해야 하는 상황을 말한다. 예를 들면, 선후배 관계에서 후배이기 때문에 당위적으로 해야 하는 암묵적인 행사 참여 요구(신입생 환영회, 학과 MT, 체육대회 등), 학과 또는 동아리 내 규칙을 정하는 상황에서 나의 처지와 견해가 다른 조원들과 논쟁을 하여 가장 상황에 맞는 이상적인 결론을 도출해야 하는 경우, 모임 일정을 정할 때 나를 제외하고 모두의 일정이 맞는 경우 등이 있다. 이러한 장면에서는 당연히 나로 인하여 여러 사람이 받게 될 부

다수 속 개인 의견은 쉽사리 표현하기 어렵다.

정적 영향에 대하여 자연스럽게 생각을 하게 되고 주장행동을 접고 나의 의사와 상반된 태도를 취하게 되기도 한다. 하지만 이와 같은 대처들이 지속되면 자신의 의견과 입장이 반영되지 않거나 묵살된 그룹 내 결정사항을 따르는 것에 대한 반감을 가질 수 있으며, 나아가 그룹에 대한 신뢰와 결속력을 흐리게 될 수도 있다.

이처럼 우리는 어떤 상황에서 누구와 어떤 이야기를 하는가에 따라 매우 조심스럽고 민감하게 대처해야 할 때가 많다. 이러한 상황

에서 상대방이 나의 의사를 지금 당장 수렴하지 못하더라도 서로 간의 이해를 돕는 주장행동은 현재 나의 의사를 주장하여 전달하는 데 중요한 역할을 한다고 볼 수 있다. 그럼에도 불구하고 어떤 상황에서든 자신이 생각하는 바를 잘 전달하는 사람도 있지만 특정 상황 또는 특정 대상에 있어서 주장행동을 잘하지 못하는 사람들도 있다. 또는 자기표현 방법에 잘못이 있음을 자각하지 못하는 경우가 있을 수 있다. 그러므로 적절한 주장행동을 방해하는 요인에 대해 이해할 필요가 있다.

2) 주장성 향상의 방해요인

우리는 주장성이 무엇인지와 주장행동이 필요한 상황(① 가까운 이로부터 부탁을 받는 상황, ② 내가 손해받지 않고 합리적인 결론을 도출해야 하는 상황, ③ 다수와 나의 의견이 충돌하는 상황 등)에 대하여 알아보았다. 하지만 머리로 생각하는 것과 달리 실제 상황에서는 나의 상상과 바람대로 잘 수행이 되지 않는 경우를 많이 맞닥뜨리게 된다. 그래서 때때로 잘하던 자기표현도 어떤 특정 상황에서는 어려움을 겪기도 하고 특정 대상과 갈등을 초래하기도 한다. 그러므로 우리가 주장행동을 함에 있어 장애요인으로 작용하는 것이 무엇인지에 대하여 살펴볼 필요가 있다. 이 장에서는 주장성 향상의 방해요인을 불안, 비합리적 신념, 주장행동 방법 습득의 부재로 보고 이에 대하여 제시하고자 한다.

(1) 불안
불안은 나에게 닥칠 파국적 결과에 대한 대비를 하는 데 도움을 준다. 예를 들면, 높은 산에 올라가 절벽 앞에 서고도 떨어질 것에 대한 불안함을 느끼지 않는다면 부주의하여 떨어지는 파국적 결과를 맞을 수도 있는 것이다. 그러므로 불안을 가진다는 것은 우리의 삶을 신중하게 임하게 한다는 점에서 중요한 의미를 가진다. 하지만 불안이 상황에서 과도하게 발생하였을 때는 그로 인하여 오히려 좋지 않은 결과를 초래하기도 하므로 관리가 필요하다.

그렇다면 이러한 불안을 가지게 되는 원인은 무엇일까? 동물의 경우 본능적으로 천적이 나타났을 때 이를 알아차리고 그에 대한 대비를 하게 된다. 인간 역시 본능적으로 위험요인을 알아차리기 위한 불안이 발동한다. 하지만 이에 대한 불안 정도

이 말을 했을 때 반응이 별로면 어떡하지? 안 그래도 노잼 소리를 듣는데……

과거의 경험은 현재에 영향을 미친다.

가 과도하거나 전혀 위험요인이 없는 상황임에도 불구하고 불안을 느끼는 경우는 과거 경험으로 인한 학습된 불안일 가능성이 높다.

예를 들어, 과거 발표를 자신감 있게 잘하던 성향이었음에도 또래에게 이에 대한 시기와 질투를 사서 따돌림을 심하게 겪게 되면 비슷한 상황이 되었을 때 동일한 결과가 유발될 것에 대한 불안이 생기게 된다. 또한 내가 주장한 바에 대하여 누군가에게 부정적인 평가를 받는 상황을 반복적으로 경험하였다면, 그에 대한 공포심이 학습되어 이후 자기표현 자체를 꺼리게 되는 대처를 하게 되기도 한다.

이처럼 학습된 과도한 불안은 특정 상황에서 이성적으로 판단하게 하기보다는 무작정 자신을 불안에 몰입되게 방치하여 역기능적으로 행동하도록 만드는 요인이 되므로 빠른 점검이 필요하다. 다음 질문을 통하여 나의 불안을 점검해 보자.

① 현재 내가 처해 있는 상황에서 내가 궁극적으로 가장 우려하는 파국적 결과는 무엇인가?
② 그것이 현실로 나타날 수 있는 가능성은 얼마나 되는가?
③ 내가 그것을 해결할 수 있는 대안이나 주변의 도움을 구하여 대안을 마련할 수 있는 방법은 무엇인가?
④ 또다시 반복될 파국 상황이 우려된다. 그런데 당시의 나와 현재의 나는 대처능력의 변화가 없는가?

이와 같은 질문을 통하여 현재를 점검하고 상황을 객관적으로 평가할 수 있다면 그에 따른 현실적인 대안을 찾아 대처함으로써 불안에 대비할 수 있다. 또한 자신의 능력을 무의식적으로 과소평가하고 자존감을 떨어뜨리는 부적응적인 패턴에서 벗어나는 데 도움이 될 수 있다.

(2) 비합리적 신념

불안은 개인이 가진 비합리적 신념('내가 이런 말을 하면 사람들이 이상하게 생각할 것이다.' '내가 하는 말은 항상 무시받는다.' 등)에 의하여 유발될 수 있지만, 여기서 다루고자 하는 비합리적 신념이란 문화적 특성이나 집단 무의식으로부터 파생된 것을 말한다. 우리나라는 조선시대 유교적 도덕사상인 삼강오륜을 따르면서 임금과 신하, 어버이와 자식, 남편과 아내 사이에 마땅히 지켜야 할 도리에 대하여 중요시하도록 교육받아 왔다. 하지만 시대가 급변하면서 이러한 관계에 대한 대처방식이나 요구되는 태도에서도 변화가 이루어졌는데 여전히 과거의 도덕 기준이나 논리로서 정당한 주장성을 억압받게 되는 상황들이 있다.

무의식적인 신념이 행동에 영향을 준다.

이를 반영하듯 최근 우리 사회에서 이슈가 되고 있는 갑을관계에서의 횡포 논란, 성희롱에 대한 정당한 피해 주장(미투 운동) 등은 더 이상 예전의 비합리적 신념에 의한 억압되고 순종적인 역할만을 따를 것을 강요하지 않는다. 이렇듯 사회가 변하는 만큼 의식과 신념 역시 그에 맞는 변화가 있어야 하며, 상황에 따른 적절한 주장 행동은 이를 적용해서 표현되어야 할 것이다. 이를 위하여 우리가 가진 비합리적 신념을 점검해 볼 필요가 있다. 다음 표현을 통하여 나의 비합리적 신념을 점검해 보자.

① 여자는 시집 잘 가는 게 장땡이야.
② 결혼할 때 남자가 집 정도는 장만해야지.
③ 남자의 눈물은 아무짝에도 쓸모가 없다.
④ 윗사람에게 말대꾸를 하면 안 된다.
⑤ 부모님의 은혜에 보답하기 위해서는 무조건 부모님의 생각을 따르는 것이 효도이다.
⑥ 부탁을 거절하는 것은 실례이다.

이와 같은 표현 외에도 시대착오적인 비합리적 신념을 가지고 있는 경우가 많이 있다. 부모님 또는 어른과 이야기를 나눌 때 "우리 때는 ~하는 건 상상도 못했다."라는 말을 듣는 것, 남성과 여성의 성역할에 대한 고정관념 "여자가(또는 남자가) ~해야지." 그리고 상하관계에 대한 충성심을 평가받는 상황 등에서 이러한 비합리적 신념이 작용하는 교류가 발생할 수 있다. 나의 비합리적 신념이 상대방에게 자기표현을 억압하도록 만들 수도 있고 상대방의 비합리적 신념으로 인하여 나의 주장행동이 억압받을 수도 있다. 그러므로 상호교류적 차원에서 비합리적 신념이 우리 관계에 어떠한 영향을 미치는지 고려해야 한다.

(3) 주장행동 방법 습득의 부재

어떤 상황에서 적절한 행동을 하는 데에는 상황에 대한 객관적인 판단뿐만 아니라 적절한 행동을 할 수 있는 방법에 대한 지식도 필요하다. 인간이 날 때부터 본능적으로 가지고 태어나는 것들도 있지만 사회활동을 통하여 많은 시행착오를 겪으며 습득하게 되는 사회적 기술이 그것이다. 우리는 인간의 발달단계상 자폐적 단계인 신생아 시기를 거쳐 대상에 대한 개념을 가지는 애착 형성 시기를 지나 다양한 자극요소들을 토대로 성격을 형성하고 또래들을 통하여 사회적 관계기술을 교류하며 자신만의 대인관계 패턴과 대처방식을 습득하게 된다. 이 과정에서 타고난 기질과 성격, 부모의 양육태도, 또래들과의 관계 경험은 한 인간이 주장행동을 하는 데 큰 영향을 주게 된다.

하지만 환경적으로 이러한 방법을 습득하지 못하는 경우가 있다. 예를 들면, 매우 보수적이고 강압적인 부모님으로부터 주장행동은 패륜행위라고 주입되어 양육된 경우나 다양한 관계에 노출되지 못하여 특정 관계에 대한 대처방식을 알지 못하는 경우(예: 어른과의 관계에서 어떤 태도가 예의인지 알지 못하는 경우, 남성들만 있는 학교를 나와서 여성과의 관계에서 자신도 모르게 무례한 태도를 취하게 되는 경우 등)들이 있을 수 있다. 특히 내향적이고 제한적인 관계를 하는 기

주장도 방법을 알아야 할 수 있다.

질을 타고난 대상들은 이로 인한 어려움이 있을 때 다양한 사람과 대안을 논하거나 도움받지 못하여 더욱 협소하고 왜곡된 판단을 할 수 있다. 그뿐만 아니라 외향적이고 신중하지 못한 사람일수록 타인의 반응을 섬세하게 파악하고 그에 맞는 배려를 하지 못하여 공격적으로 표현하는 실수를 할 수 있다. 그러므로 상황에 따른 적절한 주장행동을 하지 못할 때는 이를 빠르게 자각하는 것과 동시에 자신의 실수나 오판단을 인정하고 상대방에게 양해를 구한 다음 적절한 반응으로 교정하는 것이 필요하다.

3) 건강한 주장성 향상을 위한 자기표현

건강하게 주장행동을 하기 위한 방법으로서의 자기표현과 그렇지 않은 자기표현에 대하여 알아보자.

(1) 자기표현의 유형

자기표현의 유형에는 소극적 자기표현, 공격적 자기표현, 주장적 자기표현이 있다. 이에 대하여 알아보고 어떠한 자기표현이 관계를 해치지 않고 주장성을 향상시키는 측면에서 적절한지 살펴보자.

① 소극적 자기표현

소극적 자기표현이란 상대방을 배려한 나머지 자신이 나타내고자 하는 바를 충분히 표현하지 못하여 자신의 권리나 인격에 손해를 가져오는 행동을 말한다(홍경자, 2014). 소극적 자기표현은 자신을 억압하는 형태로, 상대방이 나의 어려움이나 손해를 알아차리지 못하게 만드는 상황을 연출하고 그로 인해 반복된 손해 상황에 노출됨으로써 결국 나를 소진시키고 궁극적으로 관계를 해치게 되는 결과를 초래하게 만

소극적 표현은 나의 권리를 포기하는 행동이다.

든다. 우리가 생각하는 자기표현 방식 중에는 서로 간의 관계를 생각하여 배려하는 행동이라고 생각하지만 소극적 자기표현을 함으로써 상대방으로 하여금 나의 상황과 어려움에 대해 알아차리지 못하게 만드는 표현방식이 많이 있다. 다음 사례는 소극적 자기표현과 관련된 것이다.

사례 1

　평소 책임감은 높지만 다른 사람에 대한 배려가 많아 타인의 의견에 주로 맞추며 자신이 맡은 역할을 묵묵히 수행하는 철수는 학과 부대표로 활동 중이다. 학과 전체 MT를 가는 계획에 대하여 다 같이 의견을 나누어야 하는 상황이 생겼다. 그런데 날짜는 점점 다가옴에도 불구하고 이에 대한 책임감을 가지고 주도적으로 기획회의를 이끌지 않는 학과 대표와 소속 학과 학생들에 대한 불만이 생기기 시작하였다. 사실 번번이 각자의 이유를 대며 역할을 떠넘기는 일들이 생기고 그때마다 철수가 그들의 빈자리를 대신하던 터라 더 이상 일을 맡기에도 어려움이 생긴 상황이었다. 시일이 촉박해진 무렵 각자 역할을 나눠서 준비활동을 하자고 논의하던 중 가영이가 또다시 급박한 자기 사정을 이야기하였다. 철수는 "그래…… 한번 조정해 볼게." 하고 또다시 거절을 하지 못하고 일을 떠맡게 되었다.

〈사례 1〉에서 철수는 자신이 더 이상 다른 업무를 더 맡을 여력도 없으며 그동안 다른 사람들이 미뤄 놓았던 일을 자신이 대신하여 맡게 되는 것에 대한 불만이 많아진 상태였다. 그럼에도 불구하고 자신이 부대표이기 때문에 책임을 요구하는 학과 대표의 말에 적극적으로 주장행동을 하지 못하고 그대로 수용하는 태도를 보였다. 이러한 태도는 철수 자신을 더욱 소진시키게 만들고 과도한 역할 업무로 인하여 어떤 역할도 제대로 수행하지 못하는 상황을 유발하게 될 수 있다. 그로 인해 철수가 노력한 것과 달리 신뢰가 낮아지거나 노력에 대한 정당한 인정을 받지 못하게 되는 일이 발생할 수 있다.

　우리는 철수와 동일한 상황은 아니더라도 많은 상황에서 타고난 나의 기질적 특성 때문에 또는 서로 간의 관계를 고려하여 주장행동을 하지 못하고 철수와 같이 소극적 자기표현을 하게 되는 경우가 많이 있다. 모든 상황에서 소극적 자기표현을 하지는 않지만 특정 상황에서 주장행동을 하지 못하는 경우가 생기기도 하고 특정 대상에게 특히 어려움을 겪게 되는 경우도 있다. 다음과 같은 물음을 통하여 나는 어떤 식의 자기표현을 하고 있는지 점검해 보자.

[활동 1] 생각해 보기

철수와 같은 상황에서 나라면 어떻게 이야기할 것 같은지 다음의 질문을 통해 나와의 차이점을 생각해 봅시다.

1. 철수가 주장행동을 하지 못하는 이유는 무엇이라고 생각하나요?

2. 내가 철수와 같은 상황이라면 어떻게 주장행동을 하는 것이 적절할까요?

---

② 공격적 자기표현

공격적 자기표현이란 자신의 욕구, 감정, 생각 등을 표현하되 상대방의 인격과 권리 등을 배려하지 않고 피해를 주는 행동을 말한다(홍경자, 2014). 이러한 공격적 자기표현은 '나'의 권리에는 민감하지만 '타인'의 권리를 존중하지 않고 행하는 표현을 의미한다. 평소 자신의 생각이나 감정에 솔직하고 있는 그대로 표현을 잘하는 것이 곧 적절한 주장행동이라고 생각하기 쉬운데 그러한 표현이 건강한 인간관계로 이어지기 위해서 꼭 전제되어야 하는 것이 타인에게 미칠 영향이다. 소극적 자기표현이 과도하게 상대방을 배려하여 문제가 생긴다면, 공격적 자기표현은 상대방을 고려하지 않음으로 인해

공격적 표현은 상대방에게 상처를 줄 수 있다.

문제가 생긴다고 할 수 있다.

과도하게 타인의 입장만을 고려하는 것도 문제가 될 수 있지만, 자신의 감정과 입장에만 몰입하여 타인의 입장에 너무 무심한 채 자기표현을 하는 것은 상대방의 감정을 상하게 하거나 오해를 불러일으킬 수 있으므로 주의가 필요하다. 다음은 상황 속에서 느끼는 불만을 공격적 자기표현을 통하여 전달하고 있는 사례이다. 내가 현재 취하고 있는 자기표현 방식과 어떻게 차이가 있는지 떠올리며 읽어 보자.

사례 2

민호는 평소 자신이 하고 있는 자격증 준비에 대해 왈가왈부 평가하고 지적하는 동기 정민에 대한 불만이 있다. 불쾌하지만 이를 표현하면 관계를 해칠 것이 염려되어 그냥 참고만 있었다. 하지만 오늘따라 유난히 집요하게 훈수를 두는 정민에게 "네가 알면 얼마나 안다고 잘난 척이야. 그만 좀 해." 하고 반응을 하고 말았다.

〈사례 2〉와 같이 불만이 생기는 상황에서 공격적으로 자기표현을 하게 되는 경우도 있지만 타인의 감정에 대하여 무심하여 나도 모르게 공격적 자기표현을 하게 되는 경우도 많이 있다. 그러므로 너무 나의 주장만을 강력하게 주장하여 타인의 인권을 침해하지도 않고 너무 소극적인 태도를 취하여 나의 인권에 침해를 받지도 않는 방식의 주장행동을 하는 것이 필요하다.

③ 주장적 자기표현

주장적 자기표현이란 강압적이지 않고 마음이 여려 쉽게 물러서는 것도 아닌 의연하고 담담하게 자기 의사와 감정을 표현하는 행동을 말한다(홍경자, 2014). 이러한 주장적 자기표현의 핵심은 상황에서 자신을 억압하여 부정적 정서를 유발하지 않고 타인의 위치나 나와의 관계 여부로 인하여 위축되지 않게 의사를 전달하는 데 있다.

다음은 상황에서 적절한 주장적 자기표현을 한 사례를 제시한 것이다. 이를 보고 나와 어떤 차이를 가지는지 생각해 보자.

사례 3

   그룹 과제를 하는 과정에서 브레인스토밍을 통하여 주제를 선정하고 있을 때였다. 그룹원들의 대화를 지켜보던 은희는 의견들이 너무 산발적으로 흘러가고 있다는 생각이 들었다. 남은 시간을 고려하였을 때, 이를 두고 보기에 합리적인 결과를 도출하기 어렵겠다는 염려가 되었다. 그리고 이 문제를 해결하기 위하여 그룹 리더가 조율해 주길 바라는 마음에서 다음과 같이 이야기하였다. "경수야, 나는 우리가 시간 안에 주제를 정하지 못할까 염려가 되어서 건의하고 싶은 것이 있어. 네가 리더로서 지금 상황에 대해 생각하는 바가 있을 것 같아서 말을 꺼내는 것이 조심스럽기도 해. 혹시 지금까지 나온 의견들을 조율해 주었으면 하는데 가능할까?"

   어떤 이들은 〈사례 3〉과 같은 상황에서 '경수가 리더로서 염두에 두고 있는 생각이 있는데 내가 괜한 말을 하여 상처를 주지 않을까?' 하는 생각에 주장적 자기표현을 하지 못하고 시간이 흘러가는 대로 그냥 두는 경우도 있을 것이다. 또는 왜 리더가 상황을 정리해 주지 않느냐는 불만을 공격적 자기표현을 통해 전달하는 이도 있을 수 있다. 하지만 은희는 자신의 염려되는 마음과 리더의 의사와 입장을 존중하는 마음을 담아 담담하게 요청하고 있다. 이는 소극적이어서 자신의 권리를 침해받지도 않고 공격적이어서 타인의 권리를 침해하지도 않는 방법이다. 이와 같이 상황에 맞는 주장적 자기표현을 하기 위한 방법을 연습하여 상황 속에서 적절하게 활용하는 것이 필요하다.

상대방을 배려하되 명확하게 표현해야 한다.

표 13-1 세 가지 자기표현 비교

구분	주장적 자기표현	소극적 자기표현	공격적 자기표현
행동 특징	• 자기의 입장을 배려하되 타인의 권리와 인격을 존중함 • 자기의 욕구를 성취하되 타인의 권리를 침해하지 않음 • 자기지향적	• 타인의 입장만 배려함 • 타인이 자기의 욕구와 인권을 침해하도록 허용함 • 자기의 욕구와 권리를 솔직하게 표현하지 못함 • 자기부정적	• 자기의 입장만 배려함 • 타인의 욕구와 인원을 무시하고 희생시킴 • 자기의 욕구를 성취하기 위하여 과격한 표현을 함 • 자기본위적
감정	• 자기존중감	• 자신에 대한 실망과 자책 • 상대방에 대한 원망과 증오	• 처음엔 승리감과 우월감, 다음엔 죄의식
결과	• 자신의 욕구를 성취함 • 상호존중	• 자기의 욕구를 성취하지 못함 • 대인관계가 소원해짐	• 자신의 욕구를 성취함 • 상대방에게 분노, 복수심을 심어 주고 관계가 파괴됨

출처: 홍경자(2014).

(2) 건강한 인간관계를 위한 주장행동 전략

적절한 주장적 자기표현을 하기 위해서는 상황에 맞는 주장행동 전략이 필요하다. 이를 위하여 다음과 같은 단계를 취할 수 있다.

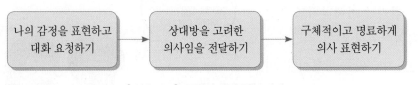

[그림 13-1] 주장적 자기표현 3단계

1단계, 나의 감정을 자각하고 대화를 요청한다. 우선 나의 감정을 자각하여 표현하는 것이 필요하다. 내가 느낀 감정을 표현하는 것은 상대방에게 이야기하고자 하는 나의 의도를 이해할 수 있도록 도와준다. 감정을 표현하고 요청하기의 방법은 다음과 같다.

• "~에 대해서 나는 조금 우려가 됩니다(감정표현). 그래서 이에 대해 이야기를 했으면 하는데 괜찮을까요?(대화 요청하기)"

2단계, 상대방을 고려한 의사임을 전달한다. 상대방이 내가 전달하고자 하는 자기표현에 대해 납득 및 수용할 수 있도록 독단적인 의사가 아님을 표현하는 것이다. 이를 위한 표현은 다음과 같다.

- "그동안 당신이 ~해 온 것을 생각하면(상대방의 입장 고려) ~하는 것이 좀 더 나은 선택이 될 것이라는 생각이 들어서 말씀을 드립니다."

3단계, 내가 전달하고자 하는 말을 구체적이고 명료하게 표현한다. 상대방에게 전달하고자 하는 말을 돌려 표현하거나 얼버무리지 않고 오해의 소지가 없도록 전달하는 것이 중요하다. 다음과 같이 표현할 수 있다.

- "나는 ~할 때 ~하지 않고 ~하기를 바라." 또는 "나는 ~하기 때문에 ~하는 것이 어려워. 그래서 나는 ~이 아니라 ~해야 한다고 생각해."

물론 이와 같은 주장적 자기표현을 한다 해도 상대방에게 전한 나의 요청이 묵살되거나 나에게 거절받은 상대가 낙담하게 되는 경우가 생길 수 있다. 또한 지금 당장의 결과에서는 주장행동에 따른 결과가 목적을 달성하지 못한 것처럼 보일 수 있다. 하지만 주장행동을 하는 것은 당장의 결과로서는 요청이 묵살되더라도 나의 욕구를 상대방이 알 수 있도록 돕는 것이 된다. 그러므로 이러한 정보는 상대방에게 축적되어 다음 상황에서는 나를 배려하는 행동으로 작용할 수 있으므로 표현이 필요하다. 또한 내가 한 거절의 표현이 지금 당장은 상대방을 낙담하게 만들 수 있으나 상대방을 만족시키기 위하여 나의 안위나 권리를 포기하게 되면 오히려 부탁을 한 대상에 대한 불만이 생겨 관계를 해칠 수 있다. 그러므로 때와 장소에 맞는 적절한 주장행동으로서의 거절도 필요한 것이다. 이와 같이 상황에 맞는 주장행동을 할 수 있도록 연습을 함으로써 관계를 보다 건강하게 유지할 수 있어야 한다.

2. 주장성 향상을 위한 자기표현의 실제

건강한 인간관계를 유지하기 위하여 관계 속에서 주장적 자기표현으로서의 주장행동을 하는 것이 매우 중요하다는 것을 확인하였다. 그렇다면 현재 나의 수준을 점검하는 작업이 필요하다. 내가 이해하고 있는 주장적 자기표현, 소극적 자기표현, 공격적 자기표현은 어떠하고 나는 실제 상황에서 어떻게 대처하고 있는지 확인해 보자. 그리고 실제 내가 겪고 있는 관계 속에서 나는 어떠한 어려움을 겪고 있는지 확인하고 다른 사람들과의 활동을 통하여 그에 대한 합리적인 대안을 생각해 보자.

1) 자기표현 방법 점검하기

다음 활동지를 통하여 내가 생각하는 주장적 자기표현, 소극적 자기표현, 공격적 자기표현을 점검해 보고 실제 나의 생활 속에서 나는 어떠한 대처를 하고 있으며 그것이 다른 사람들의 것과 어떤 차이를 가지는지 활동 13-①을 통하여 나누어 보자.

2) 주장행동 실천하기

주장적 자기표현을 통한 주장행동을 하기 위하여 활동 13-②에서 내가 경험하고 있는 상황에서 주장적 자기표현 3단계에 맞추어 실습해 보자.

활동 13-①

주·소·공 나의 선택은?

다음 표에는 다양한 상황이 제시되어 있고 그 옆에는 그에 따른 반응이 기재되어 있습니다. 그 반응이 어떤 방식을 취하고 있는지 확인하고 '방식'란에 주장적 자기표현은 '주', 소극적 자기표현은 '소', 공격적 자기표현은 '공'이라고 기재해 주세요. 그리고 제시된 반응 외 대안적 반응으로 어떻게 표현이 가능한지 적어 봅니다. 주장적 자기표현이라고 생각된 항목이라도 다르게 전달할 수 있는 방식이 있다면 적어 봅니다.

번호	상황	반응	방식	대안
1	친구와 전화로 한참 동안 통화를 하였다. 당신은 이제 전화를 끊고 싶다.	"정말 미안해. 어머니가 부르셔서 전화를 끊어야겠어. 괜찮겠지?"		
2	위층에 사는 사람이 음악을 크게 틀어서 신경질이 난다. 그때 당신은?	"실례합니다. 음악소리가 너무 커서 제게 방해가 됩니다. 소리를 좀 줄여 주시겠어요?"		
3	당신이 어떤 사람과 데이트를 한 번 했는데 이젠 그 사람에게 흥미가 없다. 그 사람이 또 데이트를 요청할 때는?	"전 이번 주 너무 바빠요. 이번 토요일 저녁은 시간이 없겠어요."		
4	학교 도서관에서 빌린 적도 없는데 책을 반환하라는 연락이 왔다. 그때 당신은?	"무슨 소리 하는 거죠? 기록을 똑바로 해 두셔야죠. 제가 빌린 적도 없는 것을 배상하라는 말인가요? 어이가 없네요."		
5	적은 돈을 빌려가고 매번 갚지 않는 친구가 또 얼마의 돈을 빌려 달라고 한다.	"오늘 나 점심 사 먹을 돈밖에 없는데……."		
6	조별과제를 위해 모임 일정을 정하려고 한다. 나는 오늘 5시에 바꿀 수 없는 일정이 있는데 나머지 조원이 모두 그 시간으로 일정을 정하자고 한다면?	"너희는 내 일정은 안중에도 없구나."		

출처: 홍경자(2014).

정답: ① 소 ② 주 ③ 소 ④ 공 ⑤ 소 ⑥ 공

1. 나와 다른 사람들의 표현에 어떤 차이가 있었나요?

_____

_____

_____

2. 왜 그러한 차이가 있다고 생각하나요?

_____

_____

_____

3. 나와 비슷한 표현을 하는 사람과 내가 가진 생각이 같은가요?

_____

_____

_____

활동 13-②

주장행동을 실천해 보자!

내가 최근 경험하고 있는 어려움의 상황을 적어 보고 그 상황에 주장적 자기표현 3단계를 적용해 봅니다.

1. 언제 누구와의 어떤 상황이었나요?

_____

_____

2. 당시에 어떻게 자기표현을 하였나요?

_____

_____

3. 내가 하고 싶었던 말은 무엇이었나요?

_____

_____

1단계	2단계	3단계
나의 감정을 표현하고 대화 요청하기	상대방을 고려한 의사임을 전달하기	구체적이고 명료하게 의사 표현하기

1단계: _____ 에 대해서 _____ 됩니다. (감정표현)

_____ 에 대해서 이야기했으면 하는데 괜찮을까요? (대화 요청하기)

2단계: _____ 해 온 것을 생각하면 (상대방의 입장 고려)

_____ 하는 것이 좋을 것 같아서 말씀을 드립니다.

3단계: (전달하고자 하는 내용 전달) _____

_____

4. 다른 집단원과 짝을 지어 앞의 상황을 적용하여 실습해 봅니다.

제14장

감정 탐색을 통한 정서조절능력 기르기

삶이란 폭풍이 지나가는 것을 기다리는 것이 아니다.
삶이란 빗속에서 춤을 출 수 있게 배우는 것이다.

-Vivian Greene

정서 또한 지나기길 기다리는 것이 아니라
잘 조절할 수 있게 배워야 한다.

1. 건강한 인간관계를 위한 정서조절

우리는 생활을 하며 가정, 학교, 직장 등과 같은 다양한 상황에 놓이게 되고 그에 따라 다양한 관계 형태를 경험하게 된다. 이와 같은 관계에서 우리가 예기치 않은 상황을 만났을 때 그 관계의 특성상 해선 안 되거나 혹은 하고 나서 후회되는 행동들을 하게 되는 경우가 생기기도 하는데 이러한 행동 이면에는 정서라는 것이 촉진제가 되어 작용하기 마련이다. 이와 같이 우리의 행동에 지대한 영향을 주는 정서를 어떻게 하면 다스릴 수 있을까? 이를 위해 우리는 어떤 노력이 필요하고 어떻게 정서를 조절함으로써 건강하고 안정적인 생활을 영위할 수 있을지 알아보고자 한다.

1) 정서조절이란

우리 행동에 영향을 주는 정서란 무엇이고 그것을 조절한다는 것은 어떤 의미를 가지는지 그리고 정서조절은 왜 필요한지에 대하여 살펴보자.

(1) 정서조절의 정의

감정(feeling)이 어떤 현상이나 일에 대해서 일어나는 마음 또는 기분이라면, 정서 (emotion)란 사람의 마음에 일어나는 여러 가지 감정 또는 감정을 불러일으키는 기분이나 분위기를 말하는 것으로 감정과 구별되는 보다 다차원적이고 복잡한 개념이다 (Reeve, 2011). 이는 신체적 또는 생리적으로 나타나는 변화에 대한 개인적인 해석을 말한다(Lazarus & Lazarus, 1991). 정서를 한마디로 정의 내리기 쉽지 않지만, 마음속에 피어나는 느낌은 감정이라고 할 수 있고 특정한 대상이나 상황을 인지하고 그 결과로 나타난 생리적인 변화를 수반하는 복합적인 감정 상태를 정서라고 할 수 있다.

예를 들면, 감정은 "슬프다." "기쁘다." "고단하다." "놀라다." "상쾌하다." 등과 같이 단순한 상태와 같은 느낌으로 표현될 수 있지만 정서는 감정과 함께 어떤 대상 또는 상황에 대한 나의 개인적인 평가가 반영된 결과라고 할 수 있다. 감정은 누구나 가지고 있는 것으로 '기쁘다.' 또는 '슬프다.'라는 감정을 모르는 사람은 아마 없

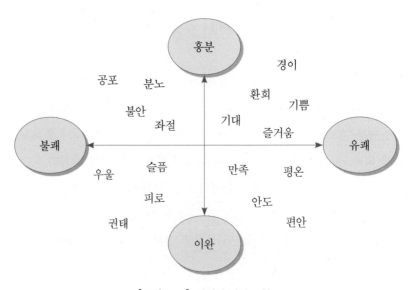

[그림 14-1] 감정과 정서 분할

을 것이다. 하지만 어떤 대상 또는 상황에서 기쁨이나 슬픔이라는 감정을 가지는 것은 개인마다 차이가 있다. 똑같은 영화를 보고도 어떤 사람은 전혀 감흥을 느끼지 못하는가 하면, 어떤 사람은 감동을 받기도 한다. 그리고 똑같은 공포영화를 보고 떠오른 공포감 또는 긴장감을 흥분정서로서 짜릿하다고 받아들이는 사람이 있지만 불쾌정서로 받아들이는 사람도 있다. 이것은 상황에서 느끼는 감정을 처리하는 평가가 개인마다 다르기 때문이다. 그래서 많은 상황에서 개인마다 정서를 다르게 느끼고 이에 대한 처리방법도 다양하다고 할 수 있다. 특히 한국은 '한(恨)'의 정서를 가진 나라라고 표현하는 것과 같이 '한(恨)'이라고 표현되는 정서 속에는 역사 속 많은 상황과 애환이 담긴 감정들이 존재하기도 한다. 그러므로 인간의 정서를 이해한다는 것은 그 사람의 삶의 경험이 담긴 주관적이고 개인적인 평가에 대하여 깊이 이해한다는 의미가 될 수 있다. 이러한 정서에 대한 이해는 나와 상대방의 관계에서 매우 중요한 요인이 될 수 있음을 시사한다.

이러한 의미를 반영하여 정서조절이란, 다양한 정서적 상황에서 자신과 타인의 정서를 인식하고 적절하게 조절하고 표현하는 것을 말한다(이지영, 2012). 대인관계를 만들고 유지하기 위해 관계 속에서 일어나는 정서적인 반응에 유연하고 능숙하게 상호작용할 수 있는 능력을 정서조절능력이라고 하는데(Goleman, 1995), 이러한 정서조절능력의 향상은 다양한 상황에서 보다 적절한 대처와 행동을 하는 데 도움을 줄 수 있으므로 이를 위한 노력이 필요하다.

[활동 1] 생각해 보기

최근 2주간 어떤 정서들을 느꼈는지 기억해 보세요. 그 정서를 느끼게 되었을 때 어떤 감정들을 느꼈는지 구체적인 상황과 함께 떠올려 봅시다.

(2) 정서조절의 필요성

정서는 상황과 떼어 놓고 생각할 수 없고 전 생애를 거쳐 인간의 적응과 관계에 영향을 주는 핵심적인 역할을 하지만 항상 유용하기만 한 것은 아니기 때문에 조절이 필요하다(Gross, 2001). 그러므로 자신의 정서를 정확하게 자각하고 그것의 의미를 파악하여 상황에 보다 적절하게 대처하는 것이 중요하다. 다음 사례를 읽으며 제시된 대상들이 어떻게 정서를 처리하고 있는지 생각해 보자.

사례 1

> 22세의 은희는 최근 남자친구와 자주 트러블이 생겼다. 싸움의 원인은 남자친구와 자주 연락이 끊긴다는 것이었다. 처음에는 연락이 되지 않는 것에 대해 화가 나서 자주 따지게 되었다. 하지만 남자친구는 말로만 "미안하다."라고 대꾸할 뿐 행동이 달라지지 않았다. 점점 같은 문제로 싸우는 일이 빈번해지자 남자친구에게서 "나는 원래 이런 놈이야. 그걸 받아들일 수 없다면 우리가 헤어질 수밖에."라는 말이 돌아왔다. 하지만 은희는 남자친구가 연락이 되지 않는 순간의 감정을 참을 수 없을 뿐 헤어지고 싶지 않았다. 다시 남자친구와는 이 문제에 대해서 거론하지 않기로 하고 관계를 회복하였다. 하지만 늘 연락이 닿지 않는 순간이 되면 끓어오르는 감정이 주체되지 않지만 이별이 두려워 아예 연락이 닿지 않는 순간에는 다른 활동에 몰두하거나 바쁘게 지내면서 그에 대한 생각을 하지 않으려 노력했다. 하지만 은희는 생각을 하지 않으려 할수록 집착처럼 너무 많은 생각에 사로잡히고 남자친구에게 서운한 마음이 더욱더 커져 가며 우울해졌다.

〈사례 1〉에서 은희는 남자친구를 사귀면서 연락이 닿지 않는 것에 대해 화가 남을 경험한다. 하지만 이 감정의 원인이 된 상황이 바뀌지 않자 감정은 반복되고 이를 해소하기 위하여 다른 활동에 몰두하는 방법을 선택하여 대처하고자 노력하였다. 그럼에도 불구하고 은희는 우울한 정서가 이어지면서 어려움을 겪게 되었다. 이러한 은희의 우울정서는 조절이 되지 않고 유지될 경우 우울증으로 이어질 수 있다. 은희는 정서를 조절하는 방법이 아닌 억제하고 회피하는 방법을 사용하여 대처한 것으로, 이는 적응적인 방법으로서의 정서조절 방법이 아님을 알아차려야 한다.

관계에서 불러일으켜진 감정을 알아차리는 것이 중요하다.

사례 2

　　3남매 중 장남인 대학 3학년생 재훈이는 이혼한 부모님 중 어머니와 함께 생활하고 있다. 장남으로서 빨리 취업을 해야 하는 상황에 놓여 있어 늘 성적과 스펙에 대한 중압감에 시달린다. '왜 내가 아버지 대신 이 모든 책임을 짊어져야 하지?' 하는 생각에 한 번씩 밀려오는 분노와 억울함 등이 있지만 고생하시는 어머니를 보면 불만을 토로할 수도 없었다. 하지만 시험 때만 되면 밀려오는 불안감과 집중력 저하가 재훈이로 하여금 더 많은 걱정을 낳게 하였고 점점 더 신경이 예민해져 동생들에게 사소한 일로 짜증을 내는 일이 잦아졌다. 재훈은 수업 시 발표 상황이나 그룹과제를 해야 하는 상황에서 시도 때도 없이 밀려드는 불안감으로 인해 늘 긴장 상태가 유지되는 기분이 들면서 집에 오면 녹초가 되어 버리는 상태가 이어지며 만성피로를 호소하게 되었다.

　　〈사례 2〉의 재훈은 자신의 억울함과 분노 등이 있지만 이를 억압함으로써 해소되지 않은 감정들이 불안정서로 이어졌다. 이러한 불안은 생활 속에서 반복적으로 영향을 주면서 결과적으로는 재훈이 목표하는 높은 성적과 스펙 쌓기에 장애요인이 되고 있다. 이는 해소되지 않고 오갈 데 없어진 감정 에너지가 다른 장면에서 불쑥 튀어나오면서 생활에 영향을 주고 있는 것이다. 이처럼 조절되지 않은 정서는 애꿎은 동생들에게 화풀이하듯 나타나 관계를 해치게 되거나 잘 수행할 수 있는 수업 내 과제 수행에도 영향을 주어 궁극적으로는 재훈의 불안을 더욱 가중하는 결과를

처리되지 않은 불안은 또 다른 불안을 부른다.

낳고 있는 것이다. 〈사례 1〉과 〈사례 2〉에서 은희와 재훈이 보인 행동 패턴은 감정을 억압(유발된 감정을 억누르는 것)하고 회피(다른 활동으로 전환하거나 상황을 피해 버리는 것)하거나 부인(유발된 감정을 존재하지 않는 것처럼 여기는 것)하는 것을 정서조절의 방법이라고 오인한 결과라 할 수 있다. 그러므로 이와 같이 자신의 감정을 알아차리고 해소하지 않는 행위는 엉뚱한 곳에서 부적응적인 상황을 유발할 수 있으므로 적절한 조절에 따른 대처가 필요함을 알 수 있다.

앞선 사례에서도 알 수 있듯이 한번 생성된 감정은 억압, 회피, 부인 등과 같은 대처방식으로는 조절하기가 어렵고 오히려 다른 상황에서 원치 않은 결과를 초래하는 등의 부적응 행동을 유발함으로써 정서조절이 실패하였음을 보여 준다. 그러므로 상황에 맞는 적절한 정서조절 책략을 마련하고 정서조절능력을 향상시키는 것이 삶을 안정적으로 이어 가는 데 매우 중요하다.

[활동 2] 생각해 보기

내가 만약 은희라면? 내가 만약 재훈이라면? 그 상황에서 정서를 어떻게 조절할 수 있을지 생각해 봅시다.

2) 건강한 정서조절의 방해요인

우리는 무의식적으로 상황을 대처하기 위한 어떤 행동들을 취하게 된다. 이는 내가 타고난 기질과 성격, 상황적 요인들이 결합되어 만들어진 나만의 생존 전략(방어기제)이기도 하다. 이것이 유지되어 오는 데에는 그만큼 그 전략이 적응적인 상황을 유지하는 데 도움을 주었기 때문이라고 할 수 있다. 하지만 우리는 삶을 살아가면서 다양한 상황에 봉착하게 되고 다양한 대처방식을 요구받게 되기도 한다. 이러한 상황에 유연하게 대처하지 못한다면 그동안 잘 사용해 오던 방법도 현재의 상황에는 더 이상 통하지 않는 부적응 대처방법이 될 수 있다. 부적응 대처를 초래하게 되는 정서조절의 방해요인에 대해 살펴보자.

(1) 자연스러운 감정을 허용받지 못하는 환경

앞의 〈사례 1〉과 〈사례 2〉에서 공통적으로 확인된 사항은 자신의 감정을 억압하였다는 것이다. 은희는 이별이 두려워 자신의 감정을 더 이상 표현하기를 포기하였다. 재훈 역시 고생하는 어머니를 보며 나의 감정은 그에 비하면 호소할 수 없는 감정이라 생각하고 감정을 억누르는 방식을 선택하였다. 더 나은 상황을 유지하기 위해서는 현재의 나의 감정을 억압하는 것만이 최선이라고 생각한 결과이다. 이렇듯 우리는 상황이 어쩔 수 없이 나의 감정을 억압할 수밖에 없도록 만들었다고 판단하기도 한다.

이러한 대처방식은 비단 어떤 상황에서만 유발된 것이 아니라 오랜 기간 노출된 환경의 영향일 수 있다. 어린 시절부터 감정표현이 허용되지 않고 잘잘못을 가리고 평가에 초점을 둔 가정환경에서 자란 경우, 상황에서 드는 자연스러운 감정을 부정하도록 훈육받기도 한다. 예를 들면, 아이가 동생과 장난감을 놓고 싸움이 생겼을 때 다음과 같은 상호작용을 하는 경우를 말한다.

엄마: 네가 형인데 양보해야지! 왜 동생하고 싸우고 있어!

아들: 왜 나만 매일 양보해야 돼? 엄마 미워!

엄마: 이게 뭘 잘했다고 대들고 있어? 저기 가서 손들고 있어!

이때 동생에게 양보를 하지 않은 형에게 잘못을 추궁하게 되면 장난감을 갖지 못해 생기는 좌절감과 동생과 함께 싸웠지만 형이라는 이유로 혼자 혼이 나게 된 억울함이 생길 수 있다. 하지만 이 감정을 읽어 주거나 속상함을 알아주지 않으면 아이는 반항적 태도를 취할 수 있다. 통념상 형이 동생에게 양보를 하는 것이 당연시되지만, 동등한 자녀로서 차별을 받았다는 것에 억울함이 생길 수 있다. 이러한 감정을 받아 주고 알아주는 반응이 없는 훈육은 자신이 한 행동에 대한 평가뿐만 아니라 그 상황에서 든 감정까지도 부정적으로 평가하게 만들어 자신의 감정을 의심하거나 억압하게 되는 결과를 낳는다. 다시 말해, 그 상황에서 동생에게 양보를 하지 않은 나의 행동은 잘못일 수 있지만 억울하거나 화가 나는 감정은 자연스러운 것임에도 그 감정까지도 잘못으로 인식하여 부정하게

공감 없는 훈육은 감정에 대한 억압을 유발한다.

되면서 감정을 억압하는 대처방식을 습득하게 되는 것이다. 자연스러운 감정을 허용받지 못한 경험은 상황에서 자연스럽게 느끼는 자신의 감정을 의심하게 되고, 억압되지 않는 감정은 '지금 이 상황에서 나는 이런 마음을 가지면 안 돼!'라며 허용하지 못하고 비난하게 되는 패턴을 형성하게 되어 우울감을 유발하기도 한다. 이러한 환경에서 오랜 기간 양육된 사람의 경우, 그동안 자신이 취해 오던 가장 익숙한 대처방식으로서 억압을 선택하게 된다.

(2) 부정정서에 대한 잘못된 인식

많은 사람이 위로의 말로 "좋게 생각해라."라는 말을 쉽게 던진다. 슬픔으로 우는 사람이 있으면 "울지 말고 얼른 잊어버려."라고 하기도 하고 "이럴 때일수록 힘내야지."라고 하며 부정정서를 재빨리 바꾸기를 권한다. 이는 부정정서를 가지고 있을 때의 아픔을 염려한 나머지 빨리 그 상황에서 벗어나길 희망하며 힘을 주기 위해 하는 행동일 것이다. 상황이 가볍다면 이러한 방법도 일시적으로 통할 수 있지만, 슬픔이나 아픔은 그 크기나 깊이 또는 그것을 받아들이는 대상의 자아강도[1]에 따라

회복에 시간이 더디 걸릴 수 있고 이를 위한 애도의 시간이 필요할 수 있다. 그럼에도 불구하고 인간에게 주어진 다양한 감정 중 일부를 부정적인 것으로 평가하고 그것을 가지고 있는 것 자체만으로 큰일이 난 것처럼 감정을 허용하지 않게 되면 오히려 감정의 억압을 유발하는 원인이 되기도 한다.

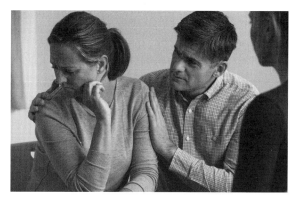
부적절한 공감은 오히려 어려움을 촉진할 수 있다.

　이와 같은 반응과 부정정서에 대한 잘못된 인식은 관계에도 영향을 줄 수 있다. 항상 반복되는 상황으로 인해 지칠 대로 지치고 더 이상 참을 수가 없어 곤혹을 겪고 있는 대상에게 "좋게 생각해라."라는 말은 위로는커녕 비꼬는 말처럼 들릴 수 있을 것이다. 나는 더 이상 참을 힘과 여력이 없는데 좋게 생각하라는 말은 좋게 생각하지 못하는 나를 비난하게 되는 말이 될 수 있고 힘든 나의 상황을 알아주지 못하는 상대를 비난하게 되는 말이 될 수도 있는 것이다.

　한편, 우리나라에서는 눈물을 대하는 태도에서도 고정관념을 가지기도 한다. "남자는 태어나 세 번만 울어야 한다."라는 말을 들어 보았을 것이다. 이는 남자가 눈물을 보이는 것은 수치이며 연약함을 보여 주는 부끄러운 일이기 때문에 남자는 눈물을 흘려서는 안 된다는 금기처럼 여기게 만들었다. 하지만 감정을 정화하고 해소하기 위한 장치인 눈물을 차단하게 되면 오히려 해소되지 않은 감정이 쌓이게 되어 우울정서를 유발하는 원인이 되기도 한다.

　이와 같이 긍정정서만이 우리를 행복하게 할 수 있고 부정정서는 우리의 삶을 힘들게 하는 것으로 인식하는 것은 인간이 가진 다양한 감정을 수용하지 못하게 만드는 걸림돌이 될 수 있다. 우리가 가진 감정은 모두 존중받아야 하고 이를 수용함으로써 보다 깊이 있게 삶을 이해하고 성찰할 수 있는 발판을 마련할 수 있으므로 이를 위한 노력이 이어져야 한다.

---

1) 현실이나 상황을 견디는 힘의 정도를 말한다.

(3) 상황에 맞지 않는 방어기제의 고착

〈사례 1〉의 은희는 자신의 상황을 이겨 내기 위한 대처방식으로 해소되지 않은 감정을 억누른 채 억압하거나 그 감정을 오롯이 수용하지 않고 다른 행동으로 승화하는 방어기제를 사용하였다. 그리고 〈사례 2〉의 재훈은 감정이 주체가 되지 않을 때 동생들에게 화풀이를 하는 전치와 어머니를 생각하며 자신의 억울한 감정을 억압하는 방어기제를 사용하였다. 이와 같이 사람은 어떤 상황을 이겨 내기 위하여 방어기제를 사용하게 된다. 우리는 제5장에서 방어기제에 대해 알아보았는데, 이와 같은 방어기제는 내가 상황을 대처하는 생존 전략이라고 할 수 있다. 하지만 이러한 생존 전략의 고착은 다양한 상황에서 유연한 대처를 하지 못하도록 방해하기도 한다.

인간의 마음에도 관성의 법칙이 존재하는데 이것은 인간은 늘 해 오던 대처방식을 바꾸었을 때 불편감을 느끼고 다시금 예전에 내가 사용해 오던 익숙한 방식으로 돌아가고자 행동하게 되는 것을 의미한다. 그 방식이 더 이상 현재 상황에 맞지 않다는 것을 알고 있어도 유연하게 새로운 대처방식으로 전환하기란 쉽지 않다는 말이다. 그 예로, 친구와 갈등이 생겼을 때 늘 참는 사람은 더 이상 참는 것이 힘들다는 것을 알지만 자신이 참지 않으면 상황을 악화시킬 수 있다는 생각으로 참는 방법을 다시 선택하게 된다. 그러다 더 이상 참지 못하는 상황이 이어지면 관계를 단절하는 극단적인 선택을 하게 되기도 한다. 또한 게임을 하거나 술을 마시는 등의 자극 추구행동으로 부정정서를 회피하는 대처방식을 고수하는 사람의 경우, 중독에서 빠져나오고자 할 때 금단 증상으로 인해 다시 돌아가기도 한다.

늘 사용하던 방법만이 전부가 아님을 알아야 한다.

그리고 스트레스 상황을 아예 생각하지 않음으로써 자신의 감정을 망각하고자 하는 방식으로 대처하는 사람들도 있다. 이는 자신이 그 감정을 느끼는 것이 너무나 고통스럽기 때문에 이러한 감정을 부인하는 방어기제를 사용하는 것이다. 지속적으로 감정을 부인할 경우, 상황에서 느껴지는 부정정서를 자각하지 않아도 되는 이점이 생긴다. 하지만 부인하는 방어기제를 지속적으로 사용하게 되면 정서를 무감각하게 만듦으로써 부정정서뿐만 아니라 긍정정서까지도 무디게 만들어 결과적으로 흥미와 재미, 즐거움 등과 같은 긍정정서도 함께 무감각해지는 무기력을 초래할 수 있다. 이러한 결과는 상황에 맞지 않는 방어기제의 고착이 적절하고 건강한 정서조절에 방해가 됨을 의미한다.

그러므로 자신이 주로 사용하는 방어기제는 그동안의 삶을 견디고 이겨 낼 수 있도록 도움을 주었다는 점에서는 매우 가치 있으나, 그 방어기제의 고착이 현재 부적응 패턴을 지속하는 요인이 되었음이 확인된다면 그것을 대체할 수 있는 대처방식을 취해야 함을 기억해야 한다.

3) 건강한 정서조절을 위한 감정 탐색

정서조절이 우리 삶에서 매우 중요하고 삶의 곳곳에서 작용하여 대인관계에 영향을 줌을 알게 되었다면, 무엇을 통하여 정서를 조절할 것인가가 중요하다는 것을 알 것이다. 정서조절과 떼어 놓을 수 없는 감정에 대해서 알아보고 이를 탐색하는 것이 왜 중요하며 감정 탐색을 통하여 어떻게 정서를 조절할 수 있는지 알아보자.

(1) 정서 경험 과정

정서의 정의를 알아보면서 정서가 감정을 포함하는 복잡한 개념이라는 것을 알게 되었을 것이다. 즉, 정서를 조절하기 위해서는 그 속의 감정들을 알아차려야 하고 그것이 개인의 어떤 평가체계를 통해서 어떤 반응을 유발하였고, 이어서 그러한 반응들이 이어졌을 때 어떤 정서를 유발하였는지 이해하고 이를 조절할 수 있어야 한다는 뜻이다. 이를 보다 구체적으로 이해하기 위한 경험의 구성과정은 다음과 같다(윤호균, 2001).

대상은 우리의 감각기관이나 육감에 접촉되면 거의 반사적으로 어떤 감각적인 인상과 직관 및 신체적 반응과 같은 유기체적 경험을 하게 된다. 이것은 현상적 경험 영역으로 보내지거나 변별평가체계[2]를 거친 뒤 현상적 경험 영역으로 보내지기도 한다. 그러므로 현상적 경험은 유기체적 경험 그 자체와 개인의 변별평가체계에

---

[2] 유기체적 경험으로부터 오는 감각적 사실, 직관적 사실 및 생리적 반응 등을 분별하고 해석하여 의미를 부여하고 가치를 평가하는 체계이다.

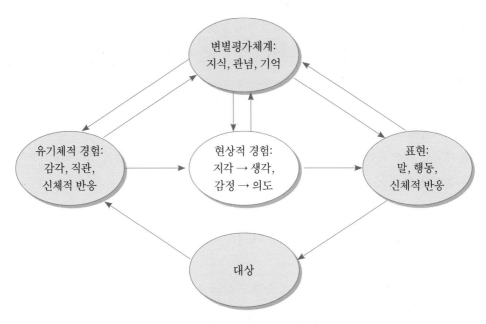

[그림 14-2] 정서 경험 구성 및 흐름

의해 선별되고 변형된 결과이기도 하다. 이러한 현상적 경험은 우리 삶의 세계이며, 우리가 자각할 수 있는 지각, 생각, 감정, 의도로 구성된다. 이렇게 생성된 현상적 경험에 의해서 우리의 말과 행동, 신체적 반응이 표현된다고 할 수 있다.

정서 역시 감각에 의해 유발된 현상적 경험으로서 상황에서의 경험을 있는 그대로 지각하기도 하지만 개인의 변별평가체계에 의해 있는 그대로 경험되지 않고 공상을 반영한 정서를 느끼게 된다. 예를 들어, 〈사례 1〉에서 은희의 정서를 [그림 14-3]을 보고 유추해 보자.

이 그림은 은희의 정서 경험 흐름을 화살표 방향으로 표시한 것이다. 그림을 살펴보면 은희는 남자친구가 연락이 자주 되지 않음을 경험하였다. 어떤 사람들은 '남자친구가 바쁜 일이 있는가 보다.' 하고 그냥 대수롭지 않게 생각할 수 있다. 그렇다면 이어지는 현상적 경험으로 평온한 정서를 느끼게 될 것이고 그로 인해 다그치는 말과 행동을 보이기보다는 일상 대화가 오갈 수 있을 것이다. 하지만 은희의 경우, 남자친구로부터 연락이 되지 않는 경험을 하자 어린 시절 어머니로부터 버림받았던 기억(변별평가체계)이 작용하여 혹여나 남자친구가 자신을 떠나지는 않을까 하는 불안, 초조, 긴장, 화남 등과 같은 감정을 느끼게 되고 우울한 정서를 경험하게 되었

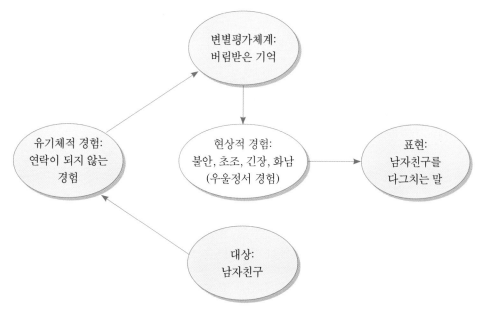

[그림 14-3] 은희의 정서 경험 구성 및 흐름

다. 이러한 정서를 해소하기 위하여 남자친구에게 다그치는 말을 하게 되면서 결국에는 싸움으로 이어지는 상황이 된 것이라고 할 수 있다. 하지만 반복된 정서 경험 패턴은 바뀌지 않은 채로 남자친구에게서 상황에 대한 타협점으로 더 이상 이 문제를 거론하지 않을 것을 요구받게 되었다. 이후 은희는 유발된 정서를 조절하기보다 억압하거나 다른 활동으로 회피 또는 승화시키고자 하였으나 조절되지 않은 정서는 여전히 은희를 괴롭힘으로써 우울함이 심화되었다.

은희가 현재 남자친구와 헤어지고 싶지 않지만 남자친구 역시 자신의 행동 패턴을 바꾸고자 하지 않는 상태에서 상대방을 바꾸려고 하거나 상황이 바뀌길 기대하는 것은 마치 복불복 도박에 나의 행복을 걸고 있는 것이나 다름없다. 그러므로 타인의 행동이나 외부 상황에 휘둘리지 않고 이 상황을 이겨 낼 수 있는 유일한 방법은 자신의 정서를 조절하는 것이라 할 수 있다. 이를 위하여 감정을 단서로 나의 변별평가체계를 인식하고 이 과정에서 발생한 정서를 온전히 수용하여 조절하는 방법이 필요하다.

(2) 감정 탐색을 통한 정서조절 방법

우리는 〈사례 1〉과 〈사례 2〉를 통하여 체험된 감정을 억압하거나 부정하면 정서가 조절되지 않고 더욱더 부적응적 패턴을 반복하게 됨을 알게 되었다. 이제는 어떠한 방식을 통하여 자신의 정서를 조절할 수 있는지 알아보고자 한다. [그림 14-4]를 살펴보자.

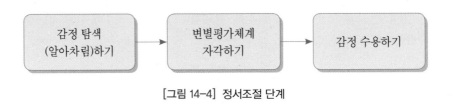

[그림 14-4] 정서조절 단계

먼저 어떤 자극으로부터 불러일으켜진 나의 감정과 반응을 알아차린다. 그다음 그러한 감각이 작용하게 된 변별평가체계를 자각하여 이로 인한 감정을 억압하거나 회피하지 않고 온전히 수용하며 느껴 준다. 온전한 감정의 수용은 흥분하거나 무기력한 상태가 아닌 객관적으로 상황을 평가할 수 있는 이성적인 상태로 만들어 주어 상황에 보다 적절한 말과 행동을 할 수 있도록 해 준다. 여기서 감정을 수용한다는 것은 온전히 불러일으켜진 감정이 자연스럽게 흘러나오도록 허용해 주고 이해해 주는 것을 의미한다.

〈사례 2〉에서 재훈의 경우를 예를 들어 생각해 보자. 재훈은 장남으로서 혼자 힘으로 자신의 상황을 떠안았다는 억울함과 분노에 시달린다. 하지만 자신보다 더 고생하시는 어머니를 보면서 자신에게 불러일으켜진 억울함을 잘못된 것으로 인식하며 이를 억압하였다. 그로 인해 해소되지 않은 감정 에너지는 엉뚱하게도 동생에게 불똥이 되어 화풀이하듯 나타나는 부적응 패턴을 보였다. 이마저도 제대로 해소되지 않자 일상생활에서 발표할 때나 시험기간에 불안함을 호소하며 어려움을 겪게 되었다.

재훈의 사례에 적응적인 정서조절 과정을 대입해 볼 수 있다. 그 단계를 그림으로 나타내면 [그림 14-5]와 같다.

재훈에게 불러일으켜진 감정은 억울함과 분노이다. 하지만 이 감정을 가지는 것 자체만으로 불효라고 생각되는 변별평가체계로 인하여 온전히 감정을 수용하지 못

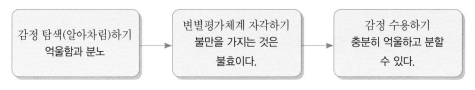

[그림 14-5] 재훈의 정서조절 단계

하고 억압하였다. 이와 같이 많은 사람이 억울함과 분노를 말로 표현하였을 때 일어날 갈등 상황 등을 두려워하며 감정을 억압하게 된다. 여기서 중요한 것은 감정은 표현하였을 때에만 해소되는 것이 아니라는 것이다. 어떤 대상에게 화가 나거나 서운할 때 직접적인 비난행동을 해야만 감정이 해소되는 것은 아니라는 것이다. 오히려 성급하고 경솔한 행동으로 인해 더욱 후회되는 상황들이 이어지고 그 때문에 감정을 억압하게 되는 과정을 다시금 밟게 된다고 할 수 있다. 재훈 역시 어머니에게 이런 감정을 직접적으로 표현하였을 때의 갈등 상황을 피하고자 감정을 억압하는 것이다. 이때 재훈이 직접적으로 억울함을 호소하는 행위는 하지 않더라도 자신에게 불러일으켜진 억울함과 분노를 온전히 느껴 주고 허용해 준다면 억압되지 않은 감정은 정화가 되고 조절이 가능한 상태가 될 수 있다.

　우리는 친구가 부모님에 대한 불만을 호소할 때 그 부모님의 만행을 함께 욕해 주는 것보다 친구가 그 상황으로 인해 얼마나 힘들었는가에 대한 감정을 공감해 주었을 때 진정으로 위로받음을 경험할 것이다. 누군가 나의 공격적 행동에 동조하기보다 그 상황에서 힘들었을 나의 감정을 알아주었을 때 정화됨을 느끼는 것과 마찬가지로 스스로 자신의 감정을 부정하거나 억압하기보다 충분히 그러한 감정을 느낄 수 있음을 수용하였을 때 정서를 조절할 수 있게 된다는 것이다. 재훈 역시 그 상황에서 억울했던 자신의 감정을 비난하거나 잘못으로 인지하여 억압하기보다 충분히 억울하거나 분노할 수 있음을 인정하고 허용하여 수용하는 과정을 통해 정서를 조절할 수 있게 될 것이다.

2. 감정 탐색을 통한 정서조절의 실제

나의 사례에 적용하여 실제적으로 훈련하기 위하여 나의 감정을 탐색하고 정서를 조절하기 위한 감정 수용방법을 알아보자.

1) 감정 탐색하기

우리는 매 순간 감정을 경험한다. 하지만 이를 인지하지 않고 흘러보내게 되는 경우가 대부분이다. 그로 인해 그 순간 나의 감정을 알아차리기란 쉽지 않을 것이다. 활동 14-①을 통하여 나의 감정을 알아차려 보자.

2) 감정 탐색을 통한 건강한 정서조절 방법 실천해 보기

감정을 충분히 알아차리는 연습을 했다면 최근 나의 생활 속에서 가장 나를 괴롭히는 어려움을 떠올려 보고 감정 탐색을 통한 정서조절 방법을 활동 14-②를 통하여 실습해 보자.

활동 14-①

당신의 감정은 안녕하십니까?

감정 자각을 위하여 3분 동안 명상해 봅니다. 지시문에 따라 나의 감각에 집중해 봅니다. 명상 음악을 활용하여도 좋습니다.

지시문

먼저 눈을 감고 손은 양 무릎 위에 가볍게 얹고 편하게 앉으십시오. 지금부터 편안한 마음으로 느슨하게 몸을 이완해 주세요. 먼저 자기 호흡에 주의를 집중하고 호흡을 느껴 봅니다. 호흡을 크게 한 번 해 봅니다. 깊게 들이마시고 난 후 내쉴 때는 길게 "하~." 하고 내쉽니다. 그리고 내쉴 때마다 몸의 긴장이 풀리고 감정이 편안해지고 심신은 점점 이완되도록 합니다. 그러면 세 번 반복해 보세요. 호흡을 하다가 긴장되는 신체 부분이 있다면 그곳에 잠시 주의를 돌려 의식을 집중시켜 봅니다. 그리고 천천히 이완시켜 줍니다.

명상을 통해 몸의 반응에 충분히 집중하였나요? 그렇다면 오늘 아침부터 나의 일상을 되짚어 봅니다. 다음 표에는 다양한 감정이 제시되어 있습니다. 오늘 일상 중에 어떤 감정들을 느꼈는지 동그라미를 쳐 봅니다. 아주 사소한 상황까지도 떠올려 보고 감정들을 짚어 봅니다.

기쁨(희)	노여움(노)	슬픔(애)	두려움(구)	좋아함(애)	싫어함(오)	바람(욕)
기쁘다	분하다	그립다	걱정하다	감동하다	곤란하다	기대되다
설레다	속상하다	서럽다	긴장되다	고맙다	귀찮다	망설이다
재미있다	원망스럽다	슬프다	놀라다	든든하다	답답하다	서운하다
즐겁다	짜증 나다	실망하다	당황스럽다	만족스럽다	막막하다	아쉽다
행복하다	화나다	쓸쓸하다	두렵다	뿌듯하다	미안하다	안타깝다
	억울하다	외롭다	무섭다	사랑스럽다	밉다	혼란스럽다
		지치다	부끄럽다	안심되다	부담스럽다	
		피곤하다	초조하다	자랑스럽다	부럽다	
		허전하다	황당하다	통쾌하다	불편하다	
		후회스럽다		편안하다	심심하다	
					어색하다	
					지루하다	
					지긋지긋하다	

동그라미를 친 감정에 대해서 다음과 같이 생각해 봅니다. 어떤 상황에서 이 감정이 들었나요? 최대한 구체적으로 떠올려 봅니다.

활동 14-②

| ● | 사소한 감정이 나를 미치게 한다! | ● |

최근 나의 마음을 어지럽히는 일을 떠올려 보자!		
1. 부모님과의 관계는?	2. 친구와의 관계는?	3. 애인과의 관계는?
4. 교수님과의 관계는?	5. 선후배와의 관계는?	6. 기타 관계에서는?

작성한 내용 중에 나의 정서에 가장 영향을 주는 관계와 상황을 떠올려 봅니다. 나의 정서를 정서조절 단계에 맞춰 수용해 봅니다.

step 1 감정 알아차리기	step 2 변별평가체계 자각하기	step 3 감정 수용하기

자신이 어떤 방식으로 감정에 대처해 왔는지 알아차리고 그것을 어떻게 수용할 수 있을지 다른 사람들과 이야기를 나눠 봅니다.

제15장

성격강점 찾기를 통한 회복탄력성 기르기

> 나는 늘 내 바깥에서 힘과 자신감을 찾았지만
> 그건 언제나 내 안에 있었다.
>
> —Anna Freud
>
> 나의 내적 힘은 나의 내면에 있다는 것을 기억하자.

1. 건강한 정신건강관리와 회복탄력성

우리는 살아가면서 많은 자극에 노출될 수밖에 없고 때로는 스스로 감당하기 어려운 상황에 봉착하기도 한다. 특히 드러나는 상처가 아닌 정신건강은 나도 모르는 사이에 깊숙한 곳까지 위험이 스며들도록 방치하게 되기도 한다. 정신건강관리에 소홀하면 드러나는 증상들이 인간관계에도 영향을 미치고 또 다른 부적응 상황을 낳게 되는 만큼 더욱 관리가 절실하다. 이러한 관점에서 앞에서는 어떤 상황에서 어떻게 대처하는 것이 필요한지의 관점에서 배워 왔다. 하지만 대처하는 방법도 중요하지만 때로는 방법을 알아도 행할 힘이 없다면 방법은 무용지물이 되고 만다. 그러한 의미에서 어떤 자극에 견디고 이겨 내는 힘 또한 매우 중요하다고 할 수 있다. 그러므로 이 같은 측면에서 정신건강관리를 위한 내적 힘의 향상은 왜 필요하며 어떤 방식으로 점검하며 관리할 것인지에 대해서 살펴보고자 한다.

1) 회복탄력성이란

자극을 견디기 위한 내적 힘으로서 회복탄력성의 필요성에 대해서 알아보자.

(1) 회복탄력성의 정의

정신건강이란 정신질환의 유무 상태뿐만 아니라 자신의 장점을 강화하여 이상적인 정신적 상태를 유지하는 것으로(제3장 참조), 정신건강관리는 이러한 상태를 유지하기 위한 관리라고 할 수 있겠다. 특히 인간은 저마다 경험을 받아들이는 인식의 구조와 대처방식이 다를 뿐만 아니라 자극을 견디는 힘과 회복력도 다르다. 그래서 같은 형제로 자라면서 동일한 자극을 경험하더라도 그 대상이 겪은 시기와 회복탄력성에 따라 정신건강에 미치는 영향이 다르게 나타날 수 있다. 앞서 제1부와 제2부를 통하여 가족관계 경험, 또래 경험 등 살아오면서 여러 관계에서 상호작용을 하며 자극받아 온 나에 대해 이해하였을 것이다. 이를 통해 과거의 반복된 경험이 현재 나의 정신건강에 부정적인 영향을 미칠 수도 있음을 알 수 있었다. 하지만 이미 지나온 과거를 바꿀 수 없다면 앞으로 나에게 닥칠 자극들에 어떻게 대비하느냐는 그것을 이겨 내는 힘, 즉 회복탄력성을 기르는 것이 관건이 될 것이다.

자극을 견디는 내적 힘을 기르는 것이 중요하다.

회복탄력성은 역경과 시련을 이겨 내고 이전의 상황보다 더 높이 오르는 내적인 근력으로 자신에게 처한 역경을 극복하고 성공적으로 적응하는 능력을 말한다(Reivich & Shatte, 2003). 이러한 회복탄력성의 강화는 정신건강을 이상적인 상태로 유지하는 데 도움을 줄 수 있음을 시사한다. 그러므로 정신건강관리는 회복탄력성을 강화하기 위한 노력이라고도 할 수 있다.

자극은 늘 나의 의지와 상관없이 찾아온다. 주어진 자극을 어떤 식으로 처리하는가 그리고 건강한 상태를 유지하기 위하여 어떤 노력이 필요한가에 대한 측면에서 회복탄력성을 강화시킬 수 있는 방법이 필요하다. 앞서 제시한 바와 같이 자신의 장점을 강화하여 정신건강을 이상적인 상태로 유지하기 위해서는 자극에 노출되어 손상된 정신건강을 회복하는 힘을 길러 정신건강을 해치지 않고 이상적인 상태로 유지할 수 있다. 우리는 회복탄력성의 강화가 왜 필요한지를 앎으로써 정신건강관리에 대한 경각심을 높이고 이를 위한 노력을 간과하지 않아야 할 것이다.

(2) 회복탄력성 강화의 필요성

우리는 칼에 손이 베거나 다리가 부러지는 외상을 입으면 즉각적인 치료를 하게 된다. 눈에 보이는 외견상의 변화가 나타나는 외상에는 비교적 빠른 조치를 취하지만 정신적 고통과 상처는 눈에 보이지 않기 때문에 간과하기 쉽다. 우울증은 정신적 감기라고 불릴 정도로 흔한 질병임에도 자신의 우울함을 알아차리지 못하고 만성적인 상태가 될 때까지 방치하기도 한다. 흔히 우울증이라고 하면 우울한 정서와 슬픈 상태를 떠올리게 된다. 하지만 제3장에서 제시한 우울증의 증상을 보면 주관적인 슬픔과 공허함뿐만 아니라 일상활동에 대한 흥미 저하, 체중의 급격한 변화, 수면장애, 무기력과 같은 증상을 동반하기도 한다. 특히 만성화된 우울증은 정서가 둔화되어 무감각하므로 더욱 알아차리기 어려울 수 있다. 또한 조현병과 같은 정신증의 경우 후기 청소년인 대학생 시기에 가장 많이 발병하는 만큼 조기 개입과 관리가 매우 중요하다고 할 수 있다.

정신건강관리가 소홀하여 회복탄력성이 약해지면 자극을 견디는 힘과 회복력의 손상이 쉽게 올 수 있다. 그러면 사소한 자극에도 민감하게 반응하게 되고 스트레스에 취약하게 될 뿐만 아니라 집중력이 저하될 수 있다. 이는 학업 능률을 저하시키고 성적에 영향을 주게 되어 또 다른 학업 스트레스를 유발하는 요인으로 작용하게 된다. 그뿐만 아니라 정서를 조절하기 위하여 자극을 견디는 힘이 부족할 경우, 대인관계에서 적절한 대처를 하지 못하고 충동적인 말과 행동으로 이어질 수 있다.

예를 들어, 사람마다 자극에 따른 결과(부정적 정서나 행동, 스트레스 등)가 '돌'이라 하고 이를 담아내는 회복탄력성 그릇이 있다고 가정해 보자. 그릇에 작은 돌이 던져졌을 때 이를 받아 내기는 쉬울 수 있다. 하지만 작은 돌도 쌓이다 보면 무게가 감당하기 어려워질 수 있고 돌이 나에게 주는 자극의 세기가 어느 정도이냐에 따라 그릇

자극을 담아내는 나의 그릇이 튼튼해야 한다.

에 쉽게 담기기도 하고 그렇지 않을 수도 있다. 회복탄력성이라는 그릇이 단단하지 못하다면 지속되는 자극을 견디지 못하고 균열이 일어나거나 깨져 버릴 수 있다는 것이다. 이렇듯 우리는 평소 자극을 견디고 담을 수 있는 그릇이 튼튼하고 견고할수록 유연함과 여유를 가지고 그에 대처할 수 있게 되므로 이를 위한 관리는 매우 중요하다.

2) 회복탄력성에 영향을 미치는 요인

회복탄력성에 어떤 요인들이 영향을 줄 수 있고 어떻게 대처하는 것이 적절한지에 대해서 살펴보고자 한다.

(1) 기질 및 성격적 특징

사람마다 자극에 따른 결과를 담아내는 회복탄력성이라는 그릇이 있다면 그 그릇의 모양이나 재질, 크기가 다르다고 할 수 있다. 이것은 그릇에 담긴 자극을 어떻게 상시적으로 처리하는지도 중요할 수 있지만 원래 자신의 그릇을 이해하고 그에 맞는 대처를 하는 것이 필요함을 의미한다. 그러므로 나는 선천적으로 어떤 요인을 타고났느냐는 매우 중요한 사항이 될 수 있다.

예를 들어, 자신의 성격에 대한 이해가 부족한 경우 자신에게 맞지 않는 외부에서 요구받는 상황에 맞춰 생활하다가 적절한 대처 시기를 놓치게 되기도 한다. 인간은 타고난 성격유형에 따라서 자극을 처리하는 방식에서 차이가 날 수 있다. MBTI 성격유형에 따라 예를 들면, 내향형의 사람은 에너지를 자기 내부로 쓰는 사람들이기 때문에 회복력을 충전하는 방식이 혼자만의 시간을 가지고 생각을 정리하는 것이 될 수 있다. 그러나 이러한 개인의 시간을 확보하지 못하거나 단체활동 및 여러 사람과 부대끼며 생활해야 하는 상황이 이어지면 스트레스 처리에 어려움을 겪게 된다. 반대로 외향형의 사람은 에너지를 자기 외부로 쏟는 사람들이므로 회복력을 충전하기 위해 활동적이고 많은 사람과 함께 나누는 방식을 채택하는 경우가 많다. 그런데 끊임없는 행정 업무와 같은 개인 사무에 치이게 되는 상황이 이어진다면 이를

나의 타고난 성향을 잘 파악해야 한다.

해소하지 못함으로써 어려움이 높아지게 될 것이다. 그러므로 자신의 성격유형에 맞는 휴식을 취하지 못하면 에너지 충전 실패로 인해 회복탄력성에 손상을 입을 수 있음을 알아야 한다.

　대학 상황을 예로 들어 보면, 내향형 대학생에게 신입생 환영회에서 여러 사람과 함께 장기자랑을 준비하라고 한다면 그 자체만으로도 엄청난 스트레스를 경험하게 될 수 있다. 이와 달리 외향형 대학생은 함께 활동하고 발산하는 에너지 활동을 즐거움으로 느낄 것이다. 외향형 대학생이 안정적 취업을 위하여 공무원 시험 준비를 하며 하루 종일 도서관에서 공부해야 하는 상황이 지속된다면 외부로 쏟지 못한 에너지가 정체되면서 갑갑한 느낌에 스트레스를 받게 될 것이다.

　이와 같이 자신이 타고난 기질적 특성과 성격유형을 이해하고 그에 적절한 대처를 하지 않는다면 이러한 요인들이 회복탄력성의 강화를 방해하는 요인으로 작용할 수 있음을 유념해야 한다.

(2) 양육 및 사회환경

　타고난 기질적·성격적 특성과 같은 개인적 요인은 바꿀 수 없는 것처럼 나에게 주어진 환경 역시 정신건강관리와 밀접한 관계가 있지만 쉽사리 바꿀 수 없는 요인 중 하나이다. 그렇다면 내가 처해 있는 환경의 특성을 이해함으로써 그 속에서 요구되고 자극받는 요인을 알 수 있고 그에 적절한 대처가 가능하다고 볼 수 있다.

특히 인간은 태어나서 성격(personality)[1]이 형성되는 시기의 양육 경험이 이후의 삶에 지대한 영향을 준다. 타고난 기질적 특성이 환경과 만나 성격(인성)을 형성하게 되는데 이것은 환경적 요인이 인간에게 중요한 요인임을 반영한다. 청소년의 회복탄력성에 영향을 주는 요인으로 개인요인과 함께 가정요인인 가족지지와 사회요인인 사회적 지지가 중요한 역할을 한다는 연구 결과(정은주, 2017)는 부모의 양육태도와 사회적 환경이 후기청소년에 해당하는 대학생들에게 어려움을 극복할 수 있는 지지체계로서의 자원이 될 수도 있고, 반대로 부정적 영향을 미칠 수도 있음을 말해 준다.

예를 들어, 가정에서 높은 수행 결과에 대해서만 가치를 부여하는 피드백을 받은 사람의 경우 자신이 가진 일상적인 수행(지각하지 않는 학교 출석, 과제를 빠짐없이 하는 성실함 등)에 대해서는 가치를 부여하지 않는 경우가 있다. 이는 내가 가진 많은 특성과 그것이 생활에서 작용할 수 있는 수많은 긍정적 성과를 놓치게 만드는 요인이 되기도 한다. 또는 좋지 않은 수행 결과를 우려한 나머지 수행 자체의 기회를 부여받지 못하고 부모가 대신 수행해 주거나 책임을 지는 양육을 받게 되는 경우도 있다. 이는 자녀가 수행능력이 충분함에도 불구하고 수행 결과에 대한 두려움으로 불안이 높아 수행을 하지 못하거나 심리적 어려움을 겪게 되는 결과를 낳기도 한다.

그뿐만 아니라 우리나라는 한국전쟁 이후 격변의 시기를 지나면서 열악한 환경에서 벗어나기 위한 노력들로 극심한 경쟁사회가 생성되었다. 그로 인해 만연된 물질만능주의와 최상의 결과만을 추구하는 완벽주의 등에 따른 심리적 어려움이 유발되었다. 이러한 분위기는 학업에 대한 경쟁 과열로 이어졌고 이는 고학력 시대를 초래하면서 다수의 고학력자들이 실업자로 정체되는 실업난을 만들었다. 무조건 좋은 대학을 나와야 좋은 직장에 취업한다는 공식이 만들어지면서 많은 학생이 적절한 진로탐색 없이 대학만을 위한 공부를 질주할 수밖에 없는 환경을 만들기도 하였다. 이는 사회적 지지보다 경쟁으로 인한 부담으로서 대학생들에게 악영향을 주는 환경적 요인이 된다고 볼 수 있다. 회복탄력성을 향상시키기 위하여 적절한 자기

---

1) MBTI에서 말하는 성격(심리)유형이 선천적으로 타고난 경향성이라고 한다면, 여기서 말하는 성격 (personality)은 선천적으로 타고나는 기질(temperament)과 환경과 양육으로 인해 조성된 성격(character) 의 복합적인 개념으로서의 인성을 말한다.

환경을 바꿀 수는 없으나 나에게 주는 영향을 깨닫고
변화를 모색하는 것이 필요하다.

돌봄 시간과 성찰이 필요함에도 불구하고 여유를 가질 수 없는 사회적 분위기는 대학생들로 하여금 재충전의 시간을 빼앗는 부정적 요인이 되기도 한다.

대학생 시기는 독립적으로 스스로의 삶을 개척하고 이끌어 나갈 수 있는 성인기로도 볼 수 있는데 환경적 요인인 가족지지와 사회적 지지에 의존하기만 할 수는 없는 상황이라면 이러한 상황에 대한 이해와 더불어 그것을 극복하기 위한 새로운 대안 마련이 필요할 수 있다. 스스로 주어진 환경을 어떻게 인식하고 있는지 점검해 보고 내가 할 수 있는 일부터 시작하는 것이 효과적일 수 있다. 이를 통해 과도하게 부여된 책임감 또는 부담감에 대한 자극을 달리 인식하거나 조절할 수 있다.

3) 회복탄력성 강화를 위한 성격강점 찾기

앞서 정신건강관리에서 회복탄력성에 영향을 주는 요인들을 살펴보았다. 이러한 요인들은 회복탄력성 향상에 방해요인으로서 작용할 수도 있지만, 선천적으로 타고난 특성과 환경에 대처하기 위한 심리적 태도 그리고 내가 처해 있는 환경에 대한 이해를 통해 자신의 상태를 점검하고 대비한다면 회복탄력성을 향상시킬 수도 있음을 알 수 있었다. 이는 스스로 상황을 통제하고 선택할 수 없다면 주어진 상황을 견디고 더 나은 결과로 이끌 수 있는 힘으로서 회복탄력성을 기르기 위한 노력이 필요함을 의미한다. 건강한 정신건강관리를 위해 회복탄력성을 강화하는 데 어떠한 노력이 필요한지 알아보자.

(1) 회복탄력성 강화를 위한 강점 찾기의 중요성

우리는 내가 가지고 있는 내적 힘을 타인과의 비교와 환경으로부터 부여받은 역할 책임과 부담으로 인하여 실제보다 작다고 오해하는 경우가 흔히 발생한다. 이는 상황에서 견딜 수 있는 자극임에도 불구하고 견딜 수 없을 것에 대한 불안과 회피 반응을 이끌어 내기도 한다. 이러한 대처는 상황에서 객관적인 판단을 흐리게 하여 상황과 연관된 다른 관계에도 영향을 줄 수 있다. 이와 관련하여 〈사례 1〉을 읽어 보자.

사례 1

선화는 늘 자신이 부족하다는 생각을 떨칠 수가 없다. 2학년 1학기 기말고사에서 평점 4.25를 받았지만 아직도 뭔가 부족한 느낌이다. 뚜렷한 진로가 정해지지 않은 채로 뭔가 열심히는 하고 있지만 쫓기는 느낌을 떨칠 수가 없고 이 정도 노력은 누구나 하고 있다는 느낌이 들 뿐이다. 옆에서 늘 선화를 지켜보던 친한 친구 수민이는 그런 선화를 보고 안타까운 마음이 들어서 "너 정도면 충분히 잘하고 있어." 하고 응원해 주었다. 하지만 수민이의 응원을 들어도 "내가 뭘 잘해. 너는 진로도 정했잖아. 나는 진로도 불분명하고 이렇게라도 하지 않으면 나중에 정작 내가 원하는 곳이 생겨도 못 가게 될지도 몰라. 그러니까 나는 더 좋은 성적을 받아야 해." 하며 다시 불안에 쫓기는 선화였다. 사실 선화보다 성적도 낮은 수민이 역시 진로를 정하기는 했지만 미래가 불투명하기는 마찬가지였다. 주변의 위로와 응원에도 불구하고 자신의 생각에 갇혀 주변 사람들의 말을 받아들이지 못하는 선화는 점점 고립되고 혼자 시간이 늘어 갔다. 선화는 2학년 2학기에 들어 중간고사 시험을 망치게 되자 급격한 불안감과 좌절감으로 힘들었지만 누구도 자신을 도울 수 없다는 생각에 우울감과 만성피로에 시달리게 되었다.

〈사례 1〉의 선화는 진로설계의 부족함을 성적으로 만회하고자 노력하고 있다고 할 수 있다. 많은 대학생이 취업 준비를 해야 하는 시기에 진로 선택을 하지 못하여 취업 준비과정을 밟지 못하고 진로설계 단계부터 쌓아 가야 하는 경우가 많이 있다.

하지만 시간은 준비가 부족한 나를 기다려 주지 않고 하염없이 흘러가 버린다. 이에 남들보다 뒤처진다는 불안함은 증폭제가 되어 또 다른 자극으로 작용하여 불안함을 부채질한다. 선화는 이전에 진로설계를 제대로 하지 못함으로써 생긴 불안함을 성적을 안정시킴으로써 상쇄하고자 노력하였다. 하지만 목표치가 명확하지 않은 높은 이상은 오히려 완벽주의에 집착하도록 만드는 부작용을 일으키기도 한다.

현실의 불안을 견디는 충분한 힘이 필요하다.

선화에게 필요한 것은 진로설계를 위한 시간을 벌고 그 과정에서 느끼는 불안을 견디는 것이라고 할 수 있다. 선화는 이와 같이 주어진 자극을 처리함에 있어 견디는 힘이 부족하여 가장 안전하다고 생각되는 것에 몰두하였으나 이로 인해 주변 사람들과 단절되는 상황이 이어짐으로써 끝내는 고립되고 우울함에 빠지게 된 것이다. 이와 같이 주어진 자극을 견디기 위해 자신이 어떠한 강점을 가지고 있는지 제대로 인식하지 못하는 경우, 충분히 이겨 낼 수 있는 상황임에도 이를 객관적으로 보지 못하고 오히려 취약한 상황으로 치닫게 되는 결과를 낳게 되기도 한다. 또 다른 사례를 통하여 회복탄력성 부족이 스트레스 상황에서 어떻게 작용하는지 살펴보자.

사례 2

상현이는 27세 대학 4학년의 남자 대학생으로 취업을 준비 중에 있다. 여자친구는 이미 졸업을 하여 직장생활을 하고 있으며 여자친구가 데이트 비용의 대부분을 감당하고 있는 상황이다. 하지만 점차 남자로서 늘 여자친구에게 의존해야 한다는 것이 자존심을 상하게 하였다. 여자친구에게 이러한 마음을 이야기하여도 여자친구는 나중에 취업해서 호강시켜 주면 된다며 다른 대안을 찾기보다 현 상태를 유지하고자 하였다. 하지만 아직 번듯한 직장에의 취업은 확정되지 않고 오히려 지금 준비하는 것이 옳은 방향인지 의구심이 들자 혼란스럽고 스트레스가 높아졌다. 이럴 때면 술을 먹거나 게임을 하면서 그 마음을 달래곤 하였는데 쓸데없는 것에 돈과 시간을 낭비한다며 여자친구에게 핀잔을 받게 되고 싸움이 되었다. 싸움을 하고 나면 '나는 잘하는 것도 없고 여자친구에게 의존만 하는 쓸모없는 놈이야.'라는 생각에서 다시 술과 게임으로 마음을 달래게 되었다. 이렇게 반복되는 패턴이 결국 여자친구와의 관계를 악화시켜서 이별을 하게 되었다.

〈사례 2〉의 상현은 자극 상황에서 이를 견디는 힘이 부족하여 즉각적인 쾌락을 통해 자극을 멀리할 수 있는 술과 게임으로 회피하는 행동 패턴을 반복하였고 이는 여자친구와의 갈등을 더욱 깊게 만드는 원인이 되었다. 회복탄력성이 부족할 경우 빠르게 부정정서를 해결할 수 있는 방법으로서 일시적 쾌락을 주는 물질로 해소를 하려는 경향이 생길 수 있다. 하지만 이것은 궁극적인 심리적 어려움 해결방법이 되지 못하므로 또 다른 갈등 상황을 유발하게 되고 더욱 중독행위에 빠지도록 만든다.

특히 상현은 '나는 잘하는 것도 없고 여자친구에게 의존만 하는 쓸모없는 놈이야.'라는 생각이 자신을 더욱 몰아붙이는 도화선이 되어 부적응 패턴을 반복하게 됨을 알 수 있다. 이것은 평소 자신의 강점을 인지하지 못하여 생긴 부정적 사고라고 할 수 있다. 누구나 강점을 가지고 있음에도 불구하고 이를 인식하지 못하는 것은 자신이 가진 힘을 가소롭게 여기거나 다른 사람과 비교하여 보잘것없는 것으로 평가하는 데에서 생기는 결과이다. 이러한 사고는 실패나 실수 상황에서 자신의 내적 힘을 더욱 좀먹게 만들고 궁극적으로 스스로를 쓸모없는 사람으로 취급하게 한다. 그러므로 자신이 가지고 있는 성격 특성과 그것이 어떻게 강점으로 작용할 수 있는지를 이해하여 회복탄력성을 키우고 상황에서 보다 유연하게 대처할 수 있는 여유를 가지도록 노력하는 것이 필요하다.

[활동 1] 생각해 보기

평소에 당장 해결할 수 없는 상황을 어떻게 견디는지 떠올려 봅시다. 선화와 상현이 처한 상황에서 나는 다른 대처를 할 수 있을까요? 내가 만약 그 상황이라면 나는 어떻게 그 상황을 이겨 낼 수 있을지 생각해 보세요.

(2) 성격강점 찾기를 통한 회복탄력성 기르기

〈사례 1〉과 〈사례 2〉를 보았을 때, 선화와 상현은 주어진 상황을 견디는 힘이 부족하여 다른 대안으로 이를 해결해 보고자 하였다. 그러나 이러한 대안 역시 이성적인 판단이 될 수 있는 여유를 가지고 선택하지 못함으로써 부적절한 대안을 선택하였다고 볼 수 있다. 이들의 공통점은 스스로가 부족하다고 인지하고 있다는 점이다. 객관적으로 따져 보았을 때 선화는 친구 수민이보다 성적이 더 좋다. 하지만 선화 스스로 정해 놓은 기준이 수민이보다 자신이 못하다고 평가하도록 만든다. 이로 인해 선화는 상황을 더욱 불안하게 인식하게 되고 이성적인 대안을 마련하는 데 더욱더 방해받게 되었다. 상현 역시 주어진 상황을 어떻게 대처해야 할지 몰라 전전긍긍하면서 대안을 찾기까지의 과정을 견디지 못하고 술과 게임으로 회피하였다. 이같은 대처는 또다시 자신을 쓸모없는 사람으로 치부해 버리는 과정의 발단이 되었고 궁극적인 해결을 방해하고 있음을 알 수 있다. 이와 같이 문제를 어떻게 대처하는가도 중요하지만 문제의 대안을 찾기 위하여 이미 주어진 자극으로부터 나를 회복하고 이를 더 적응적으로 만들어 가는 힘, 즉 회복탄력성이 더욱 중요하다고 할 수 있다. 이렇듯 회복탄력성의 강화를 위하여 어떤 노력이 필요한지 알고 상시적으로 이를 위한 노력을 실천하는 것이 필요하다.

회복탄력성 강화를 위한 노력으로 성격강점 찾기가 효과적이라고 할 수 있는데(박영미, 2018; 전채윤, 2018), 이를 Seligman(2002)의 진정한 행복(authentic happiness) 이론에서 제시한 대표 강점을 토대로 소개하고자 한다. 자신의 성격강점을 찾는다는 것은 자신이 가지고 있는 고유한 특성을 강화하여 외부 자원에 의존하지 않고 스스로 자극을 이겨 낼 수 있음을 의미한다. 가정의 지지나 사회적 지지에 의존하여 회복탄력성을 향상시키고자 할 경우, 이러한 환경적 요소가 뒷받침되지 못할 때 오히려 내적 힘이 고갈될 수 있는 위험요인이 되기도 한다. 또한 자신이 가진 내적 힘을 간과하거나 그것을 왜곡하여 보게 되면 이미 자극을 견디는 힘을 가지고 있음에도 불구하고 제대로 활용하지 못하고 시간을 허비할 수 있다. 그러므로 회복탄력성을 안정적으로 강화하기 위해서는 내가 가지고 있는 고유한 특성을 강화하여 그것을 내적 자원으로 활용하는 것이 가장 효과적이다. 누구나 가지고 있고 새로운 기술을 습득하지 않아도 성격적 요인에서 강점을 찾아 내적 힘을 강화한다는 측면에서 성격강점은 회복탄력성 강화에 매우 효과적이라고 할 수 있다.

[그림 15-1] 성격강점의 여섯 가지 핵심 덕목

그중에서도 대표 강점이란 개인이 가진 여러 성격강점 중에서 실생활에 비교적 높은 빈도로 나타나며 자신을 대표한다고 인식하는 성격상의 장점을 의미한다. 성격강점은 [그림 15-1]에 제시된 바와 같이 총 여섯 가지 핵심 덕목으로 구성되어 있다.

첫째, 용기는 내부와 외부에서 난관에 부딪히게 되더라도 추구하는 목표를 위한 열정과 의지를 말한다. 둘째, 절제는 극단적인 독단에 빠지지 않고 자신이 필요로 하고 원하는 것을 적절한 만큼 얻어 갈 수 있는 능력이다. 셋째, 지혜-지식은 더 나은 삶을 위해 지식을 습득하고 자신이 하는 일에 대해 깊이 있게 이해하는 것이다. 넷째, 정의는 건강한 공동체 생활을 만들고 옳음과 공정함을 통해 더 나은 사회를 만들기 위한 덕목을 의미한다. 다섯째, 인간애는 대인관계에서 타인을 공감하고 보살피고 친밀해지는 것을 말한다. 여섯째, 영성-초월은 일상생활로부터 물러나 현상과 행위에 대한 의미를 부여하는 것이다. 이러한 성격강점의 핵심 덕목에 따라 내가 가진 대표 성격강점을 찾아 자극을 견디고 이겨 내는 내적 힘으로서 생활 속에서 활용하게 된다면 자극 상황에서 이상적인 정신건강 상태를 유지하는 데 도움이 될 것이다.

2. 성격강점 찾기를 통한 회복탄력성 기르기의 실제

회복탄력성 강화의 중요성에 따라 자극 상황을 견디고 이겨 낼 수 있는 내적 힘을 증진하기 위하여 대표 성격강점 찾기에 대하여 알아보았다. 실제 나의 대표 성격강점을 찾아보고 생활 속에서 어떻게 활용하여 자극 상황에서 대처할 수 있는지 그리고 건강한 인간관계를 만들기 위하여 어떻게 실천하는 것이 필요한지 실습해 보자.

1) 나의 대표 성격강점 찾기

누구나 성격을 가지고 있다. 하지만 성격이 상황 속에서 어떻게 나타나고 강점으로 작용할 수 있는지 인지하지 못하는 경우가 많이 있다. 나는 어떤 성격을 가지고 있는지는 제5장을 통하여 알아보았을 것이다. 이러한 성격이 구체적인 상황 속에서 어떻게 강점으로 나타날 수 있고 내가 가진 그런 성격강점 중 가장 대표적인 강점은 무엇인지 활동 15-①을 통하여 알아보자.

2) 건강한 인간관계를 위해 성격강점 활용하기

나의 대표 성격강점을 찾았다면 그것이 인간관계에서 어떤 형태로 나타날 수 있는지 아는 것이 필요하다. 회복탄력성 강화를 위하여 상시적으로 활용할 수 있도록 습관화하기 위한 노력으로서 대표 성격강점을 어떻게 활용할 수 있는지 활동 15-②를 통해 적용해 보자.

나의 대표 성격강점을 찾아라!

성격강점의 여섯 가지 덕목에 맞추어 나의 장점을 찾아 표에 적어 봅시다. 되도록 많은
강점을 적어 봅니다.

번호	핵심 덕목	덕목 설명	나의 성격강점
1	용기	내부와 외부에서 난관에 부딪히게 되더라도 추구하는 목표를 위한 열정과 의지	예: 나는 오늘 교수님께 발표수업 과제를 다시 하라는 피드백을 받았지만 기죽지 않고 다시 새로 도전하는 의지를 가졌다.
2	절제	극단적인 독단에 빠지지 않고 자신이 필요로 하고 원하는 것을 적절한 만큼 얻어 갈 수 있는 능력	예: 나는 피자를 먹으러 가자는 친구의 유혹을 뿌리치고 다이어트 계획을 수행하였다.
3	지혜-지식	더 나은 삶을 위해 지식을 습득하고 자신이 하는 일에 대해 깊이 있게 이해하는 것	
4	정의	건강한 공동체 생활을 만들고 옳음과 공정함을 통해 더 나은 사회를 만들기 위한 덕목	
5	인간애	대인관계에서 타인을 공감하고 보살피고 친밀해지는 것	
6	영성-초월	일상생활로부터 물러나 현상과 행위에 대한 의미를 부여하는 것	

1. 내가 가장 실생활에서 많이 사용하고 있는 성격강점은 무엇인가요? 이것을 가장 많이
   사용하게 되는 이유가 무엇인가요?

   ----

2. 나의 대표 성격강점을 강화하기 위해서 어떤 노력들이 필요할지에 대하여 조원들과
   이야기 나누어 봅니다.

활동 15-②

성격강점 이렇게 활용한다!

　　내가 최근 경험하고 있는 대인관계의 어려운 상황을 적어 보고 이때 나의 대표 성격강점이 어떻게 활용될 수 있을지 적어 봅시다. 어려움을 느끼지 않고 있다면 다른 친구의 상황을 보고 나라면 어떻게 대처할 것이고 그렇게 대처할 때 나의 어떤 강점이 작용하는지 나누어 봅니다.

1. 언제 누구와의 어떤 상황이었나요?

　　_____

　　_____

2. 나의 성격강점을 어떻게 활용 가능한가요?

　　_____

　　_____

3. 브레인스토밍 시간을 가져 봅시다. 그리고 다른 사람들과 의견을 나누어 봅시다. 나의 의견을 다른 사람들의 의견과 비교해 보면 어떤 공통점 또는 차이점이 있나요? 그 의견을 현실에서 실천하기 위하여 어떤 노력이 더 필요할까요?

　　_____

　　_____

　　_____

　　_____

가정은 사람이 '있는 그대로'의
자기를 표시할 수 있는 장소이다.

－André Maurois

1. 건강한 부부 되기

우리가 건강하고 행복한 삶을 살기 위해서 필수적인 요소는 가정이라고 할 수 있
겠다. 가정은 우리가 태어나서 처음 배우는 인간관계를 접하는 장이자 다양한 스트
레스 자원으로부터 스스로를 지켜 낼 수 있는 지원이 되어 주는 곳이다. 건강하고 행
복한 지지자원이 되는 가정이 되기 위해서는 건강한 부부관계가 선행되어야 한다.
건강한 부부가 되기 위한 부부관계의 형성과 갈등의 원인 등을 살펴보고자 한다.

[활동 1]   **생각해 보기**

드라마나 영화, 소설 등에서 자신이 가장 이상적이라고 느낀 부부는 어떤 모습인지 생각해 보고 이야기를 나누어 봅시다.

1) 건강한 부부란

우리는 앞에서 건강한 이성관계를 형성하고 유지하기 위한 방법에 대해 이야기 한 바 있다. 젊은 남녀가 서로 사랑을 하고 결혼을 통해 부부라는 새로운 관계를 형성한다. 부부관계는 한 가정을 시작하는 관계이며 서로 건강하고 행복한 가족관계의 시작은 행복한 가정생활로 이어질 수 있다. 이성관계에서 결혼을 준비하며 많은 사람이 건강한 부부를 꿈꾸고 있다. 우리는 [활동 1]을 통해 자신이 꿈꾸는 이상적인 부부에 대해 생각해 본 바 있다. 각자가 생각하는 건강하고 행복한 부부의 모습은 어떠한가? 많은 사람이 서로의 의견을 맞추며 갈등이 없는 사이를 꿈꿀 것이다. 그러나 새로운 가족문화를 형성하기 위해 부부에게는 사소한 것(주로 청소는 누가 할 것인지, 퇴근한 이후의 시간은 어떻게 보낼 것인지)부터 큰 대소사(명절에 어느 집부터 갈 것인지, 제사는 어떻게 할 것인지)까지 정해야 할 것이 많다. 이 과정에서 부부는 갈등이 발생할 수 있지만 서로의 차이에 대해 인정하고 존중할 때 건강한 부부관계를 유지할 수 있을 것이다. 그렇다면 부부관계는 어떻게 형성되고 어떻게 배우자를 선택하는지에 대해 알아보고자 한다. 이 과정에서 자신은 어떠한 점에 관심이 많은지, 어떤 과정을 소홀히 관찰했을 때 부부관계에서 어떤 갈등이 발생할 수 있을지를 예측할 수 있을 것이다.

우리가 배우자 선택과정에서 알아볼 사항에 대해서는 Udry(1971)의 여과망 이론을 통해 살펴보고자 한다. Udry는 첫째, 근접성의 여과망, 둘째, 매력의 여과망, 셋

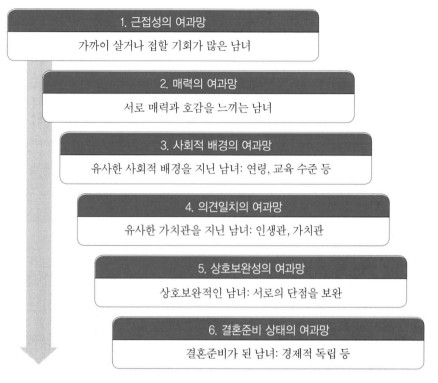

[그림 16-1] 배우자 선택과정에 대한 여과망 이론

출처: Udry (1971).

째, 사회적 배경의 여과망, 넷째, 의견일치의 여과망, 다섯째, 상호보완성의 여과망 그리고 마지막으로 결혼준비 상태의 여과망을 통해 대상이 좁혀지고 마지막 한 사람을 선택하게 된다고 주장하였다.

Udry의 여과망 이론은 실제 만남이든 소셜네트워크(SNS)를 통한 만남이든 남녀가 자주 접할 수 있는 환경이 되어야 하며 서로에게 매력과 호감을 느끼는 사람들로 대상이 좁아진다고 보고하였다. 이후 둘은 서로의 연령이나 교육 수준, 사회계층, 종교 등에서 자신이 중요하게 여기는 사회적 배경이 유사한 사람들을 선택하게 된다고 보았다. 서로 만남을 유지하며 서로의 가치관이나 결혼관, 인생관 등이 일치하는지를 확인하는 과정들이 필요하며 서로가 필요로 하는 욕구를 채워 주는지, 자신의 단점은 가려 주고 장점을 살려 주는 존재인지를 확인하게 된다고 보고하였다. 마지막으로, 결혼준비 상태인 경제적 독립이 가능한지나 병역문제 등 결혼에 필요한 준비가 갖추어져 있는지를 확인하며 최종적인 결혼 상대자로 확정하여 부부관계를 맺게 된다고 한다.

2) 부부싸움의 원인 및 유형

부부관계는 결혼을 통해 시작되지만 건강한 부부관계를 위해서는 많은 부분에 대해 새롭게 적응해야 하는 과제와 노력이 필요하다. 그 과정 속에서 작든 크든 부부관계의 갈등이 존재하게 된다. 이 갈등의 양상을 살펴보고 어떻게 대처하는 것이 좋은지에 대해 살펴보도록 하자.

사례 1

A 씨는 등산을 하고 다양한 사람과 만나 좋은 풍경을 즐기며 맛있는 식사를 하는 것을 선호하는 편이다. 그러나 A 씨의 부인인 B 씨는 인터넷 등에서 유명한 맛집을 투어하며 다니는 것을 좋아하며 산에 오르는 것을 싫어하는 편이다. 연애를 할 때는 A 씨가 등산을 많이 다니지 않으면서 B 씨와 맛집 투어를 자주 다녀 주는 편이었으나 결혼을 하면서 이러한 행동들이 점차 변했다. A 씨는 굳이 오래 기다려서 먹어야 하나며 싸우는 일이 잦아졌고 B 씨와 함께 가는 것을 꺼리기 시작했다. 그리고 자신은 등산 동호회에 가입되어 있으며 이제껏 연애할 때 참석하지 못했는데 결혼해서까지 활동을 하지 않을 수 없다며 동호회 활동을 다시 활발히 시작했다. 이러한 상황으로 인해 주말에 부부가 함께 모이기가 힘든 상황이다. 부부생활 초반부터 삐걱대던 취미문제는 육아가 시작되면서 더욱 심화되었다. 아이를 출산하고 양육하는 과정에서 B 씨는 주말에 남편이 아이와 함께 놀고 자신은 쉬고 싶은 마음이었으나 A 씨는 취미생활을 위해 주말에 1박 2일 등산 동호회 활동을 가는 일이 잦았기 때문이다.

등산 동호회를 즐기는 생활

[활동 2]　생각해 보기

내가 만약 부부생활을 하면서 〈사례 1〉에서와 같은 상황이 발생한다고 상상해 봅시다. 내가 A 씨라면 또는 B 씨라면 행복하고 건강한 부부생활을 이어 나가기 위해서 어떻게 하면 좋을지 생각해 보고 서로 어떤 노력을 기울이면 좋을지 상황극을 통해 이야기를 나눠 봅시다.

　A 씨와 B 씨의 부부생활에서의 갈등은 연애할 때는 드러나지 않았던 여가와 취미활동의 차이로 인해 시작되었다. 선호하는 바가 확실히 다르며 의견이 좁혀지지 않자 갈등이 양육과 관련해서도 더욱 확장되는 등 갈등문제가 더욱 심화되기 시작했다. 부부의 갈등은 연애 때 생각지 않았던 부분에서 발생하기도 한다. 부부의 결혼생활 만족도를 가장 해치는 갈등 영역은 무엇인지 〈표 16-1〉을 살펴보자.

　부부가 되기 전에 갈등의 영역을 미리 아는 것은 그 부분에 대해 결혼 전 서로 미리 조율할 수 있는 기회를 가지기 위해 중요하다고 여겨진다. 서로 조율하는 과정을 통해 결혼 전 커플 혹은 신혼부부는 서로를 이해하고 배려를 배우며 추후에 발생할 수 있는 갈등을 예방할 수 있을 것이다.

　Minuchin은 가족의 갈등해결능력을 강조하는데, 건강한 가족은 행복하고 조화가 잘 이루어질 것이라는 일반적인 생각은 신화에 불과하다고 말한다. 부부의 관계 또한 마찬가지이다. Minuchin은 부부가 사소한 문제로 인해 끊임없이 갈등하지만 이 갈등이 변화 없이 동일하게 발생한다면 누군가는 희생자가 되고 나머지는 그 사람이 문제가 있다고 비난하며 연합하고 있기 때문이라고 한다. 따라서 가족에게 발생하는 문제는 그 사소한 갈등문제를 어떻게 해결해 가는지가 중요한 것이라고 주장한다. 갈등의 해결은 주로 대화와 같은 의사소통을 통해 이루어져야 한다. 그러나 이런 의사소통의 방법을 사용하더라도 각자가 어떤 유형의 의사소통 방식을 따

번호	갈등 영역
1	여가/취미활동
2	가사일 분담(설거지, 청소 등)
3	친구문제
4	인생관/가치관
5	생활습관(식습관, 위생관념 등)
6	성생활 문제
7	전통이나 관습에 대한 태도
8	남편 또는 부인으로서의 역할기대
9	사랑(애정)의 문제
10	가계 재정을 다루는 면/금전관리
11	종교/신앙생활
12	자녀양육방식
13	나의 친인척을 대하는 면
14	배우자의 친인척을 대하는 면
15	부부의 장래계획(직업, 진로 등)
16	중요한 일을 결정하는 것

르는지에 따라 의사소통을 통해 문제를 해결하려고 노력해도 해결되지 못하고 오히려 악화되는 경우가 발생한다. 혹시 다음에 제시되는 갈등을 심화시키는 행동방식을 따르고 있지는 않은지 살펴보았으면 한다.

(1) 감정을 쌓아 두는 사람

자신의 부정적인 감정을 적절히 표현하지 못하고 마음속에 저금하듯 차곡차곡 모아 두는 사람들이다. 이러한 사람들은 자신의 부정적인 마음을 표출하면 관계를 해치지는 않을까 걱정하고 자신이 참는 것을 선택하지만 제한되어 있는 마음속 공간이 부정적인 감정으로 가득 차면 작은 일에도 비난이나 분노와 같은 방법으로 폭발하는 행동을 보인다.

(2) 계속 잔소리하는 사람

현재 발생한 갈등 상황을 해결하는 것에 집중하기보다 과거에 있었던 다른 문제들, 특히 현재 문제와 주제가 다른 일들까지 모두 한꺼번에 들추어내어 잔소리하는 사람들이다. 이들이 이렇게 행동하는 이유는 과거의 일들이 제대로 해결되지 않았거나 마음속에 차곡차곡 쌓여 있기 때문이기도 하며 잔소리하는 행위로 인해 현재 문제에서 회피하려는 경향이 있기 때문일 수도 있다.

(3) 빈정대는 사람

빈정대는 사람은 상대방이 자신이 당한 고통에 책임을 느끼기를 바라고 자신의 빈정대는 행동을 통해 상대방이 자신의 잘못을 저절로 깨닫고 행동을 변화시키기를 원하는 사람들이 많다. 다만 자신의 이러한 행동이 오히려 상대방의 기분을 망쳐서 갈등이 더욱 심화된다는 인식이 없을 수도 있다.

(4) 독심술가

독심술의 전문가처럼 다른 사람의 마음을 읽은 듯이 말하고 행동하는 사람들을 뜻한다. 주로 이들은 "네가 말한 ○○○라는 말은 나를 무시해서 하는 말이다."와 같이 말하고 이에 대해 다그친다.

(5) 약 올리는 사람

약 올리는 사람은 다른 사람이 화가 나도록 자극하여 분노를 촉발한다. 상대방이 싫다고 하지 말아 달라고 했던 행동임에도 불구하고 자신은 습관이라 하게 된다고 말하며 행동을 고치지 않고 화를 유발한다. 흔히 양말을 제대로 펴서 세탁 바구니에 넣으라는 말을 자주 했음에도 불구하고 양말을 벗은 모양 그대로 뭉쳐서 아무렇게나 놓는 행동을 하는 것 등이 있다.

(6) 배신자(배신하는 사람)

배신자는 이웃사람이나 어른들에게 배우자가 공격받아도 방관하는 태도를 보인다. 다른 사람들에 의해 자신의 배우자가 무시되고 침해를 받아도 방어해 주지 않는다. 이러한 배신자의 모습은 고부간의 갈등이 발생할 때 고부갈등을 방치하는 것으로 가장 잘 나타난다.

(7) 거부자

거부자는 배우자가 원하는 애정이나 인정을 해 주기를 거부하고 성관계와 같이 상대를 기쁘게 해 줄 수 있는 모든 것을 거부하는 사람들이다. 상대방에 대해 적대적이거나 거부적인 태도를 보이는 경우도 있지만 의도치 않게 상대방에게 거부자의 태도로 인식되는 경우도 있다. 부부 중 한 명은 배우자가 자신과 함께 생활하는 시간이 많을 때 사랑받는다고 느끼지만 다른 한 명은 스킨십이 많은 것을 사랑받는 것으로 인식한다고 가정해 보자. 연애 초반에는 일거수일투족을 함께하려 했으나 결혼 이후 일한다는 이유로 배우자와 함께하는 시간이 부족했고, 대신 함께할 때 스킨십을 많이 시도하는 경우를 생각해 보자. 이 사람은 스킨십이 사랑의 표현이라고 생각하기 때문에 배우자에게 시도하는 스킨십을 통해서 배우자에게 사랑한다고 자신의 마음을 전했다고 생각할 수 있다. 그러나 상대방의 경우 자신이 원하는 애정을 받지 못하고 있기 때문에 배우자가 표현한 사랑을 인지하지 못하고 오히려 애정이 식었거나 배우자가 자신을 거부한다고 인식하고 있을 수도 있다.

(8) 기피자

기피자는 싸우기를 거절하여 대결을 기피하는 사람들이다. 갈등 상황이 발생했을 때 해결하기 위해 서로 대화를 하는 것을 꺼려 오히려 일이나 잠, 취미활동 등을 핑계로 갈등 상황을 피하려고 하는 행동을 취한다. 부부 사이에서 의견차이가 생겨서 어떻게 할 것인지에 대해 논의해야 하는 상황이 발생할 때 피곤하다며 자고 나서 이야기하자고 얘기하거나 다음에 얘기하자며 혼자 낚시를 하러 가는 등의 행동을 보이는 경우라고 볼 수 있다.

(9) 자존심을 짓밟는 사람

자존심을 짓밟는 사람은 상대방의 바꾸기 어려운 열등한 사실을 꼬집어 말함으로써 상대방의 말문을 닫고 자신의 말을 듣도록 강요하려는 유형의 사람들이다. 부부 중 한 명이 이혼가정에서 성장했다고 할 때, 부부간의 갈등이 생기거나 의견차이가 생겨 의논을 하려고 하면 "한부모가정에서 자란 네가 뭘 알겠냐?"라며 "원래 이

렿게들 하는 거다."라고 주장하면서 배우자의 잘못이 없거나 변화가 불가능한 일에 대해 언급하며 비난하고 자신의 의견만이 옳은 것이라고 이야기하는 경우를 들 수 있다.

3) 건강한 부부 되기

앞에서 우리는 부부관계에서 발생할 수 있는 갈등 영역을 살펴보았으며 문제를 해결하기에 앞서 갈등에 대처하는 태도에 대해 살펴보았다. 부부가 되면 갈등이 생기기 때문에 잘 대처해서 해결하려는 태도를 가지는 것이 건강한 부부로 살아가기 위해 가장 필요한 요소일 것이다. 건강한 부부의 일반적인 특징은 다음과 같다(권석만, 2015).

첫 번째로, 부부가 가족의 행복과 안녕에 깊은 관심을 가지며 이를 무엇보다 중요시한다. 회사나 사회생활이 바쁜 와중에도 가장 중요한 것은 서로를 우선시하고 있으며 관심을 가지고 있다고 느낄 수 있도록 하는 것이다. 서로에 대해 먼저 관심을 가지고 있다면 배우자가 원하는 욕구가 무엇인지를 적절히 파악하고 해결할 수 있도록 돕는 것이 필요하다. 자기도 모르는 사이에 욕구 좌절에 처하게 되었으나 무심하거나 눈치채지 못하고 시간만 흐른다면 더 오랜 시간과 노력이 필요하기 때문이다.

두 번째로, 부부가 서로에 대한 정서적 지지를 아끼지 않는다. 부부생활을 시작하게 되면 부부 둘만의 문제로 인해 갈등이 생기는 것이 아니다. 부부는 다른 가정환경에서 성장하여 각기 다른 가족문화 속에서 살아왔다. 따라서 배우자의 부모와의 관계에서 갈등이 발생할 수 있는데 이러한 갈등이 발생할 때 서로에게 정서적인 지지가 잘 이루어진다면 부모세대와의 독립이 자연스럽게 이루어

효과적인 의사소통을 방해하는 행동

지면서 부부만의 새로운 가족문화를 형성해 갈 수 있다.

세 번째로, 부부간에 효과적인 의사소통이 이루어진다. 갈등 상황에서 가장 효율적으로 갈등을 해결하는 것은 서로 효과적인 의사소통이 이루어질 때 가능하다. 이를 위해서는 자신의 관점에서 현재 갈등 상황이 어떻게 느껴지는지, 어떻게 받아들여지는지에 대해 표현할 수 있도록 허용되어야 한다. 이 과정에서 상대 배우자는 자신의 입장을 변명하려고 하거나 판단하려고 하기보다 배우자가 표현하고자 하는 문제나 감정을 잘 들어 주는 것이 아주 중요하다. 부부 두 사람은 각자 다른 가정환경에서 성장했기 때문에 사용하는 단어의 의미나 어감이 상대방과 차이가 날 수 있다. 이러한 차이를 서로 이해하고 배려할 수 있도록 노력하는 과정이 필요하다.

네 번째로, 부부가 함께 많은 활동을 공유한다. 부부갈등 영역에서 가장 많은 갈등을 경험한다고 보고했던 것이 여가 · 취미활동이었던 것을 기억한다면 부부가 함께 많은 활동을 공유하는 것이 얼마나 갈등을 예방할 수 있을지 예상할 수 있다. 부부가 함께 많은 활동을 공유할 때 추억과 유대관계가 증가하며 건강하고 즐거운 부부생활을 유지하는 데 도움이 될 것이다.

다섯째로, 효율적인 문제해결능력을 지니고 있어 가족이 당면하는 여러 가지 문제나 위기를 잘 해결해 나간다. 부부는 둘만의 갈등뿐만 아니라 개인이 사회생활을 하면서 경험하게 되는 갈등이나 문제 상황을 공유하게 된다. 각각이 경험하는 문제에 대해서도 함께 논의하고 해결하는 데 힘쓰는 경우가 있다. 예를 들면, 남편이 정리해고를 당했을 때, 경제적으로 힘들 수 있지만 남편이 경험할 억울함 등을 부인이 보듬어 주고 어떻게 해결해 갈 것인지 논의하며 힘쓸 수도 있다. 이렇듯 서로에게 힘든 일이 생겼을 때 정서적 지지관계가 되면 서로 함께한다는 유대감이 증가하면서 서로에 대한 긍정적인 감정이 증가하게 된다. 각자의 문제를 혼자 해결하려고 노력하기보다 함께 의논하고 해결하려고 노력하며 문제를 해결해 가는 것 또한 건강한 부부관계를 이루는 데 필요한 부분이다.

마지막으로, 부부가 자신의 가족 역할을 잘 수행한다. 개인은 하나의 역할만을 수행하지 않는다. 부부는 서로 부부로서의 역할뿐 아니라 부모로서의 역할, 자녀로서의 역할, 직장에서의 역할 등 다양한 역할을 수행해야 한다. 가령, 결혼하면서 서로 합의한 남편이 해야 하는 역할과 자녀를 양육할 때는 아버지로서의 역할이 발생할 수 있다. 각자의 역할이 주어질 때 그 역할을 어떻게 수행할 것인지에 대해서도 부부는 논의해야 할 필요가 있으며 합의된 역할에 따라 해야 할 일들을 잘 수행해야 할 때 서로가 불편감을 느끼지 않을 수 있다.

2. 건강한 부모 되기

앞에서 우리는 건강한 부부가 되기 위한 부분을 살펴보았다. 두 사람의 관계로 이루어진 부부관계가 건강하고 행복하다고 해서 모든 부부가 자녀를 출산한 후에 건강한 관계를 유지하고 지내는 것은 아니다. 자녀를 낳으면서 부모의 역할을 수행해야 하고 다른 양상의 인간관계를 맺어야 한다는 이유로 인해 인간관계의 전환이 낯설고 어려운 부부가 생기기 마련이다. 부부관계가 좋았다가 출산과 동시에 갈등이 시작되는 부부 또한 생기기 마련이다. 부모-자녀의 관계는 가족관계 내에서 부부관계 못지않게 중요한 하위관계이다. 부모-자녀 관계에서는 부부관계와 마찬가지로 사소한 일로 인해 자주 갈등을 경험하게 되며 이러한 갈등을 적절하게 잘 해결해 가면서 건강한 부모-자녀 관계를 형성하는 것이 필요하다. 그렇다면 건강한 부모란 어떠한 것인지, 부모-자녀 간의 갈등 양상은 어떠한지와 이를 어떻게 대처하는 것이 좋은지에 대해 살펴보고자 한다.

1) 건강한 부모란

인간이 태어나서 처음 관계 맺는 타인은 부모일 것이다. 따라서 유아기에서부터 경험하는 부모의 양육태도는 이후 한 개인의 성격과 대인관계 양식 및 문제해결 방식 등 대부분의 행동양식에 영향을 미친다. 많은 가정에서 부모는 대략 세 가지 유형 중 하나의 양육태도를 보일 수 있다.

첫째는 통제적이고 지배적인 부모 유형이다. 유교문화였던 우리 문화에서 가장 많이 보고되는 부모 유형 중 하나라고 여겨진다. 이러한 부모 유형의 사람들은 자녀의 생활방식이나 가치관, 이성관계, 진로 등에 대해 적극적으로 개입하고 관여하는 경향성이 있다. 부모의 말을 듣지 않으면 나쁜 자녀라고 비난하기도 하고 준비된 것을 무조건 따르도록 강요하여 자녀에게 자율성과 독립성을 키우지 못하도록 한다.

이러한 부모의 양육태도에 놓이게 되면 자기정체감이나 자율성에 있어 미숙해질 수 있고 자기비하적인 생각 등으로 인해 우울감과 같은 정서적인 문제를 경험할 수도 있다. 이런 유형의 사람들은 주로 부모님 앞에서의 행동과 부모님이 계시지 않는 곳에서의 행동에 차이가 있을 수 있으며 또는 수동적인 공격 성향을 보임으로써 가족 내의 갈등을 경험하는 경우도 발생한다.

둘째는 자녀에 대해 방임적이고 무관심한 부모 유형이다. 이러한 부모는 경제적 또는 정서적으로 자녀를 지원하는 일에 무관심하거나 무력한 부모들이 많다. 간혹 자녀들의 독립성을 키우겠다는 명목하에 과도하게 통제나 제재를 가하지 않으면서 이러한 유형의 부모로서 양육함에도 불구하고 스스로는 인식하지 못하는 경우 또한 발생한다. 이 유형의 부모 밑에서 양육된 자녀들은 제대로 부모의 양육을 받지 못함으로 인해 스스로 생활을 영위해야 한다는 불안감이나 부담감, 결핍감, 고독감 등을 경험하게 된다. 이러한 자녀들은 부모로부터 심리적 지지 또한 받지 못하는 경우가 발생하는데, 학교 등에서 또래관계를 통해 지지체계를 형성한다면 건강하게 성장하지만 그렇지 못한 경우에는 심한 수준의 정서적 어려움을 경험하게 된다.

셋째는 자녀에게 지나치게 의존적인 부모 유형이다. 가정의 의사결정이나 정서적 지지, 위안에 대해서도 자녀에게 기대하는 유형이다. 주로 상대 배우자에게서 받지 못한 애정을 자녀를 통해 받고자 하는 부모가 이러한 유형으로 자녀를 대할 가능성이 높다. 이 유형인 부모의 자녀들은 어린 시절부터 과도한 책임감을 경험하기 때문에 걱정이나 불안이 높은 편이며 자신의 미래를 고려할 때에도 과도한 걱정에 휩싸여 제한적인 선택을 하게 된다.

부부에게 자녀가 생기게 되면 부모-자녀는 또 다른 가족체계를 형성하게 되는데 이를 가족 하위체계라고 한다(Minuchin, 1974). 부자관계, 부녀관계, 모자관계, 모녀관계로 나뉠 수 있는데 각각의 하위체계가 건강하게 잘 작동하는지 또한 건강한 부모-자녀 관계를 유지하는 데 도움이 된다. 각각의 하위체계는 관계가 좋아졌다가 멀어졌다를 반복하며 부자관계가 좋아졌다가 모자관계가 더 좋아지기도 한다. 그러나 부자관계가 좋으나 모자관계가 나빠 어머니가 부자에게서 비난받는 경우가 지속적으로 유지될 수도 있다. 이러한 상황은 가족의 하위체계가 안정된 연합 상태에 있는 것이라고 한다. 하위체계가 안정적으로 유지되는 것 자체가 문제라고 볼 수 있다. 예를 들면, 딸이 외부에서 사고를 치는 일이 잦아 부녀의 관계도 모녀의 관계도 좋지 않으나 부부의 관계만 좋게 유지되며 자녀를 비난하는 경우를 살펴보자. 이러한 경우에는 사실 딸이 갈등 상황을 일으키는 문제의 원인이 다양할 수 있지만 부모가 자녀를 이해하지 못하고 둘이 연합하여 자녀를 문제시함으로써 진정한 문제를 회피하는 경우가 생길 수 있다. 이런 상황에서는 부부가 건강한 부모 역할을 하고 있다고 볼 수 없다. 우리는 이상적이고 건강한 부모 역할로 부모−자녀 간에 큰 갈등이 없는 것을 상상하곤 하지만 이것은 실제로 불가능하다. 오히려 가족 내에서의 갈등 상황을 함께 극복함으로써 서로 성장할 수 있기 때문에 부모−자녀의 갈등이 무조건 부정적인 의미를 가지지는 않는다. 간혹 부모가 유일한 양육태도를 고수함으로 인해 갈등 상황이 발생하기도 한다. 부모의 유일한 양육태도는 모든 갈등 상황에서 해결방법이 되지는 않기 때문에 부모가 유일한 양육태도를 고수하기보다 자녀의 발달 시기나 갈등 상황에 따라 변경할 필요가 있다.

[활동 3] **생각해 보기**

앞에서 설명한 가족의 상황에 나를 대입해서 생각해 봅시다. 자녀인 '나'는 무언가 짜증이 많고 쉽게 화나는 일이 잦으며 하고 싶은 일도 뚜렷하지 않아 즉각적으로 즐거운 일을 찾아 친구들과 노는 것에 집중하다 보니 선생님이나 또래관계에서 갈등이 소소하게 일어나는 편입니다. 부모님은 서로 사이가 너무 좋으나 나에 대해 관심이 없으신 편이며, 오히려 나에게 "너는 왜 이렇게 문제를 일으키냐?"라며 비난하거나 "너 때문에 부끄럽다."는 말을 하시는 편입니다. 만약 내가 이 상황이라면 부모님의 양육태도는 어떤 양육태도이며 나라면 어떤 영향을 받았을 것 같은지, 어떻게 행동했을 것 같은지 이야기해 봅시다.

2) 자녀와의 갈등

부모-자녀의 갈등은 가족 전체의 문제로 가족 구성원의 행복감에 영향을 주며 자녀의 정서적·심리적 성장에도 큰 영향을 미친다. 부부 사이에서와 마찬가지로 부부는 부모로서 서로 양육 가치관에 차이가 있어 갈등이 발생하기도 한다. 또한 자녀를 양육하는 과정에서 부모와 자녀 사이에서도 소소하게 의견 대립이 발생하기도 한다. 부부 사이에서 갈등은 생길 수 있으며 서로 의사소통하면서 해결해 가는 과정이 중요했듯이 부모-자녀 관계에서 발생하는 갈등 역시 해결해 가는 과정이 중요하다. 따라서 부모와 자녀 간의 갈등은 어떻게 발생하며 어떤 유형인지를 인지하고 어떻게 해결해 가는 것이 좋은지를 파악하는 것이 필요하다.

부모와 자녀 간의 갈등이 가장 극심해지는 시기는 아무래도 자녀들이 청소년 시기나 청년기 초기일 것이다. 청소년 시기에서부터 청년기 시기의 자녀들은 자기주장이나 독립심이 강해진다. 이 시기의 부모-자녀 관계는 유아기, 아동기의 친밀하고 밀착되었던 관계와 심리적 독립을 이루어야 하는 성인기의 관계 사이에 있게 된다. 부모와 자녀 모두에게 이제껏 가족 내에서 행했던 행동의 변화가 일어나야 하기 때문에 가장 갈등이 극심해지게 된다. 이 시기의 부모-자녀 갈등의 원인에 대해서는 제6장에서 자세히 살펴본 바 있다. 갈등의 요인으로는 세대차, 독립과 보호의 갈등, 애정표현의 방식, 부모의 불화 그리고 의사소통이 있다. 〈사례 2〉를 살펴보며 사례에는 어떤 갈등요인들이 작용하고 있을지 함께 이야기해 보자.

〈사례 2〉에서 나타난 부모-자녀의 갈등요인은 무엇인 것 같은가? 가장 확연한 갈등요인으로는 세대차를 들 수 있다. 시대의 변화에 따른 문화와 가치관의 차이, 즉 휴대폰 사용의 문화차이와 사생활에 대한 가치관의 차이로 인해 부모-자녀 간의 갈등이 발생할 수 있다. 독립과 보호에 대한 요인으로 인한 갈등이라고도 볼 수 있다. 뉴스나 신문 등에서 말하는 SNS를 통한 왕따나 괴롭힘의 문제가 자신의 자녀에게 일어나지 않을까 보호하고자 하는 태도가 과도할 때 이를 통제하려고 자녀의 SNS를 살펴보는 행동을 할 수도 있다. 이러한 문제는 또 의사소통의 부재로 인해 더욱 갈등이 심화된다고 볼 수 있다. 부모는 적절한 의사소통을 통해 자신의 이러한 걱정과 불안을 해소해 갈 수 있다. 사례에서 나타나듯이 부모-자녀의 갈등은 단순히 하나의 요인으로 인해 발생하지 않는다. 세대의 차이가 있다고 하더라도 서로의 부모의 어린 시절에는 개인적인 사생활 보호가 현재만큼 중요시되지 않았으며 전화기가 거실에 있는 경우도 많아서 친구와의 전화 통화를 의도치 않게 부모님과 공유하게 되는 경험을 했을 수도 있다. 청소년 시절 또는 대학 시절이 되어서야 휴대폰이 출시되기 시작했다. 그에 비해 자녀들의 삶에서는 유아 시절부터 동영상을 보거나 어플리케이션을 통해 학습을 하는 등 휴대폰을 제외한 생활을 이야기하기 어렵다. 휴대폰이 일상인 자녀들은 친구와 연락하기 위해서 개인적으로 연락하는 것이 당연한 시대에 살고 있다. 이로 인해 부모는 자녀들이 친구들과 어떤 대화를 나누는지를 알지 못한다. SNS상의 폭력문제 등이 화두가 되면서 자녀의 SNS 대화 내용을 궁금해하는 부모가 생겼다. 자녀가 SNS에서 어떤 대화를 하는지 알아보기 위해 부모님이 자신의 휴대폰을 살펴보거나 부모의 휴대폰에서 자녀의 계정으로 로그인해서 대화를 살펴보는 등의 행동을 하였다. 이러한 부모의 행동에 대해 자녀들은 침해받고 감시받는다고 인식할 수도 있으며 이로 인해 갈등이 생기기도 한다.

가치관이나 기질적 차이에 대해 인정해 주고 존중해 주면서 서로 소통할 때 건강하고 행복한 부모-자녀의 관계를 유지할 수 있다. 그렇다면 이러한 다양한 갈등요인을 해결하고 건강한 부모-자녀의 관계가 되기 위해서 부모로서 어떻게 하는 것이 좋은지 살펴보고자 한다.

3) 건강한 부모 되기

자녀가 어린 아기일 때 부모가 해야 하는 역할과 자녀가 청소년, 대학생이 된 이후 부모가 해야 하는 역할은 다르다. 그러나 부모로서 양육을 하다 보면 아이의 성장과 발달단계에 따라 역할이 변해야 한다는 사실을 망각하고 이전의 역할을 동일하게 하다 자녀와 갈등하게 되는 일이 발생하기도 한다. 자녀들이 성장해 감에 따라 부모의 역할 또한 변해야 하며 어떻게 변하는 것이 좋은지에 대해 살펴보고자 한다.

아이의 출생 직후에 부모는 해야 하는 일들이 갑작스럽게 증가한다. 2시간마다 젖을 먹이고 대소변을 치워야 하며 매일 씻겨야 하지만 목도 제대로 가누지 못해 초보 엄마가 어쩔 줄 몰라 하는 일을 경험하기도 한다. 이 시기에는 아이의 기질과 부모의 양육태도에 따라 애착 유형이 결정된다. 유아 시기의 부모는 아이의 작은 변화에도 긴밀하게 반응해야 하며 애착과 관심을 가지고 지켜보아야 한다. 이 시기의 부부관계 또한 부모로서의 역할을 공유하기 위해 상당히 자세한 일까지 알고 있어야 하는 관계의 변화가 필요하다. 또한 기질상 수면 규칙이 불규칙하고 까다로운 아이일 경우에는 어머니가 더욱 사소하고 작은 반응에도 예민하게 반응해 주어야 하며 순한 기질의 아이를 양육할 때와는 달리 많은 부분에서 개입을 해 주는 것이 필요하다.

청소년기 초기에 접어든 자녀는 신체적·심리적 성장이 이루어지면서 자기주장이 가능해지고 부모로부터의 심리적 독립을 추구하게 된다. 이러한 과정에서 부모는 유아기와 아동기에 사용하였던 친밀하고 밀접한 관계에서 점차 독립하려고 하고 자신의 주장을 강하게 표현하는 자녀에게서 섭섭함을 느끼거나 자녀가 자신의 통제범위를 벗어난다고 생각하는 경우가 있다. 그럴 경우 부모는 자녀가 잘못된 길을 가지는 않을까 과도하게 불안해하거나 걱정하며 더욱 통제하려는 행동을 보이는 경우가 발생하기도 한다. 이런 경우 청소년기에 접어든 자녀는 자신이 침해받는다고 생각하게 되며 더욱 독립적인 행동을 추구하려는 경향이 생길 수 있다. 이 시기의 양육방법으로 인해 독립심이 강한 자녀의 경우 부모와의 갈등이 더욱 심화되기도 하고, 독립심이 약한 자녀의 경우 의존심이 더욱 심해져서 성인이 되어도 의존하려는 경향이 지속되는 문제가 생길 수 있다. 따라서 부모는 아이의 독립심을 키워 주면서도 책임감을 학습할 수 있도록 서로 의논하여 규칙을 새롭게 재정립하며 아이의 독립심을 존중해 주는 것이 필요하다.

청소년기 후반과 대학생 시기의 자녀는 점차 독립적인 성인으로 성장하기 위해 부모로부터 심리적인 독립을 이루어 나가는 것이 필요하다. 추후에 심리적인 독립뿐만 아니라 경제적인 독립까지 제대로 이루어질 때 진정한 성인으로서 새로운 가정을 꾸리는 준비가 완료되었다고 볼 수 있기 때문에 이 시기는 이러한 성인으로 성장하기 위한 준비단계에 있다고 보아야 한다. 심리적인 독립을 이루기 위해서 서로의 애정을 유지한 채 자녀의 자율성을 점진적으로 인정하고 자녀의 독립을 격려하고 지원하는 것이 부모의 중요한 역할이다. 이 과정에서 부모는 '빈 둥지 증후군' 등으로 인해 우울감을 경험하기 때문에 이 단계에서 심리적인 애정을 유지하면서 심리적인 독립을 이루는 것이 중요하다.

또한 앞서 부부관계나 부모-자녀 관계의 갈등에 대해 언급했던 것과 같이 서로 갈등의 문제를 해결하기 위해서 적절한 의사소통 방식을 사용하는 것은 상당히 중요하다. 특히 부모의 언어표현은 자녀의 독립성과 자율성을 키우고 자녀의 건강한 자아정체감을 형성하는 데 영향을 미치기 때문에 이에 대한 자기점검을 통해 자신의 의사소통 방식을 확인하고 변화시키려고 노력하는 것이 필요하다. Gordon (1975)은 부모가 충고 · 제언하기, 칭찬 · 동의하기, 지지 · 공감 · 위안하기의 소통 방법을 자주 사용하는 것이 바람직하다고 권유한다.

3. 건강한 부부와 부모 되기의 실제

건강한 부부와 부모가 되는 것은 우리가 한 인간으로서 행복한 삶을 살아가는 데 기본적인 요소 중 하나이다. 앞에서 건강한 부부와 부모가 되는 것의 의미와 특징, 갈등요인에 대해 살펴보았다. 실제 자신이 부부가 되고 부모가 된다면 일상생활에서 어떠한 문제에 당면하게 될 것인지 또는 어떻게 대처하는 것이 좋을지에 대해 구체적으로 알아보자.

1) 건강한 반려자 찾기

앞에서 우리는 건강한 부부란 무엇이며 어떤 갈등을 경험하는지와 같은 내용을 살펴보았다. 아직 부부관계를 맺지 않은 상태에서 이러한 상황을 이론적으로 학습하는 것보다 더욱 중요한 것은 건강한 부부관계를 맺기 위해 어떠한 준비를 하는 것이 좋은지 생각하고 나는 건강한 배우자로서 준비되어 있는지 살펴보는 것이다. 또한 각기 사람마다 차이가 존재하기 때문에 모든 사람에게 건강한 배우자로서의 덕목을 가진 사람을 만나는 것은 불가능하다. 따라서 나는 상대방이 어떠한 덕목을 지닌 것을 중요하게 여기는지 살펴보기 위해 나만의 기준을 확인해 보는 것이 필요하다.

2) 건강한 부모 역할 준비

앞에서 우리는 건강한 부모가 되기 위한 부모의 양육태도 유형에 대해 알아보았다. 부모와 자녀 간에 여러 갈등요인이 있지만 건강하고 상황에 맞는 의사소통 방식을 사용하면 갈등을 해결하여 건강하고 행복한 가족관계를 유지할 수 있다. 부모가 사용하는 의사소통 방식은 다양하지만 일부 의사소통 방식은 오히려 갈등을 야기하는 방식일 수 있다. 자신이 생각하는 건강한 의사소통 방식은 무엇이며 만약 내가 부모가 된다면 어떤 의사소통 방식을 사용하면 좋은지 생각해 보는 시간을 가져 보자.

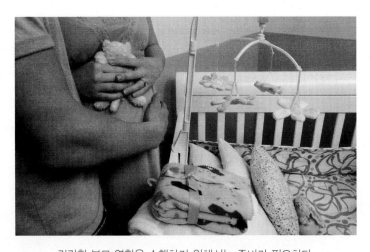

건강한 부모 역할을 수행하기 위해서는 준비가 필요하다.

활동 16-①

내가 바라는 결혼과 부부

내가 만약 결혼을 한다면 미래의 결혼생활을 상상해 봅시다. 건강한 부부관계가 형성되기 위해서는 내가 건강한 배우자가 되고 건강한 배우자를 찾는 것이 중요합니다. 이번 활동을 통해 '나는 어떤 배우자가 될 수 있을까?' 내가 배우자를 위해 해 줄 수 있는 것들, 해 주기 어려운 것들은 무엇인지 확인해 보고 상대방이 어떤 덕목을 가질 때 건강한 배우자라고 인식하는지 살펴봅시다.

1. 나는 미래의 배우자를 위해 어떤 배우자가 되겠습니까?

예: 배우자가 어떻게 하면 사랑받는다고 느끼는지 먼저 이해하고 조율해 나가는 사람이 되고 싶습니다. 가사 분담도 잘하는 것과 못하는 것에 대해 적절히 타협해서 정하고 배우자와 내가 잘하는 것을 살릴 수 있는 것을 정해서 하는 배우자가 되고 싶습니다. 맛있는 요리도 해 주고 친구같이 장난도 할 수 있는 배우자가 되도록 하겠습니다.

---

2. 나는 이것만은 어렵다고 생각하는 것에 대해 이야기해 봅시다.

예: 가사 분담을 예로 들자면, 저는 요리는 잘해 줄 수 있지만 깨끗하게 청소하거나 정리하는 것에 취약한 편입니다. 아침에 일찍 일어나는 것이 힘들어서 출근 준비하기에도 빠듯한 편이라 아침 일찍 밥을 새로 한다는 것은 어렵습니다.

---

3. 내 배우자는 이랬으면 좋겠다고 생각하는 점에 대해 적어 봅시다.

   예: 서로 취미가 하나라도 맞았으면 좋겠습니다. 그래서 그 취미에 대해서 함께 즐기고 이야기
   할 수 있었으면 좋겠어요. 같은 취미를 즐기는 것이 아니더라도 서로가 좋아하는 일을 할 때
   보조를 맞춰 줄 수 있는 그런 사람이었으면 좋겠습니다. 그리고 내가 이야기하는 것을 눈 맞
   춰 주며 잘 들어 주고 자신의 이야기도 솔직하게 해 주는 사람이었으면 좋겠어요.

   _____

   _____

   _____

4. 다른 사람들과 의견을 나눠 봅시다.

   _____

   _____

   _____

부모님의 의사소통 방식

부모님이 사용하는 의사소통 방식은 다양합니다. 다음 보기를 참조하여 나의 부모님이 나에게 어떤 의사소통 방식을 많이 사용했는지 알아보는 시간을 가지며 그 영향력을 알아보고자 합니다. 또한 자신이 부모가 된다면 어떤 의사소통 방식을 사용하고 싶은지와 그 이유에 대해 이야기하는 시간을 가져 봅시다.

① 명령 · 지시하기, ② 경고 · 위협하기, ③ 훈계 · 설교하기, ④ 충고 · 제언하기, ⑤ 강의 · 논쟁하기, ⑥ 판단 · 비평 · 비난하기, ⑦ 칭찬 · 동의하기, ⑧ 비웃기 · 창피 주기, ⑨ 해석 · 분석 · 진단하기, ⑩ 지지 · 공감 · 위안하기, ⑪ 캐묻기 · 질문하기, ⑫ 수용 · 양보 · 후퇴하기

1. 나의 어린 시절 기억 중에서 실수했던 사건을 떠올려 봅시다. 어떤 상황이었으며 그 당시 부모님은 나에게 어떤 의사소통 방식을 사용하셨나요?

   예: 장난치다가 어머니가 소중하게 여기는 물건을 깨뜨렸습니다. 당시 어머니는 2번의 위협하기와 6번의 비난하기를 사용하셨던 것 같습니다. "너는 왜 이렇게 조심성이 없니?" "넌 생각 없이 행동하니?"라는 말을 하셨으며, 한 번만 더 이런 실수를 하면 집밖으로 쫓아내겠다며 위협하셨습니다.

   _____

   _____

   _____

2. 내가 부모님의 의견과 다른 것을 주장하는 경우가 있었나요? 그 상황에서 당시 부모님은 나에게 어떤 의사소통 방식을 사용하셨나요?

   예: 남성혐오와 여성혐오가 심각한 대한민국의 상황에 대한 뉴스를 보고 있었습니다. 아버지가 "배가 불러서 저런 짓을 한다."라고 이야기하셔서 성차별 문제나 혐오 문제는 심각한 사태이지만 이 시대가 논의해야 할 중요한 사안이라고 생각한다고 이야기했습니다. 아버지와 5번 논쟁하기를 사용하여 이야기했던 것 같습니다. 아버지는 왜 그렇게 생각하는지 저의 의견을 묻기는 하셨지만, 다소 일방적으로 요즘 그러한 문제를 화두를 삼는 젊은이들에 대한 논쟁으로 이어졌습니다.

_____

_____

3. 무엇인가 열심히 노력했지만 만족스럽지 못한 결과가 나온 적(예: 열심히 공부하였으나 원하는 만큼의 성적이 나오지 않았거나 원하는 대학에 입학하지 못한 경우)이 있나요? 그런 경우에 부모님은 나에게 어떤 의사소통 방식을 사용하셨나요?

예: 열심히 노력했지만 대학입시에서 모두 좌절했습니다. 어머니는 그런 저를 걱정하시면서 저에게 10번 지지와 공감하기를 사용하여 이야기해 주셨습니다. 제 인생에서 현재가 가장 고통스럽고 좌절감을 느끼고 있는 것 같습니다. 그렇지만 부모님께서는 "이 일은 큰 문제가 아니다. 다시 준비해서 성공할 수 있다."와 같은 이야기들을 해 주셨습니다.

_____

_____

_____

4. 다른 사람들과 의견을 나눠 봅시다.

_____

_____

_____

활동 16-③

내가 부모라면?

앞에서 부모님이 나에게 사용했던 의사소통 방식을 살펴보았습니다. 그렇다면 내가 부모이고 나의 자녀가 다음과 같은 상황에 놓여 있다면 어떻게 이야기하는 것이 좋을지 적어 보고 서로 나누어 봅시다.

① 명령 · 지시하기, ② 경고 · 위협하기, ③ 훈계 · 설교하기, ④ 충고 · 제언하기, ⑤ 강의 · 논쟁하기, ⑥ 판단 · 비평 · 비난하기, ⑦ 칭찬 · 동의하기, ⑧ 비웃기 · 창피 주기, ⑨ 해석 · 분석 · 진단하기, ⑩ 지지 · 공감 · 위안하기, ⑪ 캐묻기 · 질문하기, ⑫ 수용 · 양보 · 후퇴하기

1. 4세 아이가 엄마(아빠)에게 케이크를 주겠다며 식탁에서 그릇을 들고 오려고 합니다. 사랑하는 엄마(아빠)에게 주려고 신이 난 아이는 뛰어오다 케이크를 엎어 버렸습니다. 그릇은 깨졌고 바닥은 케이크로 난장판이 되었습니다. 앞으로 넘어진 아이는 입술도 찢어져 울고 있습니다. 이 상황에서 어떤 감정이 들 것 같으며 어떻게 행동할 것 같습니까?

2. 중학생이 된 아이가 눈썹을 정리하고 화장을 짙게 하기 시작했습니다. 치마 길이가 너무 짧아서 '학교에서는 단속도 하지 않나?'라는 생각이 듭니다. 이런 상황에서 아이에게 어떤 이야기를 어떻게 하고 싶습니까?

3. 다른 사람들과 의견을 나눠 봅시다.

제17장

행복한 삶을 위한 훈련

행복 자체를 잡으려 하면 행복은 달아나요.
우리 행복의 추구보다는
무엇을 추구할 때 얻어지는 행복에 더 관심을 기울어야 됩니다.

－François Lelord 『꾸뻬 씨의 행복 여행』 중에서

1. 행복이란

François Lelord의 『꾸뻬 씨의 행복 여행』을 책이나 영화를 통하여 접한 적이 있을 것이다. 성공한 정신과 의사 꾸뻬는 스스로를 불행하다고 여기는 사람들을 치료하던 중, 환자에게 그 어떤 치료로도 진정한 행복에 이르게 할 수 없음을 깨닫게 된다. 또한 본인 역시 행복하지 않다고 느끼게 되어 사람들을 행복하게 하는 것이 무엇인지 알기 위해 행복을 찾아 여행을 나서게 된다.

우리는 어쩌면 살아가는 데 있어 다들 행복해지고 싶고, 행복해지기 위해 살아가는지 모른다. 그럼 과연 행복이 무엇일까? 각자의 행복이 다르다면, 나는 어떨 때 행복할까? 그리고 행복해지려면 난 어떻게 해야 할까? 꾸뻬처럼 우리도 행복에 관하여 알아보고 무엇이 자신을 행복하게 만드는지에 대하여 알아보자.

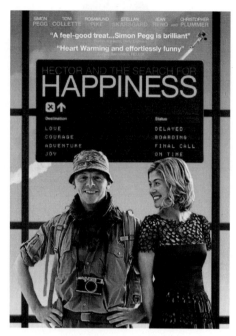

영화 〈꾸뻬 씨의 행복 여행〉

1) 행복이란

우리는 행복이라는 말을 일상생활에서 자주 사용하고 접하고 있다. '좋은 직장을
얻어서 여유 있게 내가 하고 싶은 것을 하면서 행복하게 살기'처럼 누군가에겐 목표
가 되기도 하고, '매일 이렇게 너와 함께 있어서 참 행복해.'처럼 누군가에게는 현재
의 만족으로 나타나며, '예전에 우리가 다 모여 여행 갔을 때 행복했는데……'처럼
과거의 행복한 기억을 떠올릴 때 사용하기도 한다. 최근에는 '소·확·행'이라는 용
어를 쓰면서, 손에 잡히지 않는 거대한 행복보다 일상생활에서 자신이 느끼는 소소
한 행복을 중요하게 생각한다. 그렇다면 행복이라는 것이 어떤 의미를 갖고 있기에
우리는 이토록 행복에 대해 생각하는 것일까? 국립국어연구원의 표준국어대사전에
서는 행복을 '생활에서 충분한 만족과 기쁨을 느끼어 흐뭇함. 또는 그러한 상태'로
정의하고 있는데, 이처럼 행복은 우리가 살아가면서 만족과 기쁨을 느끼는 것이다.
사랑하는 사람들과 같이 있으며, 같이 웃고 울면서 만족하고 기쁨을 느낀다면 행복
이 될 수 있다는 것이다.

행복에 대한 중요성은 현대에 들어오면서 심리학에서도 관심을 가지게 되었는

표 17-1 행복에 대한 사실

1. 유전자와 교육이 행복을 유발하는 요인 중 50%를 차지한다면 소득과 환경은 10%를 차지
   한다. 나머지 40%는 개인의 인생관과 활동으로서 대인관계, 우정, 일 또는 운동이나 여가
   등이 포함된다.
2. 기본적인 욕구(의식주)가 충족되며 더 많은 돈이 있다고 해서 인생이 더 만족스럽거나 행
   복이 유지되지는 않는다(일시적 증가가 있지만 지속되지 못한다).
3. 6개월 동안 일주일에 3일, 약 30분 이상 운동을 하면 전보다 더 행복해진다.
4. 타인과 꾸준한 관계를 유지하는 사람들이 혼자인 사람들보다 더 행복하다.

출처: Hoggard (2006).

데, 이를 대표하는 것이 긍정심리학이다. 기존 심리학에서는 불안, 우울, 스트레스
와 같은 부정적인 감정에 주목을 하고 이를 감소시키는 것에만 집중하였지만, 긍정
심리학에서는 개인의 강점과 미덕 등과 같은 긍정적인 감정에 초점을 맞추고 인생
의 긍정적인 측면을 강화하는 데 집중하고 있다. 우리는 육체적 건강을 위해 각종
근력 운동, 스트레칭 등을 지속적으로 하며 관리하고 단련하고 있는데, 이와 동일하
게 정신건강, 개인의 정서를 위해서도 구체적인 운동과 스트레칭과 같은 관리가 필
요하다. 그러기 위해서는 우리를 행복하게 만드는 요인이 무엇인지 알아내어 삶에

표 17-2 행복을 얻기 위한 12가지 방법

1. 좋아하는 일을 하라.
2. 즐겁게 행동하라.
3. 가장 좋은 친구는 바로 자신이다.
4. 자신에게 작은 보상이나 선물을 함으로써 매일 현재를 살라.
5. 친구와 가족을 위해 시간과 노력을 투자하라.
6. 현재를 즐기라.
7. 인생의 즐거움을 만끽하라.
8. 시간을 잘 관리하라.
9. 스트레스와 역경을 헤쳐 나갈 수 있는 나름의 방법을 준비하라.
10. 음악을 들으라.
11. 활동적인 취미를 가지라.
12. 자투리 시간을 생산적으로 활용하라.

출처: Hoggard (2006).

서 더 많이 활용하여 건강하고 행복함을 관리하고 유지하는 것이 중요한데, 여기서
행복은 우리 각자가 관리할 수 있는 마음의 상태이다. 이러한 행복을 얻기 위해서는
친절함, 독창성, 유머, 낙천주의와 같은 자신의 장점과 특성을 알고 활용해야 한다.

2) 행복에 영향을 주는 요인

인간은 누구나 행복을 추구하지만, 행복을 추구하는 데 필요한 요소들은 다르다.
누구는 좋은 직장에 취업하면 행복할 것이라 생각하고, 누군가는 돈이 많이 있을 때
행복할 것이라 생각하고, 또 누군가는 독립을 하게 되면 행복해질 것이라 생각한다.
행복에 영향을 줄 것이라 생각되는 요소들을 보게 되면 재산, 건강, 명예, 직업, 사
랑 등을 생각할 수 있다. 하지만 그러한 요소들이 정말 행복에 많은 영향을 미치고
있을까? 앞의 〈표 17-1〉에서 보았듯이 소득과 환경은 행복에 많은 영향을 미치지
않으며, 그 미미한 영향도 지속되지 않고 다시 돌아가게 된다. 그렇다면 행복에 많
은 영향을 주고 지속시킬 수 있는 요인들은 무엇일지 Liz Hoggard(2006)가 주장한
행복의 요소 중 일부분을 살펴보도록 하자.

(1) 우정

우정은 인간관계에서 매우 중요하며 행복을 유지할 수 있는 중요한 요소이다. 인
간은 친구와 함께 있을 때 가장 긍정적인 기분이 된다고 한다. 외로운 사람은 수명
이 짧고 건강하지 못하고 불행한 삶을 산다고 한다. 반면, 우정을 나누는 사람은 서
로를 친구로 선택한 것에 만족하고, 서로가 어떤 사람인지에 대하여 알아주고 믿어
주어 긍정적 기운을 북돋워 줄 수 있다. 그리고 오랜 친구는 자신을 이해해 주고 변
화시키려 하기보다는 장점을 더 강화해 주어 친밀한 관계를 유지할 수 있는 연습의
기회도 제공해 준다. 특히 현대사회에서는 우정을 점점 더 중요하게 생각하고 있는
데, 이는 가족관계에서 채워지지 않는 것을 친구관계를 통해 보상받을 수 있기 때문
이다. 우리가 행복해지기 위해서는 사람을 사귀려는 노력이 필요한데, 이러한 연습
과 경험을 충분히 할 수 있는 것이 친구와의 우정이라 할 수 있다.

표 17-3 타인에게 좋은 친구가 되는 방법

1. 타인에게 관심을 가지라.

   자기중심적인 사람은 행복을 얻을 수 없다.

2. 마음을 열라.

   상대방과 친해지려면 자신을 보여야 한다. 사람은 고통스러운 경험을 털어놓을 때 육체적으로 가장 편안하다는 연구 결과도 있다.

3. 친구들과 새로운 도전을 하라.

   공동 목표가 생기게 된다면, 친구에 대해 더 많이 발견하고 자신의 새로운 점도 친구에게 알리게 된다.

4. 자신 있게 행동하라.

5. 활동적으로 생활하라.

6. 남들이 신뢰할 수 있는 사람이 되라.

7. 긍정적인 의사소통을 하라.

   목소리의 높낮이나 크기 조절, 표정이나 몸짓으로 타인에게 관심을 표현한다.

8. 눈을 맞추라.

   시선은 심리적으로 이어져 있으며 그들과 나누고 있다는 의미를 가지기도 한다.

9. 먼저 말을 걸라.

10. 귀담아듣는 법을 배우라.

11. 친구를 거울로 삼아 자신을 들여다보라.

    당신의 딜레마를 친구와 이야기하다 보면 상황을 정리하고 다른 관점에서 볼 수 있어 해결책도 발견할 수 있다.

12. 극단적으로 반응하지 말라.

13. 혼자 있는 것에 익숙해지라.

    혼자 지내는 즐거움도 알아야 진정으로 원하는 우정을 키울 수 있다.

14. 용서를 배우라.

    화가 날 때 억지로 참거나 과하게 발산하는 것보다 용서하는 마음을 가지라.

15. 사회생활로 친분을 쌓은 사람들만 사귀는 태도를 버리라.

    자신의 새로운 면을 깨달을 수 있도록 다양한 사람과 사귀라.

16. 충고를 나누라.

    충고를 하기 전에 물어보라. 그리고 알고 있는 지혜를 나누라.

출처: Hoggard (2006).

(2) 직업

성인기에 대학교를 졸업한 후에는 직업을 얻어 대부분의 시간을 직장에서 보낸다. 직업은 사회적 활동이자 경제적 활동으로 가족, 연인 혹은 다른 대상과 있는 시간보다 직업을 통해 직장에서 보내는 시간이 더 길다 보니 직업과 행복이 밀접한 관계에 있다.

인간은 직업의 역할과 업무를 통해서 얻는 만족감을 통해 인생을 살아가고 그 의미를 찾을 수 있으며 더불어 정신적이고 감정적인 자극을 받을 수 있다. 인간은 일을 할 때 스스로를 강하고 활동적이며 의욕적이라고 느끼는데, 개인의 직업에는 목표와 업무 수행 규칙이 있고, 업무를 진행하는 과정에서 자주 피드백을 받는다. 그러다 보니, 반대로 직업이 불행의 근원이 될 수 있지만 기본적인 욕구 충족과 행복을 위해서는 직업을 분리할 수 없다. 직업은 자신과 타인에게 존재를 나타낼 수 있는 방안으로 여겨진다. 직장 동료와 상사와 같은 사회적 관계에서 존중과 인정을 받으며 업무를 하게 되었을 때 행복과 자존감이 올라가는 것을 느끼는 것처럼, 우리는 일을 함으로써 친밀한 인간관계를 맺는 데 필요한 기술을 발전시킬 기회를 자주 접하게 된다.

인간에게 직업은 사회적 관계를 형성할 수 있는 방법이며, 이러한 사회적 관계를 통해서 인간은 행복감을 느낀다. 이러한 행복을 더 증대시키려면 자신이 가지고 있는 기술을 업무에서 활용할 수 있도록 개발하고 직장에서 자신이 가치 있다고 느껴질 수 있도록 직장 동료, 선후배와 관계를 잘 유지하는 것이 필요하다.

(3) 사랑

우리는 서로가 서로에게 필요하고 중요하다는 의미를 경험하고 느끼기를 원한다. 특히나 이것을 사랑하는 사람으로부터 더욱더 느끼고 싶다. 사랑하는 대상이 행복하면 자신도 행복해지고, 사랑하는 사람에게 사랑을 받고 있다는 느낌을 가지면 행복해지는 만큼 사랑은 인간에게 매우 중요하다. 사랑이라는 감정을 갖게 되면 다른 대상이 자신에게 꼭 필요한 존재로 바뀐다. 이러한 사랑을 통해 인간은 또 다른 행복한 관계를 이루게 된다. 이처럼 서로 간의 의미 있는 대상이 되는 사랑을 통하여 우리는 행복을 느끼게 된다. 하지만 이러한 관계는 종종 일시적으로 상승되었다 다시 내려오는 경우도 발생하게 된다. 이를 조절하기 위해서는 사랑에 대한 환상에서 벗어나, 갈등에 적절하게 대처할 수 있는 방안을 마련해야 하고, 친밀감을 높이는 연습을 통하여 사랑에서의 행복을 지속시키는 것이 중요하다.

표 17-4 행복한 사랑을 위한 방법

1. 상대방이 완벽할 거라는 생각을 버리라.
2. 부정적인 것을 긍정적인 것으로 전환하라.
3. 자신의 장점을 믿으라.
4. 반응하며 듣는 방법을 연습하라.
5. 대답할 여지가 있도록 질문하라.
6. 자신만의 시간을 가질 필요성에 이야기하라.
7. 서로 함께 서로에 대한 질문지를 만들어 작성하라.

출처: Hoggard (2006).

(4) 가정

인간에게 가족관계는 서로 보완적인 관계로서 그 대상들의 행복을 위해 자신의 욕구와 목표를 잠시 제쳐 두지만, 자신의 만족과는 다른 커다란 만족과 또 다른 행복을 얻을 수 있는 관계이다. 특히나 우리 삶의 행복을 증진시키기 위해 가족은 더 중요하다. 가정은 가장 일차적인 관계로서, 그 관계에서 불안하고 불행하다면 다른 관계에서도 이와 유사하게 경험할 가능성이 높다. 따라서 행복을 위해서는 원만하고 안정적인 분위기의 가정을 구성해야 하고 이를 위해서는 가족 간의 공동 목표가 필요하다. 집의 공동물품 구매와 같이 사소한 것부터 시작하여 가족 휴가를 함께 보낼 계획을 짜는 것까지 서로의 취향과 의견을 존중하고 조율을 함으로써 안정적이고 원만한 가족 분위기를 형성해야 한다.

대부분의 경우 사회적 성공, 권력, 경제력이 행복을 가져온다고 생각하기 쉽다. 하지만 여기에서 보았듯이 성공과 권력, 경제력보다는 친구, 이성, 가정, 사회적 관계와 같은 보편적인 인간관계가 우리의 행복에 많은 영향을 주고 있다. 우리는 행복을 너무 특별하게 생각하고 멀리에서만 찾고 있는 것은 아닐까? 어쩌면 행복은 우리 주변과의 관계를 개선하려는 노력에서부터 시작될 수 있다.

2. 행복한 삶을 위하여

행복이 무엇이고 대표적으로 행복에 영향을 미치는 요인에 대하여 앞에서 살펴보았다면, 여기서는 실제로 나의 삶에서 행복을 찾아보도록 하자. 어떻게 하면 행복한 삶을 살아갈 수 있을까? 행복은 자신에 대한 사랑에서부터 시작된다. 하지만 우리는 똑같은 일이라도 타인에게는 관대하지만 자신에게는 엄격해지는 반대의 사랑부터 하곤 한다. 같은 실수를 한다고 해도 타인은 용서를 하지만, 자신이 한 실수에 대해서는 용서하기보다 자책과 후회로 빠지고 비난하기 바쁘다. 하지만 자신의 행복을 위한 첫걸음은 먼저 자신을 사랑하는 것이다.

자신을 이해하고, 사랑을 느끼고, 그 마음을 베풀면 자신의 존재와 가치가 표현되기 시작하고 자기 자신을 비난하는 모습이 점차 사라지게 된다. 사람은 누구나 긍정적인 면과 부정적인 면을 가지고 있는데, 행복은 자신의 몸, 능력, 생각, 기억 등 자신의 모든 면을 자신의 일부로 이해하는 것부터 시작된다. 행복한 삶을 위하여 우리는 자신이 행동하고 느낀 감정을 비난하고 후회하기보다는 그럴 만한 상황에서 자신이 행동했던 부분에 대해서 이해해 주고, 과거의 행동과 감정에 집착하지 않고 현재에 나의 모습에 집중하며 나를 있는 그대로 받아들이는 태도가 필요하다. 이러한 부분을 이태연과 최명구(2006)가 제시한 행복한 삶을 위한 시도를 바탕으로 살펴보자.

첫 번째, 자신의 장점들을 찾아내고 스스로가 그것을 늘 알고 있는 것이 필요하다. 인간은 언제든 고난과 역경과 같은 스트레스 상황을 겪게 되는데 이러한 스트레스 상황에서 스스로 비난에 대해서 대응할 수 있도록 하며, 자신이 가장 초라하게 느껴질 때 자신의 장점을 기억할 수 있는 노력을 통해 불행이 아닌 행복을 찾게 된다.

두 번째, 낙관적인 태도가 필요하다. 행복을 위해서는 낙관적인 태도가 필요한데, 이런 태도는 자신에 대한 긍정적인 시각에 기초하는 것이다. 우리가 삶에 대해서 어떤 태도를 가지고 있느냐가 상황에 대한 우리의 지각과 느낌을 이끌고 자신의 행동을 이끌게 된다. 생각은 감정을 유발한다. 화난

우리는 어떤 시각으로 바라보는가?

생각, 슬픈 생각, 두려운 생각, 걱정하는 생각과 같은 위험한 종류의 생각을 하면 불안하고 화가 난다. 반대로 감사하는 생각, 기쁜 생각, 평화로운 생각, 수용하는 생각과 같은 낙관적인 생각을 하면 기분이 좋아지고 행복해진다. 우리의 기분 상태는 환경보다는 선택의 문제이다. 따라서 상황이 나쁘다고 해서 반드시 기분이 나빠야 하는 것은 아니다.

세 번째, 자신의 삶을 스스로 결정한다는 마음이 필요하다. 인간은 스트레스에 시달릴 때 자신의 무기력과 자제력 부족 탓으로 자책하게 된다. '내가 왜 그랬지?' '나는 왜 그렇지?'와 같은 자책으로 스트레스에 압도된다. 그에 비해 행복감이 있는 사람은 상황을 현실적으로 받아들이고 자신을 조절할 수 있다고 확신시키는 경향이 있다. 내면 대화도 자신의 능력과 힘을 다시 올리기 위하여 진행이 되는데, 이런 내적 대화는 스트레스 상황에서 재인식이 되고 상황을 도전적으로 만드는 낙관적 태도가 된다.

네 번째, 세상에 대해서 열린 마음을 가질 필요가 있다. 자신의 경험은 그 자체의 장점만으로 중요하고 관심을 가질 필요가 있는데, 그러기 위해서는 자신이 실수할 경우 비난하지 않고 실수를 기회로 삼으며 불가피한 것으로 받아들이고, 모든 것을 뭔가 배울 수 있는 신호로 받아들이는 자세가 필요하다.

이상의 네 가지를 통하여 부정적으로 바라보던 삶에 대한 태도를 우선 긍정적이고 낙관적으로 받아들이는 태도로 변화시키는 것이 필요하다. 이러한 태도 변화를 받아들이기 시작하였다면 우리는 자연스럽게 행복에 가까워지게 된다. 행복에 조금 더 가까이 가기 위해서는 자신의 삶에 에너지를 스스로 줄 필요가 있게 된다. 우리의 삶은 늘 반복되는 생활과 새로운 변화에 대한 저항 때문에 의욕 없는 지루한 삶이 되기 쉽고 변화를 하고 싶지만 돈이 없어서, 시간이 없어서 못한다는 변명을 하지만 그것을 실행하기 위한 동기와 의지가 부족한 경우가 많다. 변화를 위해서 우선 자신에게 즐거움을 주는 행동을 스스로 만들 필요가 있다. 자신을 자극하고 신나게 하는 행동, 남을 위해 할 수 있는 행동, 평소에 하고 싶었고 즐겁게 시간을 보낼 수 있는 행동, 예전에 해 봤을 때 행복감을 주었던 행동 등을 머리에 떠올리고, 그것을 실제로 하게 되면 느끼게 될 감정을 생각해 보며 자신의 행복을 찾아보자.

자신에게 행복을 준다고 생각했던 부분 중 가장 손쉽게 할 수 있는 것부터 어려운 것까지 순서를 정해 보자. 평소에 얼마나 그 행동을 자주 하는지, 그 행동을 하는 데

[활동 1]   행복을 찾기 위한 리스트 작성하기

바라는 행동	행동을 했을 때 예상된 느낌	평소에 하는 횟수	행동을 실행하는 데 필요한 부분	행동의 난이도 (1, 2, 3)

준비와 계획 그리고 시간과 금액이 얼마나 필요한지에 대한 기준을 통하여 가장 달성하기 쉬운 것부터 우선순위로 작성한다. 우선순위를 작성해 본 뒤에 하나씩 실천해 보는 것이다.

모든 사람은 행복을 꿈꾸지만, 행복을 위해서 실제로 노력하는 사람은 드물다. 현재에서 행복을 찾는 것이 아니라 과거 혹은 미래에서 행복을 찾고 있는 경우도 많다. 현실의 어려움에 부딪혀 그 상황에만 빠져 있다면 행복은 잊히고 하루하루를 버티는 것처럼 살아가게 되지만, 하지만 행복은 삶을 살아가는 과정이고 평범한 일상 속에 있다. 현실의 어려움에서 벗어나 현재에서 행복을 찾아보고 현재 관계 속에서 행복을 느낄 수 있다면 행복한 삶을 살아갈 수 있을 것이다.

활동 17-①

● 긍정적으로 사고하기

1. 나에게 즐거운 일은 무엇일까요? 오늘 하루 좋았던 일, 인생에서 행복했던 일이 무엇
   인가요?

   _____

   _____

2. 나의 어떤 점을 좋아하나요? 이러한 점이 내 삶에 어떤 긍정적인 영향을 주나요?

   _____

   _____

3. 긍정적으로 생각해 보는 시간을 가져 봅시다. 나의 단점을 적어 보고 조원들이 이 단점
   을 긍정적인 부분으로 고쳐 봅시다.

   • 단점:
     −긍정적인 면: _____
     −긍정적인 면: _____

   • 단점:
     −긍정적인 면: _____
     −긍정적인 면: _____

   • 단점:
     −긍정적인 면: _____
     −긍정적인 면: _____

나의 생각은?

1. 부정적 생각을 기억나는 대로 세 가지 써 보세요.

- _____
- _____
- _____

2. 긍정적 생각을 기억나는 대로 세 가지 써 보세요.

- _____
- _____
- _____

3. 오늘 긍정적인 생각과 부정적인 생각으로 소비한 시간이 얼마나 되는지 생각해 보고 백분율로 추정해 보세요. 앞으로 긍정적인 생각의 비율을 얼마나 높이고 부정적인 생각의 비율을 얼마나 낮출지 목표를 정해 봅시다.

현재		목표	
긍정적 생각	부정적 생각	긍정적 생각	부정적 생각
( )%	( )%	( )%	( )%

4. 오늘 한 부정적인 생각 중 바꾸고 싶은 부정적 생각의 목록을 만들어 봅시다.

_____

_____

참고문헌

강민주(2013). 소셜미디어 사용에 따른 청소년과 성인초기의 자아정체감 및 친밀감의 차이. 청소년학연구, 20(6), 1-28.

강세현, 강정희, 고선영, 전영록(2015). **정신건강론**. 서울: 창지사.

강예원(2014). 대학생의 MSNS(Mobile Social Network Service) 중독과 정신건강과의 관련성. 이화여자대학교 대학원 석사학위논문.

고민정(2016). 대학생의 불안정 성인애착과 이성 관계 만족의 관계: 정서조절양식의 매개효과. 서울여자대학교 대학원 석사학위논문.

고아라, 이경순(2018). 성인애착과 소셜미디어 중독경향성 관계에서 경험회피의 매개효과. 교육미디어정보연구, 24(3), 593-619.

곽금주(2008). **20대 심리학**. 서울: 랜덤하우스.

국립국어연구원. 표준국어대사전. http://stdweb2.korean.go.kr

권석만(2000). **자기애성 성격장애: 지나친 자기 사랑의 감정**. 서울: 학지사.

권석만(2004). **젊은이를 위한 인간관계의 심리학(개정증보판)**. 서울: 학지사.

권석만(2015). **젊은이를 위한 인간관계의 심리학(3판)**. 서울: 학지사.

김경달, 김현주, 배영(2013). 소셜 네트워크 서비스(SNS)의 피로감 요인에 관한 연구. **정보사회와 미디어**, 1(26), 102-129.

김경순(2000). 사랑학습 프로그램이 교제 중인 대학생의 이성관계에 미치는 효과. 제주대학교 교육대학원 석사학위논문.

김경희(2008). 애착, 의사소통, 스트레스 대처방식이 이성관계 갈등해결 전략에 미치는 영향. 한양대학교 교육대학원 석사학위논문.

김광률(2001). 기독교인 결혼준비 집단상담 프로그램의 개발 및 효과검증. 계명대학교 대학원 박사학위논문.

김광률, 정현희(2001). 기독교인 결혼준비 집단상담 프로그램의 개발 및 효과검증. 상담학연구, 2(2), 181-196.

김미선(2016). 대학생의 대인관계 향상을 위한 의사소통 교육. 한민족어문학, 73, 204-232.

김민정(2015). 대학생의 불안정 애착과 이성관계 갈등해결전략 간의 관계: 정서표현양가성의 매개효과. 연세대학교 교육대학원 석사학위논문.

김영애, 신호균(2013). SNS 이용동기에 따른 소셜네트워크 서비스유형의 포지셔닝 탐색에 관한 연구. 대한경영학회 학술발표대회 발표논문집, 289-302.

김영태(2018. 9. 6.). 대학생 정신건강 위험, 심리상담 국가지원 전무. http://www.nocutnews.co.kr/news/5021541

김완일, 김옥란(2015). 성격심리학. 서울: 학지사

김위근, 최민재(2012). 소셜네트워크서비스의 이용동기가 실제 이용과 메시지 특성 인식에 미치는 영향. 한국언론정보학보, 60(4), 150-171.

김은정(2012). 남녀 대학생의 성인애착과 이성관계만족도의 관계: 조망수용 및 정서표현양가성의 매개효과. 이화여자대학교 대학원 석사학위논문.

김정희, 강혜자, 이상빈, 박세영, 권혁철(2009). 생활과 심리학. 서울: 시그마프레스

김준호, 은혜정(2011). 네트워크 유형 분류에 따른 SNS 사례분석. 한국방송학회 학술대회 논문집, 2011(4), 131-132.

김지하, 정동욱(2008). 이성교제의 경제학. 교육재정경제연구, 17(3), 49-84.

김진희(2005). 대학생의 이성교제에 관한 사이버 상담 사례 연구. 한국가정관리학회지, 23(3), 137-151.

김진희, 박미진, 정민선(2009). 진로상담: 취업준비 대학생의 스트레스에 대한 질적 연구. 상담학연구, 10(1), 417-435.

김창오, 배미애, 정현주, 김경희(2014). 교사의 마음 리더십. 서울: 에듀니티.

김춘수(1999). 꽃: 김춘수 대표시집. 서울: 찾을모.

문요한(2018). 관계를 읽는 시간. 서울: 더퀘스트.

박문태, 박외숙, 정규원, 고원자, 송명자, 김민조(2002). 건강한 인간관계. 울산: 울산대학교출판부(UUP).

박미진, 김진희, 정민선(2009). 진로상담: 취업준비 대학생의 스트레스에 대한 질적 연구. 상담학연구, 10(1), 417-435.

박민수(2014). 마음을 움직이는 커뮤니케이션기법. 서울: 시그마프레스.

박소영(2017. 10. 21.). 대학생 고민 1순위는 취업?… '주변관계'를 더 걱정했다. http://www.hankookilbo.com/News/Read/201710210496987122

박순주, 권민아, 백민주, 한나라(2014). 소셜네트워크서비스를 이용하는 대학생들의 스마트폰 중독과 대인관계능력의 관계. 한국콘텐츠학회논문지, 14(5), 289-297.

박영미(2018). 강점기반 집단상담 프로그램이 학습부진 중학생의 회복탄력성에 미치는 효과. 영남대학교 교육대학원 석사학위논문.

박준호, 서영석(2010). 대학생을 대상으로 한 한국판 지각된 스트레스 척도 타당화 연구. 한국심리학회지: 일반, 29(3), 611-629.

배경숙(2001). 학급활동으로 이어가는 집단상담. 서울: 우리교육.

보건복지부(2016). 2016년도 정신질환실태 조사. 서울: 보건복지부 삼성서울병원.

서보밀(2013). 온라인 소셜 네트워크의 특성과 사용자의 이용 목적에 대한 탐색적 연구: 싸이월드, 페이스북, 트위터 간의 비교를 중심으로. JITAM, 20(2), 109-125.

손재석, 황미영, 장경옥, 윤경원(2015). 정신건강론. 경기: 정민사.

신경희(2017). 삶을 만점으로 만드는 스트레스 관리. 서울: 씨아이알.

안월분, 이재구, 김영희(2002). 청소년의 이성교제에 따른 사회심리적 특성 비교. 한국가정과교육학회지, 14(2), 53-66.

알바몬(2017). 자발적 아웃사이더 조사.

양광모(2009). 행복한 관계를 맺는 인간관계 불변의 법칙. 서울: 청년정신.

연수진, 서수균(2013). 이성관계에서 안정애착이 갈등해결전략과 관계만족도에 미치는 영향. 한국심리학회지: 일반, 32(2), 411-431.

오기봉(2013). 인간관계의 이해. 경기: 양서원.

원호택, 박현순(1999). 인간관계와 적응. 서울: 서울대학교출판부.

윤호균(2001). 공상, 집착 그리고 상담. 한국심리학회지: 상담 및 심리치료, 13(3), 1-18.

이건화(2017). 대학생의 성인 애착 불안과 이성관계 만족도의 관계: 정서인식과 정서표현 양가성의 매개효과. 경상대학교 대학원 석사학위논문.

이귀옥, 박조원(2018). 대학생의 SNS 이용 동기가 SNS 중독에 미치는 영향. 한국광고홍보학보. 20(3), 301-326.

이상호(2013). 소셜미디어 사용자의 중독에 관한 정책적 함의 연구: 한국형 SNS 중독지수(KSAI) 제안을 중심으로. 디지털융복합연구, 11(1), 255-265.

이상호, 고아라(2013). 소셜미디어 중독의 영향 요인 연구. 한국언론학보, 57(6), 176-210.

이성태(2006). 인간관계론. 경기: 양서원.

이영실, 임정문, 유영달(2011). 정신건강론. 서울: 창지사.

이인혜(1999). 현대인의 정신건강. 서울: 대왕사.

이정념(2018). 아동학대의 유형에 대한 새로운 정의. 저스티스, 166, 209-233.

이정우, 김명자, 계선자(1990). 결혼과 가족관계. 서울: 숙명여자대학교출판부.

이주영(2016). 내현적 자기애 성향과 SNS중독경향성의 관계에서 자기은폐 및 우울의 매개효과. 이화여자대학교 대학원 석사학위논문.

이지영(2012). 자기초점적 주의와 정서조절의 관계. 한국심리학회지: 상담 및 심리치료. 23(1), 113-133.

이창호, 이경상(2013). 소셜미디어 이용시간이 청소년의 사이버불링에 미치는 영향 탐구. 한국청소년연구, 24(3), 259-285.

이철우(2008). 심리학이 연애를 말하다. 서울: 북로드.

이태연, 최명구(2006). 생활속의 정신건강. 서울: 신정.

이해경(2018). 정신건강증진을 위한 치유환경 개념 및 이론 탐색연구. 디자인융합연구, 17(3), 109-123.

이형득(1982). 인간관계훈련의 실제. 서울: 중앙적성출판부.

임선화(2014). 대학생의 성인애착, 이성관계만족도, 자아분화 간 관계. 숙명여자대학교 대학원 석사학위논문.

임희경, 안주아(2014). 소셜 미디어의 이용행태 및 소셜 디바이드 현황 분석. 사회과학연구, 30(2), 143-164.

장미경(2018). 대학생의 아동기 학대경험과 사회불안의 관계: 회복탄력성의 조절효과 검증. 통합인문학연구, 10(1), 193-217.

장순복, 이미경(2003). 대학생의 성적[性的] 자율성에 관한 연구. Journal of Korean Academy of Nursing, 33(3), 339-346.

장휘숙(2009). 대학생의 형제자매관계와 성격특성 및 정신병리적 증상간의 관계. 한국심리학회지: 발달, 22(3), 33-48.

전은경(2010). 애착과 불안이 대학생의 이성관계와 친구관계에 미치는 영향. 가톨릭대학교 상담심리대학원 석사학위논문.

전채윤(2018). 성격강점에 기반한 행복증진 프로그램이 뇌졸중환자의 회복탄력성과 행복에 미치는 효과. 계명대학교 대학원 석사학위논문.

정문자, 정혜정, 이선혜, 전영주(2007). 가족치료의 이해. 서울: 학지사.

정미경(2004). 대학생들의 이성교제 실태에 관한 연구. 학생생활연구, 10(2), 85-98.

정방자(1998). 정신역동적 상담. 서울: 학지사.

정방자, 최경희(2000). 대인관계와 정신역동. 대구: 이문출판사.

정여주(2012). 대학생 연인관계 향상 집단상담 프로그램 개발 및 효과 검증. 상담학연구, 13(1), 169-191.

정옥분(2016). 발달심리학. 서울: 학지사.

정은주(2017). 청소년 회복탄력성 관련 변인에 관한 메타분석. 초당대학교 대학원 박사학위 논문.

조경덕, 정성화(2012). 대인관계와 커뮤니케이션. 서울: 동문사.

조명희(2001). 대학생이 지각하는 부모자녀관계와 가족 응집성 및 적응력. 응용과학연구, 10(1), 219.228.

조용길(2012). Social Network에 관한 연구. 경영경제연구, 35(2), 22-40.

천성문, 전은주, 남정현, 김정남, 김상희(2013). 인간관계와 정신건강. 서울: 학지사.

최은옥(1996). 만성질환자가족원의 자기 주장성, 자아존중감, 사회적 지지 및 부담감에 관한 상관성 연구. 대한심신스트레스학회지, 4(1), 63-81.

하상욱(2015). 시 읽는 밤: 시밤. 경기: 예담.

한국산업인력공단(2015). 의사소통능력 학습자용 워크북. 경기: 휴먼컬쳐아리랑.

한국심리학회(2014). 심리학용어사전. 서울: 한국심리학회.

한국인터넷진흥원(2009). 2008년 인터넷 이용 실태 조사. 서울: 한국인터넷진흥원.

한국인터넷진흥원(2018). 2017년 인터넷 이용 실태 조사. 서울: 한국인터넷진흥원.

한국정보화진흥원(2018). 2017년 스마트폰 과의존 실태조사. 경기: 과학기술정보통신부.

한수영, 최문형, 박미경, 이홍재(2013). SNS 이용이 사회적 네트워크에 미치는 영향. 정보관리학회지, 30(3), 133-156.

허동욱, 공다솜, 장예빛, 유승호(2013). 대학생 집단의 소셜 네트워크 서비스 (SNS) 사용과 온라인에서의 주관적 행복감에 관한 탐색적 연구. 한국HCI학회 학술대회, 1072-1074.

허민(2017). 대학생의 성인애착불안과 이성관계만족도의 관계: 마음챙김과 정서조절곤란의 매개효과. 숙명여자대학교 대학원 석사학위논문.

허선이(2006). 대학생의 이성관계에서 의사소통유형에 따른 애착 및 갈등해결전략의 차이. 이화여자대학교 대학원 석사학위논문.

홍경자(2014). 자기주장의 심리학. 서울: 학지사.

홍서호, 차희원(2015). 소셜 미디어 이용과 온라인 사회자본이 소셜 미디어 애플리케이션 중독에 미치는 영향. 한국언론학보, 59(5), 207-238.

DMC리포트(2017). 2017 소셜 미디어 시장의 현황 및 전망. 서울: 디엠씨미디어.

American Psychiatric Association. (2013). *Diagnostic and statistical manual of mental disorders* (5th ed.). Washington, DC: American Psychiatric Association.

Anderson Jr, W. T., & Cunningham, W. H. (1972). The socially conscious consumer. *Journal of Marketing, 36*(3), 23-31.

Anderson, K. J., & Leaper, C. (1998). Meta-analyses of gender effects on conversational interruption: Who, what, when, where, and how. *Sex Roles, 39*(3-4), 225-252.

Antil, J. H. (1984). Socially responsible consumers: Profile and implications for public policy. *Journal of Macromarketing, 4*(2), 18-39.

Antill, J. K., Cunningham, J. D., Russell, G., & Thompson, N. L. (1981). An Australian sex-role scale. *Australian Journal of Psychology, 33*(2), 169-183.

Erikson, E. H. (1963). *Childhood and society* (2nd ed.). New York: Norton.

Erikson, E. H. (1968). *Identity: Youth and crisis.* New York: Norton.

Fensterheim, H., & Baer, J. (1975). *Don't say yes when you want to say no: How assertiveness training can change your life.* Oxford, UK: David Mckay.

Fromm, E. (2000). *The art of loving: The centennial edition.* London, UK: A&C Black.

Gerrig, R. J. (2013). 심리학과 삶(*Psychology and life*, 20th ed.). 이종한, 박권생, 박태진, 성현란, 이승연, 채정민 공역. 서울: 피어슨에듀케이션코리아. (원전은 2012년에 출판).

Goleman, D. P. (1995). *Emotional intelligence: Why it can matter more than IQ for character, health and lifelong achievement.* New York: Bantam Books.

Gordon, T. (1975). *Parent effectiveness training.* New York: New American Library.

Gross, J. J. (2001). Emotion regulation in adulthood: Timing is everything. *Current in Psychological Science, 10*(6), 214-219.

Hartup, W. W. (1983). Peer relations. In P. H. Mussen & E. M. Hetherington (Eds.), *Handbook of child psychology* (Vol. 4, pp. 103-196). Hoboken, NJ: Wiley.

Hoggard, L. (2006). 행복: 행복 전문가 6인이 밝히는 행복의 심리학(*How to be happy*). 이경아 역. 서울: 예담. (원전은 2005년에 출판).

Hormes, J. M., Kearns, B., & Timko, C. A. (2014). Craving Facebook? Behavioral addiction to online social networking and its association with emotion regulation deficits. *Addiction, 109*(12), 2079-2088.

Jourard, S. M. (1964). *The transparent self.* New York: Macmillan Publishing Co.

Kietzmann, J. H., Hermkens, K., McCarthy, I. P., & Silvestre, B. S. (2011). Social media? Get serious! Understanding the functional building blocks of social media. *Business

Horizons, 54(3), 241-251.

Lazarus, R. S., & Lazarus, R. S. (1991). *Emotion and adaptation.* Oxford, UK: Oxford University Press.

Leaper, C., & Anderson, K. J. (1997). Gender development and heterosexual romantic relationships during adolescence. In S. Shulman & W. A. Collins (Eds.), *Romantic relationships in adolescence: Developmental perspectives. New directions for child development, No. 78.* (pp. 85-103). San Francisco, CA, US: Jossey-Bass.

Lelord, F. (2004). 꾸뻬 씨의 행복 여행(*Hector and the search for happiness*). 오유란 역. 서울: 오래된미래. (원전은 2002년에 출판).

Lloyd, S. A., & Cate, R. M. (1985). Attributions associated with significant turning points in premarital relationship development and dissolution. *Journal of Social and Personal Relationships, 2*(4), 419-436.

Maslow, A. H. (1943). A theory of human motivation. *Psychological Review, 50*(4), 370-396.

Mehrabian, A., & Ferris, S. R. (1967). Inference of attitudes from nonverbal communication in two channels. *Journal of Consulting Psychology, 31*(3), 248-252.

Minuchin, S. (1974). *Families and family therapy.* Cambridge, MA: Harvard University Press.

Muuss, R. E. (1999). 청년발달의 이론(*Theories of adolescence*). 정옥분, 윤종희, 도현심 공역. 서울: 양서원. (원전은 1962년에 출판).

Park, K. J., & Kim, J. J. (2012). 소셜 네트워크 서비스(SNS) 지속사용에 관한 연구: 사용자 리터러시 조절효과를 중심으로. 한국경영정보학회 학술대회, 2012(1), 890-896.

Reeve, C. J. (2011). 동기와 정서의 이해(*Understanding motivation and emotion*, 5th ed.). 정봉교, 윤병수, 김아영, 도승이, 장형심 공역. 서울: 박학사. (원전은 1992년에 출판).

Reivich, K., & Shatte, A. (2003). *The resilience factor: 7 keys to finding your inner strength and overcoming life's hurdles.* New York: Harmony.

Schmidt, N., & Sermat, V. (1983). Measuring loneliness in different relationship. *Journal of Personality and Social Psychology, 44,* 1038-1047.

Seligman, M. E. P. (2002). *Authentic happiness: Using the new positive psychology to realize your potential for lasting fulfillment.* New York: The Free Press.

Sippola, L. K. (1999). Getting to know the "other": The characteristics and developmental significance of other-sex relationships in adolescence. *Journal of Youth and Adolescence, 28*(4), 407-418.

Sternberg, R. J. (1988). *The triangle of love: Intimacy, passion, commitment.* New York:

Basic Books.

Thomas, K. W., & Kilmann, R. H. (1978). Comparison of four instruments measuring conflict behavior. *Psychological Reports, 42*(3c), 1139-1145.

Udry, J. R. (1971). *The social context of marriage.* New York: Lippincott.

World Health Organization (WHO). (2005). *Mental health atlas 2005.* Geneva, Switzerland: World Health Organization.

찾아보기

🏺 인명

🔖 내용

저자 소개

천성문(Cheon Seongmoon)
현 부경대학교 평생교육상담학과 교수(상담심리학 박사)
전 (사)한국상담학회 학회장
   스탠퍼드 대학교 연구 및 방문 교수
   서울대학교 객원교수
   〈논문〉 여가상담의 개관과 향후 과제(2018)
   〈저서〉 상담심리 전공자를 위한 학위논문 작성의 실제(공저, 학지사, 2018)

박은아(Park Euna)
현 부경대학교 일반대학원 겸임교수(상담심리학 박사)
   (사)한국교육상담협회 회장
   한국부모교육코칭학회 부회장
전 경성대학교 정신건강연구소 전임연구원
   〈논문〉 유치원 교사를 위한 상담기술 훈련프로그램 개발과 효과(2018)
   〈저서〉 위기청소년을 위한 집단상담 프로그램(공저, 학지사, 2016)

안세지(Ahn Seji)
현 동명대학교 학생상담센터 상담교수(상담심리학 박사)
   한국교육치료학회 총무이사
전 경성대학교 학생상담센터 전임상담원
   부산광역시 금정구 청소년상담복지센터 상담원
   〈논문〉 초보상담자의 자기문제 극복을 위한 자각증진 프로그램 개발 및 효과(2018)
   〈저서〉 교수를 위한 대학생 상담의 실제(공저, 학지사, 2017)

문정희(Moon Jeonghee)

현 춘해보건대학교 유아교육과 강사(상담심리학 박사)

전 부경대학교 교육대학원 강사

　　울산광역시 청소년상담복지센터 상담지원팀장

　　한국교육치료연구소 전임연구원

　　〈논문〉 대학생용 심리적 독립 척도 개발 및 타당화(2018)

선혜민(Sun Hyemin)

현 베니르그루 심리상담센터 대표(상담심리학 박사)

　　한국임상예술치료학회 이사

전 SM심리건강연구소 전임연구원

　　부산대학교병원 정신건강의학과 임상심리수련

　　〈논문〉 완벽주의와 대인관계에 영향을 미치는 요인에 대한 메타연구(2019)

전은주(Jeon Eunju)

현 부경대학교 일반대학원 교육컨설팅 박사과정

　　SM심리건강연구소 전임연구원

　　동명대학교 학생상담센터 객원상담원

전 동주대학교 외래교수

　　〈논문〉 대인관계증진 프로그램이 대인 외상경험 여중생의 부정적 자기개념, 대인불안

　　　　및 또래관계에 미치는 효과(2018)

윤정훈(Yoon Junghoon)

현 부경대학교 학생상담센터 객원상담원

전 부산영재교육진흥원 객원상담원

　　동주대학교 외래교수

　　경성대학교 학생상담센터 전임연구원

　　〈논문〉 건강한 상담자되기 훈련프로그램이 초보상담자의 어려움, 자기성찰 및 상담자

　　　　　자기효능감에 미치는 효과(2017)

박선우(Park Seonwoo)

현 부경대학교 일반대학원 교육컨설팅 박사과정

　　경성대학교 학생상담센터 전임상담원

　　SM심리건강연구소 전임연구원

전 울산광역시 청소년상담복지센터 상담원

　　〈논문〉 대학생용 대인관계능력 척도 개발 및 타당화(2017)

인간관계와 정신건강
Human Relationships and Mental Health

2019년 7월 25일 1판 1쇄 인쇄
2019년 7월 30일 1판 1쇄 발행

지은이 • 천성문 · 박은아 · 안세지 · 문정희 · 선혜민 · 전은주 · 윤정훈 · 박선우
펴낸이 • 김진환
펴낸곳 • ㈜ 학지사

　　　　　04031 서울특별시 마포구 양화로 15길 20 마인드월드빌딩
대표전화 • 02-330-5114　　팩스 • 02-324-2345
등록번호 • 제313-2006-000265호

홈페이지 • http://www.hakjisa.co.kr
페이스북 • https://www.facebook.com/hakjisa

ISBN 978-89-997-0219-8　93180

정가 17,000원

이 도서의 국립중앙도서관 출판시도서목록(CIP)은 서지정보유통지
원시스템 홈페이지(http://seoji.nl.go.kr)와 국가자료공동목록시스템
(http://www.nl.go.kr/kolisnet)에서 이용하실 수 있습니다.
(CIP 제어번호: CIP2019026280)

출판 · 교육 · 미디어기업 학지사

간호보건의학출판 학지사메디컬 www.hakjisamd.co.kr
심리검사연구소 인싸이트 www.inpsyt.co.kr
학술논문서비스 뉴논문 www.newnonmun.com
원격교육연수원 카운피아 www.counpia.com